民商法
经典文库

总主编 赵万一
学术研究系列

医疗合同研究
——以医患利益衡平为价值本位

吴运来 著

Civil and Commercial Law Classics

法律出版社 LAW PRESS·CHINA
北京

图书在版编目（CIP）数据

医疗合同研究 ：以医患利益衡平为价值本位 / 吴运来著. -- 北京 ：法律出版社, 2020（2021.11 重印）
（民商法经典文库）
ISBN 978 - 7 - 5197 - 5153 - 1

Ⅰ. ①医… Ⅱ. ①吴… Ⅲ. ①医疗卫生服务 - 合同关系 - 研究 - 中国 Ⅳ. ①D922.164

中国版本图书馆 CIP 数据核字（2020）第 229469 号

医疗合同研究
——以医患利益衡平为价值本位
YILIAO HETONG YANJIU
—YI YIHUAN LIYI HENGPING WEI JIAZHI BENWEI

吴运来 著

策划编辑 沈小英
责任编辑 沈小英 毛镜澄
装帧设计 马 帅

出版发行 法律出版社
编辑统筹 法治与经济出版分社
责任校对 杨锦华 王沁陶
责任印制 吕亚莉
经 销 新华书店

开本 710 毫米×1000 毫米 1/16
印张 15.5 **字数** 265 千
版本 2020 年 12 月第 1 版
印次 2021 年 11 月第 2 次印刷
印刷 中煤（北京）印务有限公司

地址：北京市丰台区莲花池西里 7 号（100073）
网址：www.lawpress.com.cn
投稿邮箱：info@lawpress.com.cn
举报盗版邮箱：jbwq@lawpress.com.cn
销售电话：010 - 83938349
客服电话：010 - 83938350
咨询电话：010 - 63939796

书号：ISBN 978 - 7 - 5197 - 5153 - 1
定价：86.00 元

凡购买本社图书，如有印装错误，我社负责退换。电话：010 - 83938349

总主编简介

赵万一

西南政法大学民商法学院教授、博士研究生导师，《现代法学》主编。曾任西南政法大学民商法学院院长。兼任中国法学会商法学研究会副会长、中国法学会民法学研究会学术委员会副主任。先后被西北政法大学、福州大学、西南大学、福建师范大学、山东经济学院等多所大学聘为兼职教授；上海大学、福建师范大学兼职博士研究生导师；英国《法律与管理国际杂志》（*ML-The International Journal of Law and Management*）编委。

曾出版《民法的伦理分析》《民法概要》《商法基本问题研究》《证券法的理论与实务》《中国竞争保护法律制度研究》等个人专著多部，主编《商法学》《证券法学》等教材数十部。先后在《中国社会科学》《中国法学》《法学研究》《人民日报》《光明日报》等报刊发表论文150余篇，有数十篇文章分别被《新华文摘》、《中国社会科学文摘》、中国人民大学书报资料中心《复印报刊资料》转载。其《民法的伦理分析》一书曾分别于2005年和2017年在我国台湾地区五南图书出版股份有限公司和日本经济法律出版社出版，多篇论文在日本、韩国等国发表。

总序：民商法学研究的时代使命

时至今日，虽然理论界对民商法在中国特色社会主义法律体系中的角色定位并未形成完全一致看法，但对其在促进社会权利意识的觉醒、创造力的激发乃至社会经济的振导方面所发挥的巨大作用，几乎没有人能够否认。一方面，缘于其调整内容的广博性、调整方式的人本性、调整范围的全覆盖性和规制目的的正义性；另一方面，则得益于其所承载的"固根本、稳预期、利长远"的历史使命的厚重性和在强调促进社会经济发展的同时注重人与自然和谐发展的先进立法理念。通过研读世界主要国家的法律发展史，我们不难发现，具有时代引领意义的重要民商法律制度的制定，通常是伴随一个国家社会制度的重构、社会政策的改变和社会观念的变革应运而生的。因此，民商法律制度的设计通常并不仅仅表现为单纯的制度进化和规则演变，更反映了社会经济政治制度环境的优化和社会意识的嬗变。我国也不例外。发轫于20世纪70年代末的经济体制改革，不但将现代中国社会深深打上了法治烙印，而且极大激发了法律对社会关系特别是社会经济关系的调整冲动，从而将上层建筑对经济基础的促进作用发挥到极致。时至今日，伴随计划经济向市场经济的成功转型而不断拓展其作用深度和广度的民商事立法，无论是对中国民众国民性格的塑造、行为模式的固化，还是对整个社会经济运行驱动力的重新构造,都产生了越来越显著的影响。以平等和自治为核心的民商法律制度不但成为国家调整社会关系特别是社会经济关系的最重要法律手段,而且成为社会主体行为选择的首要凭依因素;以公平和效益为主旨的民商法律思维已深深嵌入人们的思维逻辑链条中,成为人们臧否立法和司法活动的主要标尺;以良善、诚信、忠实为先导的民法文化不但发挥启佑民智之功效,而且已逐步内化为一种社会习惯和社会生活方式。作为民商法制度根基的平等原则并未得到有效贯彻,进而在主体立法上采取差别性待遇的做法还比较普遍。在民商事司法领域中,由于未对价值取向各异的不同审判类型进行必要的审判理念区分,从而导致审判活动既无法满足以自然人为代表的普通民事主体对公平理念的强烈渴求,也无法有效实现以公司为代表的商事主体追求效益的行为动机。在法律意识层面上,民商法的私法属性和权利法属性并未获得普遍的社会认同,民商法所体现的一些基本法律价值和法律精神也没有随着民商事立法的繁荣而获得广泛的尊重和支持。造成这种广大民众对民商法价值认同感不高的原因是多方面的。由于民商法是直接介入市场经济和商品经济形态塑造和规则设计的法律制度,因此,无论在立法上还是在司法实践中,人们都有意或无意地将所有的民商事法律制度的作用定位为促进市场经济的发展,从而淡化了作为民商法精神内核的人本主义思想和人文主义理念。不仅如此,民商法的非理性繁荣还助长了法律对社会关系的调整作用,包罗万象的法律规则试图将调整的触角延伸至公民生活的每一个领域。实际上,法律更多的是作为约束人类非理性行为的必要羁绊而存在的,任何类型的强制行为都不可避免地会对社会主体的行为及与此相连接的社会关系起到一定的限制作用。

从经济基础对上层建筑的作用结果来看,肇端于20世纪70年代末的经济体制改革和对外开放不但极大解放了受到压抑的生产力,而且充分激活了潜藏在人类内心深处追求财富的欲望,使人们从普遍的羞于言利转变成了攫取财富。中国社会第一次感受到法律对社会生活的强大影响力和导引力。正是基于法律对社会经济关系的强力介入,不但彻底改变了利益的获取和分配方式,任何主体的正当经济利益诉求都必须通过法律加以固化、疏导和界定,而且极大地促进了社会财富的增加,使中国在很短的时间内跃居世界第二大经济体。正是基于对法律作用的高度重视,我们在短短的40多年时间里建立起了比较完备的社会主义市场经济法律体系,从而为全面实现依法治国奠定了必要的法律硬件基础。

任何国家的法治现代化都不能通过简单地对外国法律制度的借鉴而完成，成熟的法律制度除借鉴人类法治文明建设有益成果外，还必须加强对本国法治资源的挖掘和对法治适用环境的建设和改造。为此，我们不但要重视对民商法具体法律制度的吸收和构造，而且更应加强对民商法基本理念、基本作用、基本精神和基本价值的研究和认识，更准确地定位民商法在构建新时代中国特色社会主义法律体系中的地位和作用，因为只有以先进理念作支撑的法律制度才能真正有效发挥其对社会关系的精准调整作用。

大学作为现代文明的发祥地和社会知识的集散地，既是民族文化的传承者，也是现代文明特别是现代法治文明的创造者和传播者。相对其他类型的院校而言，法科院校基于其独特的创设要求和人才培养目标，在创新社会法治理念、提供法律制度有效供给、推进国家现代法治文明建设方面无疑负有特殊的义务和责任。西南政法大学作为一所以法学为主的多科性院校，创设于新中国百废待兴之时，繁荣于改革开放的历史机遇期，不但见证了中国法治建设的曲折历程，而且对中国的法治建设贡献了自己的责任和智慧。其民商法学作为传统的优势学科之一，经过几代人的不懈努力，逐步形成了以民本天下为情怀、以商达经纬为志向、以知行合一为目标、以振兴国家为责任的学术精神和专业特色。自20世纪50年代开始，学科奠基人金平教授、杨怀英教授等老一辈开宗学者秉持学术报国之宏愿，开拓奋进、殚精竭虑，历经筚路蓝缕之磨难，披荆斩棘之艰辛，初创西南政法大学民商法之学林。20世纪80年代之后，沐浴改革开放之春风，西南政法大学民商法迎来第一次鼎盛时代，金平教授和杨怀英教授作为全国民商法领域中的重要领军人物，以他们的敬业精神和人格魅力，团结和凝聚了包括邓大榜、聂天贶、黄名述、李开国、柯瑞清、邓宏碧、张和光、赵勇山、叶清勋、赵泽隆、谭向北、程正宗、陈志学等30余位在全国有一定影响力的中年骨干教师；以王卫国、禄正平、伍载阳、刘晓星、张玉敏、尹田、吴卫国、赵万一等为代表的一批年轻学者开始在国内学术舞台上崭露头角。西南政法大学也自然而然地成为国内名副其实的民商法教学与研究重要阵地。20世纪90年代末期以来，在李开国、张玉敏、赵万一、陈苇、谭启平等学术带头人的带领下，本学科全体同仁励精图治、拼搏进取、内外双修，不但使学科师资规模达到创纪录的120余人，而且在职称结构、学历结构、学缘结构等方面都有了实质性改善，教学科研水平也不断上升到一个新台阶。我们坚信，在国内外同仁的关心和支持下，经过本学科全体师生的共同努力，西南政法大学民商法学的明天一定会更加灿烂辉煌。

民商法作为一个应用性很强的实用性学科，并非产生于书斋中的理论推演，而应来源并服务于社会经济生活。本学科一直以关注民生、强调民本为己任，秉持造福苍生，心系天下的情怀，努力将自己的研究服务于国家的经济建设和法治建设。具有中国民法典“活化石”之称的金平教授不但全程参与了第一次至第三次《民法典（草案）》的拟定，而且其所提出的许多富有创见性的观点，如民法调整的是平等主体之间的财产关系和人身关系，直接影响了《民法典》的制定。具有中国婚姻法“女神”之称的杨怀英教授不仅参与了1980年《婚姻法》的修改，而且始终关心中国家庭制度的发展变化及其与社会之间的互动关系，在花甲之年仍亲自带队，到当时条件十分艰苦的云南西双版纳和德宏两大民族自治州长途奔波数千里，开展长达数月的田野调查，出版了具有填补空白性质的《滇西南边疆少数民族婚姻家庭制度与法的研究》。这个优秀传统一直传承至今。陈苇教授在主持司法部重点课题时，以“农村妇女土地权利保障”为视角，先后组织1000多名学生深入农村考察并形成了数十万字的调研报告。在2008年“5·12”大地震发生后不久，以本学科刘俊、谭启平、刘云生等教授为主的12位法学专家联名上书全国人大常委会，建议尽快制定重大自然灾害处置特别法令并草拟了一部近万字的《重大自然灾害处置特别法令（建议稿）》。在具有世纪工程之称的《民法典》制定过程中，本学科不仅有数十人深度参与了《民法典》的条文拟定及其相关的立法调研论证活动，而且在《民法典》颁布之后的第一时间内成立了规模庞大的《民法典》宣讲团，深入国家机关、企事业单位和社区、农村，向广大社会公众宣讲《民法典》的伟大意义，充分体现了学者的责任与担当。

近年来，国际、国内民商法学科的迅速发展向我们提出了严峻挑战。国际上，无论是源于罗马法的大陆法系还是源于海洋经济需要而产生的英美法系，都正朝着更深、更广、更前沿的方向延伸与发展，民商法学理论日益博大精深，法学流派呈现多元化趋势；民商法学研究更加注重与法律实践的契合，注重对司法领域中出现的新的法律问题的审视和研究；在全球化趋势的推动下，各国民商法学日益走向相互渗透与融合，同时又更加注重与本国国情的结合，呈现国际化与民族化共同繁荣的趋势；法学理论方面，跨学科研究方兴未艾，交叉学科、边缘学科如雨后春笋大量涌现。在国内，随着依法治国方略的推行，民商法学研究更加深入与务实。一方面，在全球化的大潮之下，如何借鉴人类精神遗产，借鉴外国合理的法律制度与精神，成为摆在中国民商法学面前的重大课题之一；另一方面，在国内市场经济发展过程中出现的各种法律问题也向民商法学提出了挑战，如何立足中国的法律实践，利用世界各国的经验，发扬我国优良传统风俗，应对未来经济、政治、文化的重大转折，也是中国民商法进一步发展所必须解决的重大课题。为了总结西南政法大学民商法学科在过去40多年中取得的成绩，饮水思源，时刻铭记老一辈民法学者对本学科发展所作出的突出贡献，我们曾与法律出版社联袂于2009年编辑出版了5卷本的“西政民商法学阶梯”丛书和20卷本的“西南民商学人文库”和多卷本的“民商经典译丛”。为了发挥本学科在民商法基础理论特别是民法哲学方面的研究优势，我们先后编辑出版了两辑共13本“民法哲学”丛书。为了扩大与我国台湾地区的学术交流活动，我们曾与华中科技大学出版社、台湾元照出版股份有限公司倾力打造了“华中·元照西政民商法学术文库”和“华中·元照中青年法律科学文库”。

为了进一步充分发挥法学研究对法律实践的引领作用，我们决定集合校内外各种资源，推出既能综合反映西南政法大学民商法学科科研实力，又能广纳群贤、有效荟集国内外最新民商法学研究成果，并能对中国法治建设起到推动作用的大型系列丛书——“民商法经典文库”。本文库分为民法哲学、经典译著、学术研究、前沿争鸣、名家讲坛、教育研究、经典案例及年度十大有影响力案例、研究随笔9个系列。同时，我们也真诚邀请国内外贤儒同仁不吝赐稿，积极支持我们的工作。我们相信，在国内外同行专家的共同帮助下，本文库一定能够达到预期目标。

是为序。

赵万一

2012年11月6日于西南政法大学

2021年7月6日修订于西南政法大学

目　录

引 言

一、选题的来源及理论和实践意义

(一)选题来源

以专章规定医疗损害责任制度的原《侵权责任法》的出台,标志着我国医疗损害责任制度建构取得了重大成就。2020 年 5 月 28 日,十三届全国人大三次会议表决通过了《民法典》,仍然基本沿袭了原《侵权责任法》从侵权路径来对医疗损害责任进行规制的思路(《民法典》与原《侵权责任法》关于"医疗损害责任"部分的规定条款数量相同,均为 11 个法律条文)。然而,仅从侵权路径来对医疗损害责任进行规制仍然存在若干难点:

一是患方维权意识与维权行动空前高涨,医患矛盾尖锐激化。原《侵权责任法》、《民法典》都明确规定了医疗损害责任在当前的医疗纠纷中,使患方本能地将医方的治疗行为理解为是侵权行为,[①]应负侵权责任。这种法律规定产生的心理暗示导向并不利于医疗纠纷的理性解决,在实践中使患方大多直接选取侵权诉由。学者希望将德国民法中用附保护第三人作用的合同、附随义务、缔约过失等合同法规则处理的问题用侵权法规则来处

---

① 黄立:《德国民法修正后医疗纠纷的现况分析》,载《人大法律评论》编辑委员会组编:《人大法律评论》2011 年第 1 辑,法律出版社 2011 年版,第 195 页。

理，但这种努力似乎只是源于对侵权法的偏好，只是出于对“名”的偏好而非对“实”的探究。①

二是原《侵权责任法》及《民法典》关于医疗损害责任的法条规定得较粗略，其立足法定义务的条文规定很难应对呈几何数级增长的医疗纠纷。医患法律关系实质是以医疗契约为基础与前提，医患关系的常态是通过契约明确双方的权利义务，体现患者个性化与差异化需求，贯彻患者的“履行预期”或“效果期待”，落实医疗合同履行结果的相对确定性。以《德国民法典》为例，其实现了医疗合同的有名化、体系化。而侵权并非医患关系的常态，侵权法实际上也不可能进行医疗契约体系化的详尽规定，应对纷繁复杂的医患关系与医疗纠纷显得十分局促。在《民法典》出台前，有学者就指出原《侵权责任法》在医方的告知说明义务、患者的知情同意、病历档案的作成、保管及查阅乃至举证责任分配上，要么规定得简略，要么缺失太多、难堪重任。而且，在医疗侵权法上，判断医疗提供人是否犯下过错，亦必以医疗契约法界定的义务为据。更必须注意到，原《侵权责任法》第七章写入众多契约法条款（第 55 条、第 56 条、第 61 ~ 63 条），相较特殊侵权其他诸章，显得格格不入。现在有关原《侵权责任法》的第 54 条、第 55 条第 2 款、第 57 条、第 59 条，则应移入医疗基本法。② 而《民法典》则没有实现医疗合同的有名化。我们应当重新审视医疗合同的功能与价值，在将来的《民法典》修订或配套司法解释中可借鉴《德国民法典》《荷兰民法典》等明确规定医疗合同。通过充分发挥意思自治，依靠合同约定及默示条款来应对医疗行为无限多样与法律规定的有限性、滞后性的矛盾。如果能实现医疗合同典型化，则可以通过发挥典型契约的功能产生积极意义：其一，以任意规定补充当事人约定之不备；其二，以强行规定保护当事人的利益。③

三是从侵权法医疗过失判定标准上看，表面上较之“医疗常规说”而言进步意义颇大的医疗水准说却流于抽象，没有较确定的判定依据，在实务中不易把握。在梁慧星先生主编的《中国民法典草案建议稿》（第 3 版）第 1657 条“医疗过错的认定”中的规定，并没有延续原《侵权责任法》第 57 条关于医疗水平的提法，

---

① 葛云松：《〈侵权责任法〉保护的民事权益》，载《中国法学》2010 年第 3 期。

② 唐超：《病急乱投医：〈侵权责任法〉“医疗损害责任”章评析》，载《南京大学法律评论》2017 年第 1 期。

③ 王泽鉴：《债法原理》，中国政法大学出版社 2001 年版，第 109 页。

而是首先规定了“违反有关法律法规、医疗行业和医院各种管理规章制度和操作规程进行诊疗护理操作”。实质上出于清晰明确、可操作性、可预见性强的目的，而仍然强调诊疗护理常规在判定医疗过失中的基准线地位。当前，美国同行评审已由侵权原则转向合同原则，其采取“履行预期”或“效果期待”这样的原则，其倚重的正是CPGs，即“临床实践指南”。[①] 这一转变实际上也是正视治疗效果的相对确定性的表现。我国诊疗护理和诊疗规范制度的建构与大力推广也正是基于上述考虑，基于此，对于医疗合同的系统建构已迫在眉睫。

四是从程序法上看，由于医疗纠纷涉及专业医学知识，在实务中法官审判依赖司法鉴定，法官既可根据司法鉴定意见结案，又可因“鉴定结论是鉴定机构作出的”而不得罪当事人。通过重视医疗合同直接依据合同目的和约定判断一方履行是否合格，在医疗纠纷中是有实际适用空间的，而并非所有案件均需鉴定方能定案。

五是从法理移植来源看，“医疗水准说”源于日本；医疗技术过失、医疗伦理过失、医疗产品责任过失这样的分类源于法国。另外，学界都较为重视对德国医疗损害责任中的表见证据规则、美国“事实自己说明”原则的介绍。医疗过失判定标准及证明责任上的“万国牌”现象，说明了我国医疗损害责任制度的整合性、兼容性、体系化工作还任重道远。

实际上，最高人民法院明确规定了医疗服务合同同样是案由。只是，由于我国原《合同法》出台于1999年，虽也曾于合同法草案中规定了医疗服务合同，但因存有争议，为减少阻力，确保原《合同法》及时通过而放弃明确规定医疗服务合同；而原《侵权责任法》则出台于2010年，挟民法典起草之东风，应对高企不下的医患纠纷之紧迫要求成为该法的历史使命与时代机遇。这就使人们直观与本能地选择侵权案由，而实际上大量案件如果选用合同案由效果更佳，更有利于定分止争，维护双方利益平衡。

关于医疗合同，也有学者称其为医疗服务合同。从立法发展来看，在医疗损害责任的规制上，呈现四条不同的轨迹。第一条是英美法系，学说认为，主要是基于信赖义务通过侵权法来予以调整；第二条是法国法系，其原来是采取

---

① Katharine Van Tassel, *Hospital Peer Review Standards and Due Process: Moving from Tort Doctrine Toward Contract Principles Based on Clinical Practice Guidelines*, Seton Hall Law Review 36, p. 1189(2006).

合同路径解决医疗损害，且不允许竞合，但是自2002年法国《患者权利与健康体系质量法》颁行以来，被认为有改采法定职业责任的趋势。而本属于法国法系的施行于1960年的《埃塞俄比亚民法典》则明确规定了医疗合同；第三条是德国法系，以德国、荷兰为代表，明确推行合同路径；第四条则是《欧洲示范民法典草案》（DCFR）对医疗合同较全面的原则规定，虽然其并非正式的国家立法，但仍有较大的影响力与借鉴价值。综上，当法国被认为开始放弃医疗合同路径时，德国却于2013年正式将医疗合同列入《民法典》，实现了有名化。而荷兰早在1995年即在《民法典》中列入医疗合同。比较法上的这种此消彼长，值得我们深思。

因此，我们应当研究医疗合同在平衡医患利益方面的重要功能。通过医疗合同规范双方行为，贯彻意思自治，以精细化的方式明确医方的注意义务，也使患方在合同框架内明确合同的目的与效果，从而使双方理性商谈，避免事后就双方权利义务发生重大分歧。通过医疗公共政策领域的合同式治理，破除医疗服务垄断，保障患者就医选择权与决定权。

（二）理论与实践意义

选题的理论意义：明确构建与体系化在理论与实践中都不够重视的医疗合同，促进医患利益衡平，贯彻和扩大私法自治，具体如下：

第一，整合我国《民法典》中关于合同、侵权责任等法律规范与医疗损害责任救济相关的条款，使之协调融汇，真正实现医疗损害责任的体系自洽，更加整体关联地把握医疗损害责任的各种情形，将各条款之间的内在机理呈现出来。

第二，丰富医疗损害责任救济的不同路径类型，构建科学合理的医疗损害责任理论，有助于构造一个理想的契约路径与侵权路径契合与互动的理论，实现契约路径与侵权路径的互补。

第三，构建系统的医疗合同理论，明确其性质、权利、义务、归责原则、责任承担方式等要素，使其结构清晰、功能完善，符合社会价值取向，满足多元化价值诉求，为医患双方个体化、差异化需求提供丰富选择空间。由于合同法更能体现与承载私法自治、当事人自我决定的基本功能，因此应当辨析医疗合同的基本法律属性，使医疗纠纷中的合同案由这一长期被忽视的重要途径清晰起来，使患方可以通过选择权的实现真正成为自己最大化利益的判断者。

第四，通过规制路径的比较，结合我国原《侵权责任法》出台后在适用中的各种疑难问题进行反思与检讨。对普遍反映的"医疗水准说"过于抽象、难以把握、道德上过于拔高、使法官无所适从等问题进行反思,提出医疗水准论与医疗契约理论相结合的解决思路。

选题的实践意义:通过诉诸医疗服务合同纠纷之诉,一是可以转变将医疗行为等同侵权行为的思想观念,促进医患关系的缓和;二是可以明确医方的治疗义务,以免其以治疗风险及不确定性为由推卸责任;三是在实践中大量存在的医方过失较明显的案件可以直接认定为违反合同义务,从而判令其承担违约责任,而不一定通过司法鉴定来判定是否有过错及因果关系;四是为当事人维权提供切实可行的更多路径,为医患双方的利益平衡提供意思自治的广阔空间。

二、研究综述

(一)国内研究现状

国内对于医疗损害中侵权之诉与违约之诉的竞合已达成共识。但绝大多数的研究都着眼从侵权之诉的路径,而且也有相当数量的成果。从侵权路径出发,理论上与实务中对于注意义务、医疗水准(医疗水平)的引进、医疗过失的判定、举证责任、损害赔偿等都有相当程度的比较法上的分析与探讨。梁慧星就原《侵权责任法》通过后的关于医疗损害救济的重大成就归纳为——理念演进:用"医疗损害"概念取代"医疗事故"概念;医疗损害责任构成要件中"过错"的认定:判断标准客观化;说明义务与患者自主决定权;医务人员的一般注意义务:"与当时的医疗水平相应的注意义务";医疗机构及其医务人员过错之推定:特殊情形下不可推翻;医药产品缺陷损害及输血感染损害:求偿权的行使与责任承担。① 杨立新认为,原《侵权责任法》对医疗损害责任制度进行了成功的改革,主要表现在统一适用医疗损害责任的案由、对医疗损害责任进行科学分类、确定适合国情的归责原则体系、统一适用人身损害赔偿标准等方面,正确地处理了受害患者、医疗机构和全体患者之间的利益关系。然而,原《侵权责任法》也存在不足,如没有规定举证责任缓和原则,没有规定医疗损害责任鉴定制度等。应当通过颁布司法解释等方法予以补充完善,以协调好受害患者、医疗机构和全体患者之间的利益。②

---

① 梁慧星:《论〈侵权责任法〉中的医疗损害责任》,载《法商研究》2010年第6期。

② 杨立新:《〈侵权责任法〉改革医疗损害责任制度的成功与不足》,载《中国人民大学学报》2010年第4期。

而截至目前,从医疗合同路径进行研究的论著不多。有代表性的论文包括:韩世远发表于《法学研究》(2005 年第 6 期)的论文《医疗服务合同的不完全履行及其救济》以及艾尔肯发表于《河北法学》(2006 年第 12 期)的论文《论医疗合同关系》等。前者将医疗合同定性为医疗服务合同,主要观点为:其一,其性质具有委托合同的基本属性;其二,其给付义务属手段义务,而非结果义务;其三,债务人违反附随义务,构成对给付义务的不完全履行;其四,违约责任包括精神损害赔偿;其五,在履行利益不易确定的场合,可以信赖利益作为替代标准。后者认为,医疗合同关系是一种不同于一般合同的特殊的民事法律关系。其对医疗合同的成立、性质、特征、主体、合同效力及其终止等方面的问题进行了研究。以上两篇具有代表性的论文为其后的研究者提供了医疗合同定义、性质、权利义务关系、责任基础和计算方式等体系化、全景式的概况,为我们系统研究医疗合同起到了启蒙教育的作用。此外,在一些论文及专著中也对医疗合同有所论及。然而由于篇幅所限,有些论著未能在深度及广度上充分展开;同时,基于不同研究者主观偏好不同、价值判断的不同、资料的掌握不同,关于医疗合同内在各要素本体论、认识论研究,以及医疗合同与侵权法、公共政策等关系上的研究显得较为简略,含混不清,观点矛盾冲突较多,纷争不休。

(1)对医疗合同的界定有待进一步突出对结果的合理期待

医疗合同是医生为获取报酬,同意向某人提供医疗,并尽力使其保持健康或治愈其疾病的合同。这一定义来自《埃塞俄比亚民法典》第 2639 条的规定,另可见徐国栋主编的《绿色民法典》第八分编第 633 条(2004 年版)。这一定义突出了医方在医疗合同中享有收取报酬的权利,并且规定了患者有对保持健康或治愈其疾病的结果期待。但在其表述中没有显示出这是一种合理期待,因为医方并不能保证对疾病的完全治愈。梁慧星先生主编的《中国民法典草案建议稿》(第 3 版)第 1414 条定义为:医疗合同是医方受患者的委托或者基于职责,为患者提供治疗、防疫、保健或者医学检查等服务的合同。梁先生的定义包含了医疗合同的给付义务的基本内容与类型,但对于患者可以对这些医疗债务给付行为的合理期待却未涉及。

(2)关于医疗合同的性质应突破对于委托合同性质的路径依赖

当前,有代表性的观点一般都较简单地将医疗合同定性为委托合同。韩世远认为,医疗服务合同具有委托合同的基本属性,其核心内容为医师的诊断和治疗(提供医疗服务)。[1] 龚赛红也认为,医疗合同在委托处理事务这一点上与委托合同最近似。[2] 但是,医疗合同本身的性质、功能并非单一的事务处理那样简单,存在面向医疗实务的各种要素的排列组织,因为"提供劳务型合同"这一合同类型包括委托、承揽、雇用、运输等具体类型,各合同类型随着具体要件的增减发生由此向彼的转化,与委托合同确也可能存在重大差异。与韩世远等相异的观点如宁红丽认为,应当根据合同给付的性质,以及当事人的特别约定来作最后判断,不能将医疗合同全部认定为委任契约。对于以获取某种治疗效果为目的,或医患双方存在此种约定的医疗关系,可以准用有关承揽的规定。主要包括:第一,以安装义齿、义肢、修补牙齿,以及美容整形等为内容的医疗,可以认定为承揽契约;第二,当事人订立的依照当时的医疗水平是可以实现的治愈的特约。[3] 这一观点虽然认识到了还可能有承揽等注重治疗效果的医疗合同类型的出现,但却又将之局限于整形美容这样的不以治疗疾病痛苦为目的的给付行为和包医特约中。另外,还有"雇佣合同说""承揽合同说""混合契约说"等其他观点,都有待于我们从合同目的与当事人缔约真意出发,进行相应的解读。

(3)医疗合同义务研究有以法定义务替代约定义务的趋势

通说认为,医疗合同中医方的义务包括诊疗义务、说明义务、保密义务、治疗记录做成义务等。患者的义务主要包括医疗报酬的支付义务、协助治疗义务及其他义务(费用预支、费用偿还以及损害赔偿等义务)。另外,医方还有强制缔约义务。宁红丽认为,医方违反医疗合同应有精神损害赔偿。[4] 医疗合同研究在给付义务与保护义务之间,更为重视对于保护义务的研究。就合同义务而言,韩世远认为,违反这些附随义务时,同样属于违约,可以发生违约责任。对违反附随义务的救济,不得独立以诉请求履行,故通常限于损害赔偿。[5]

在传统学说中,告知说明义务本身被认定为是附随义务,从而不得独立诉求履行,而实质上,告知说明义务并非一定是附随义务,其可能是主给付义务、从给

---

① 韩世远:《医疗服务合同的不完全履行及其救济》,载《法学研究》2005 年第 6 期。

② 龚赛红:《医疗损害赔偿立法研究》,法律出版社 2001 年版,第 33 页。

③ 宁红丽:《大陆法系国家的医疗合同立法及其对我国的借鉴意义》,载王文杰主编:《法学方法论》,清华大学出版社 2004 年版,第 155 ~ 160 页。

④ 宁红丽:《大陆法系国家的医疗合同立法及其对我国的借鉴意义》,载王文杰主编:《法学方法论》,清华大学出版社 2004 年版,第 155 ~ 160 页。

⑤ 韩世远:《医疗服务合同的不完全履行及其救济》,载《法学研究》2005 年第 6 期。

付义务等;同时,该义务还被大多数观点认为主要是法定义务,[①]其实,其本质和主要来源是契约约定义务。这是由于医疗的高度专业性和复杂性,使抽象的法定义务难以为患者所理解与接受,从而可能使告知说明法则流于泛化与空洞,无法真正发挥保障自主权的作用,在实践中反而被医方利用来作为免责的托词与借口。过度依赖法定义务,将使医患关系公法化,势必使医师父权主义主导地位继续延续;如何更多地通过约定义务真正发挥其本旨功能,促进医患利益衡平与关系的和谐,成为我们需要认真探讨的问题。

(4)医疗合同义务研究过于强调方式性义务而割裂了结果性义务

学界的主流观点认为,医疗合同以手段义务为主。是指医疗合同不能保证有确定的治疗效果,而只要医疗过程中院方尽职尽责、勤勉谨慎,尽到了与当时医疗水平相当的注意义务,即可认为合同顺利履行。即诊疗义务是一种手段债务,是否构成不完全履行,无法从结果上判断,而只能从过程上判断。[②] 但我们并不完全赞同这一观点,我们不能无限夸大医疗行为的不确定性,这会使医患关系中病患一方的维权正当性受到质疑。对此,有学者认为,以"依适当的注意与技术提供服务"来判断方式之债是否已经履行,并没有实质意义。还有学者就此指出,方式之债并非与结果毫不相关,"缔结合同时,当事人必定意欲达成一定的结果,缔结合同本身乃是当事人意欲达成一定结果的活动"。[③] 另外,从意思自治角度看,双方当事人完全可以就治疗效果进行明确的约定。正如徐国栋先生主编的《绿色民法典》第八分编第 636 条之规定,即"医疗机构不保证其医疗必然成功,但以书面形式明确做出承诺的除外"。

(5)就医疗合同的调整对象与范围仍有进一步厘清的必要

很多涉及医疗合同的论著所举的案例都是不以治疗疾病与身体痛苦为目的的人工生殖合同、整形美容合同等,这对以治疗疾病痛苦为主的诊疗护理医疗行为的调整来说不具有全面覆盖的意义,对于以医疗合同研究不具有充分的代表性与典型性,显得过于狭窄。比如,我国学者引用较多的 1973 年美国马萨诸塞州最高法院审理的"沙利文诉奥康纳案",涉及的就是一个以鼻部整形手术为内

---

① 杨立新、袁雪石:《论医疗机构违反告知义务的医疗侵权责任》,载《河北法学》2006 年第 12 期。

② 韩世远:《医疗服务合同的不完全履行及其救济》,载《法学研究》2005 年第 6 期。

③ 周江洪:《服务合同的类型化及服务瑕疵研究》,载《中外法学》2008 年第 5 期。

容的合同。[①] 实际上,理论上与实务中通常提及的采违约路径救济的医疗服务合同类型主要包括:人工生殖、结扎、美容整形、健康体检、人工流产、中期引产、变性、优生优育孕前检查(错误出生案件)等。这类合同的主要特点就是不以治疗痛苦与疾病为目的,其欲达成的目标明确。此外,实际上对于大量的常见疾病也已有经无数临床实践证明较成熟而有效的诊治规范、方案与科技保障。因而在案例研究中,应当拓宽思路去探讨各种与治疗疾病与痛苦相关的合同,这才具有普遍适用性。

(6)民法典建议稿对于医疗合同有名化意见不一

从民法典起草中的相关建议稿来看,王利明先生主编的《中国民法典草案建议稿及说明》(2004年版)在第七篇"合同"中没有规定医疗服务合同,而是在第八篇"侵权行为"中规定了"医疗损害侵权责任"。梁慧星先生主编的《中国民法典草案建议稿》(第3版)中在第四编"合同篇"规定了医疗合同,而在第五编"侵权行为"篇规定了"专家责任"。徐国栋先生主编的《绿色民法典草案》(2004年版)第八分编规定了"医疗合同",而在侵权行为部分没有特别规定医疗侵权。而最终出台的《民法典》则没有在"典型合同中"规定医疗合同或医疗服务合同。

(7)医疗合同归责原则被定性为一般过错责任有违公平正义

关于违约损害赔偿的归责原则,有学者认为,应借鉴《国际商事合同通则》与《欧洲合同法原则》的做法,通过解释方法,确立如下标准:违反方式性义务者,应承担过错责任;违反结果性义务者,应承担严格责任。[②] 王利明认为,在医疗合同的违约责任归责原则上适宜采一般过错原则。即如果采取严格责任原则,则医疗机构实际上负担了结果性债务,这与医疗机构所负担的手段性义务性质存在冲突。他的观点是,医疗合同采过错责任原则与原《侵权责任法》上医方侵权责任归责原则为过错责任原则是一致的,否则患者都转而通过合同责任寻求救济,如此,将使原《侵权责任法》的规定成为具文。但是,他又认为,违约责任与侵权责任在归责原则上存在区别,即当双方约定有特定效果时还是采严格责任。[③] 笔

① 于韫珩:《违约责任中的信赖利益赔偿》,载《环球法律评论》2015年第3期;张金海:《论违约救济中徒然支出的费用的补偿:必要性与路径选择》,载《政治与法律》2012年第5期。

② 朱广新:《违约责任的归责原则探究》,载《政法论坛》2008年第4期。

③ 王利明:《合同法研究》(第4卷),中国人民大学出版社2013年版,第706页、第711页。

者认为,要弄清医疗合同归责原则,首先应对于作为成文法的原《侵权责任法》上的医疗损害责任归责原则进行解释论剖析,然后才能作出结论,即医疗合同归责原则是否应与侵权法归责原则相一致。

我国侵权责任法学说通说认为,侵权损害责任的归责原则采取过错原则,而以过错推定原则和无过错原则为辅。[①]《民法典》虽在第1218条中将原《侵权责任法》中"医疗机构及其医务人员有过错的"修改为"医疗机构或者其医务人员有过错的",但仍然沿袭了原《侵权责任法》采过错原则的立场。笔者认为,这虽然实现了医患双方的形式平等,但实质上是不正义的。医患双方医学专业知识对比悬殊,整个医疗活动处于医方的控制之下;证据主要掌握在医方手中,患方举证负担十分沉重,除证明医方过错外,还要证明因果关系,再加上缺乏举证责任减轻制度,患方举证责任之重几乎不可能有效维权。有学者将其归纳为事实不知、专业不知与证据偏在。[②] 我国2010年《侵权责任法》否定2002年最高人民法院在《关于民事诉讼证据的若干规定》第4条中规定全面的举证责任的倒置后,并未规定举证责任缓和、转换规则。因此,我们应当思考立法者同时规定原《侵权责任法》第54条与第58条的原因,从而寻求更符合公平正义的归责原则。

(二)国外研究现状

(1)关于医疗合同的立法概况

从立法例来看,在大陆法系国家,关于医疗合同存在两种立法例:特别法式和典型合同式。日本等国采前者,将对医疗合同的规定分散在医事特别法和宪法、刑法乃至程序法中;而《德国民法典》《埃塞俄比亚民法典》《荷兰民法典》等则采取典型合同式,将医疗合同直接纳入民法典。荷兰于1994年颁布《医疗服务法案》(Act on Medical Services),该法案具体规定了病人在医疗关系中所享有的各项权利并于1995年被收入《荷兰民法典》第七编"有名合同"(Special Contract)之中(《荷兰民法典》第7:446条):治疗合同基本被当作一种特殊的服务合同。即医疗服务合同是指作为一个自然人或者法人的健康照护提供者,根据其职业活动或者商业活动,与另一方订立的以直接向其提供医疗服务或者向某特定第三人提供医疗服务的合同。2013年《德国民法典》进行了重大修改。

---

① 杨立新:《〈侵权责任法〉规定的医疗损害责任归责原则》,载《河北法学》2012年第12期。

② 沈冠伶:《武器平等原则于医疗诉讼之适用》,载《月旦法学杂志》2005年第12期。

通过患者权利法的增补,在《德国民法典》第二编第八章第八节第630a～630h条就医疗合同进行了专章规定,包括医疗合同的性质、医方的主要义务,尤其是明确了医疗纠纷案件中的举证责任分配制度。[①]《欧洲示范民法典草案》第四卷第三编"服务合同"的第八章"医疗"对医疗合同有11个条文分别从适用范围、初步评估、技能和注意义务、告知义务及例外、未经同意不得治疗的义务、记录、不履行义务的救济等方面进行了较全面的原则规定。

医疗合同的性质存在争议。在荷兰、德国,医疗合同性质上属于一种独立的有名合同;在日本,学界通说认为是一种准委任契约;在德国,认为是一种雇佣合同或承揽合同;在英格兰和苏格兰的法律中没有关于治疗的特殊规定。

(2)关于医疗合同责任归责原则

大陆法系国家一般采过错原则或过错推定原则。《法国民法典》第1147条规定:"凡债务人不能证明其不履行债务系由于不应归其个人负责的外来原因时,即使在其个人方面并不无恶意,债务人对于其不履行或迟延履行债务,如有必要,应负损害赔偿。"在法国,医疗责任长期被视为合同责任。1928年学者德莫格指出,债务人的义务被分为方式性义务与结果性义务。就前者承担过错责任,就后者承担严格责任。《德国民法典》第280条规定了合同责任的过错推定原则,但对于是否适用于医疗合同,尚存争议。而于2013年德国在民法典中引入《患者权益保护法》后,在第630h条规定了事实推定的举证责任,从而明确了在医疗合同责任中适用过错推定的归责原则。[②]

(3)医疗合同中关于方式性义务与结果性义务的区分

法国学者马洛里和埃勒斯指出,在违反方式性义务的合同责任中,医疗责任是最典型的一种。医生只允诺对病人进行治疗,但并不允诺"治愈"病人。但他们认为,这种区分在法国审判实践中并未得以真正贯彻,其主要表现为:第一,在处理案件时,法官为了使医疗责任更容易成立,常常具有将医疗责任推向"结果责任"的倾向。第二,在某些情况下,医疗责任被予以加重。当所担负的风险与预期的利益不成比例时,一方面,要求医生应拒绝对病人施行手术,否则医生应对手术中的风险承担责任;另一方面,要求医生告知病人必要信息的范围被特别

---

① 侯英泠:《德国医疗契约债编各论有名契约化》,载《月旦法学杂志》2015年第5期。

② 曾见:《德国患者权益新立法的主要内容和启示》,载《证据科学》2014年第2期。

加以扩大。在法国现代合同法理论上,存在一种方式性义务的弱化与结果性义务的强化的双重倾向。首先,有学者认为,依合同制度的目的,应鼓励债务人完成规定的义务以满足债权人,因此,债务人一般应承担结果性义务,方式性义务为例外。其次,在某些合同中,结果性义务往往伴随方式性义务。①

(4)关于告知说明义务

在德国债法现代化进程中,德国医疗纠纷的重心从侵权行为法转向为契约法。这一重心转向要求对医师的契约义务有更精确的描述。② 有关医疗可能的风险以及并发症的信息在瑞士已经成为医疗责任的关键问题。病人安全和病人最高法则之间的利益平衡已明显从患者身体的完整性向其自决权倾斜。在德国,违反告知的义务成为医疗事故责任的最重要因素。法院把患者的自我决定权看得十分重要,以致即使患者的决定从医学角度来看不合理也必须接受。③ 患者必须在告知后和治疗前有充分的时间考虑所涉及的风险,并与其家庭、医生等进行讨论。

医疗合同中设定告知说明这样的法定义务是不得已而为之的。在传统合同法中,存在买者自负的原则。即在通常的买卖(契约)中,债权人(买主)能够自己判断商品的价格与质量,承担其购入商品的责任(卖主、买主的对等论)。与此相对,在提供医疗服务的契约中,债权人(患者)不能理解自己的疾病,不得不委托专业医生进行诊疗。所以,医疗行为有必要在两者的人格信赖关系下进行(医生、患者的不对等论)。④ 但也应注意法定义务所要求的强制披露的危害性,从而有意识地以约定义务为主,以法定义务为辅。首先,强制披露产生的有用信息可能使患者放弃自我保护;其次,强制披露具有反竞争性的影响;最后,强制披露可能损害其他消费者利益,也可能使立法者陷入懒政。⑤

从说明义务判断标准上看,《欧洲示范民法典草案》采"理性病人说"与"具

① 尹田编著:《法国现代合同法》,法律出版社1995年版,第303~307页。

② 黄立:《德国民法修正后医疗纠纷的现况分析》,载《人大法律评论》编辑委员会组编:《人大法律评论》2011年第1辑,法律出版社2011年版,第195页。

③ [荷]米夏埃尔·富尔、[奥]赫尔穆特·考茨欧主编:《医疗事故侵权案例比较研究》,丁道勤、杨秀英译,中国法制出版社2012年版,第148页。

④ [日]植木哲:《医疗法律学》,冷罗生等译,法律出版社2006年版,第297页。

⑤ Omri Ben-Shahar and Carl E. Schneider, *The Failure of Mandated Disclosure*, University of Pennsylvania Law Review 159, p. 737 - 740(2011).

体患者说”的结合。根据其第七章第Ⅳ.C－7:104条的规定可见,该条第1款将义务履行标准阐述为对患者需求的合理期待;同时在第2款着重强调了(医方)在对所搜集的与顾客(患者)目的、偏好、优先选择以及个人情况有关的资料进行技术分析的基础上作出建议。①

(5)法国法上的医疗合同

法国医疗损害责任自1936年“默谢尔案”开始,其性质由侵权责任转变为合同责任。将医患关系界定为合同关系,将医疗责任视为合同责任,在法国法上具有重要意义。首要的法律效果是,医患之间存在医疗合同时,依据合同优位原则以及责任不竞合之原则,患者不能基于作为侵权责任规范的第1384条第1款来主张权利。侵权法通常仅在下列4种情况下适用:①无合同关系,如医生拒绝对病人进行治疗;②损害与医生的义务并无法定联系,如病人在候诊室滑倒;③属于刑法调整范围;④主张损害赔偿的是第三人,如患者的配偶、子女。②

有观点认为,医疗合同责任理论由于忽略了医患关系的伦理性以及有限的包容性而一直受到质疑。他们认为,2002年法国《患者权利与健康体系质量法》的实施宣告医疗损害责任从合同责任走向了法定责任。法国民法学界围绕医疗损害责任的性质展开的争议由来已久,反对医疗合同责任理论的学者们对该理论提出质疑的理由主要有以下几点:第一,医患关系并非纯粹的经济关系,而是具有相当程度的伦理性。第二,患者对诊疗行为的同意,并非对医疗合同的同意。第三,合同标的的特殊性。第四,医患关系不再是约定关系。双方义务都是法律(法国《公共健康法典》)明文规定的。第五,合同缔约能力在医疗关系中并无太大意义。第六,医疗损害领域不同责任性质的区分过于人为,因而是不公正的。法国医疗责任法在传统上区分公立医疗机构与私立医疗机构,认为前者发生的医疗损害责任不是合同责任,因为患者在公立医疗机构就诊属于“公共服务的使用者”,这是法定权利;而在私立医疗机构发生的医疗损害责任则属于合同责任。某些法学家竭力主张,在侵权责任和合同责任之外建立第三种责任,即职

---

① [德]冯·巴尔、[英]埃里克·克莱夫:《欧洲示范民法典草案》(第四卷),于庆生等译,法律出版社2014年版,第662页。

② [德]克雷斯蒂安·冯·巴尔:《欧洲比较侵权行为法》(下卷),张新宝、焦美华译,法律出版社2004年版,第358页。

业责任,借此使相关广大领域的自治性制度重组起来。①

(6)德国法上的医疗合同

在追究医疗损害责任时,德国采契约法优先的立场。德国实务与通说认为,医疗契约的性质属于《德国民法典》第 611 条所称劳务契约。与英国法的立场不同,在德国契约法上,对价并非契约要件,至于患者是否投有私人健康保险,或者是否(像绝大多数情况)经由公共保险基金获得治疗,其与医生或医院之间亦存在契约关系。在旧法上,违反医疗契约义务时,构成积极侵害债权。2002 年德国《债法》第 280 条规定:"债务人违反基于契约而生之义务者,债权人得请求赔偿因而发生之损害。债务人就其违反义务不可归责者,不适用前述规定。"这体现了以"义务违反"作为统一之债务不履行概念,另外还反映了过错推定的归责原则。

德国 2002 年《损害赔偿法》修正后,扩大非财产损害之金钱赔偿范围至契约责任。将非财产上金钱赔偿请求权从债编各论之侵权责任规定(2002 年前的民法典第 847 条)移至债编通则之损害赔偿规定(2002 年后的民法典第 253 条第 2 项),新增《德国民法典》第 253 条第 2 项,即"因身体、健康、自由或性自主被侵害而受损害赔偿时,虽非财产上之损害,亦得请求赔偿相当金额"。从而使依契约责任亦得请求精神损害赔偿。

另外,与纯粹经济损失(purely economic loss)相关的合同诉求很重要,因为对遗传学问题的错误建议或者因为在产前护理中的错误而引发为某人提供护理的义务时,尤为如此。"解决纯粹经济损失这一问题,德国更多借助于合同救济手段。侵权法对应由法律保护的所有经济利益的保护极为不力。"②

德国法上的医疗诉讼,鉴于双方专业与信息上的对比悬殊,德国各级法院均致力减轻甚或转换病人的举证责任。③ 关于医疗诉讼中减轻病人举证责任者,系属表现证明原则。系指依据经验法则,有特定的事实,即发生特定典型结果,得推论有该特定事实存在。德国实务运用表现证明原则而减轻病人举证责任的重

① 叶名怡:《医疗合同责任理论的衰落——以法国法的演变为分析对象》,载《甘肃政法学院学报》2012 年第 6 期。

② [德]克里斯蒂安·冯·巴尔、[德]乌里希·德罗布尼希:《欧洲合同法与侵权法及财产法的互动》,吴越等译,法律出版社 2007 年版,第 117 页。

③ 詹森林:《德国医疗过失举证责任之研究》,载朱柏松等:《医疗过失举证责任之比较》,华中科技大学出版社 2010 年版,第 29~35 页。

要案例为传染病与麻醉之情形。如果病情信息记载的缺漏足以显示有重大医疗瑕疵情事时,将会发生举证责任转换的效果。重大医疗错误在医疗事故案例中被视为减轻举证责任的最重要基础。举证责任不但减轻到推定过错和违反义务的程度,而且减轻到推定两者间存在因果关系的程度。①

(7)日本法上的医疗合同

日本将医疗过失称为“医疗过误”,是指医生在对患者实施诊疗行为时违反业务上必要的注意义务,从而引起对患者生命、身体的侵害,导致死伤结果的情形。我国原《侵权责任法》第57条、第60条第3款都采用“医疗水平”一说。夏芸对此有全面的介评:20世纪60年代,日本司法实践普遍将临床惯例行为作为判断医疗过失的标准,存在完全依赖医学鉴定之状况。从1961年日本最高裁判所“输血感染梅毒案判决”开始,主张医师有“最完善的注意义务”。日本法律界将其解释为“高度的注意义务”,依此课以医方严格过失责任。其中,具有代表性的是1974年日本岐阜地方裁判所“早产儿视网膜病判决”。该判决认为,为防止患者病情恶化,即使医疗行为的疗效尚未得到医疗界的一般认可,医师也应实施,这即是医师应尽的“最完善的注意义务”。这遭到医学界强烈反对。1982年日本最高裁判所“高山红十字医院案判决”认为,应以“诊疗当时的临床医学实践中的医疗水平”作为诊疗注意义务的判断标准。“医疗水平”从“医疗实践标准”发展到“诊疗行为普及说”。之后,“相对的医疗水平论”兴起,即在认定临床医疗水平时,应考量医方所处的具体情况,即相关医疗知识的普及程度、专业性、经验度、地域性以及医疗机构的规模和性质等。②

1965年左右,日本开始对医疗合同、说明义务进行讨论。通过对德国法律的比较,关于合同的给付义务和附随义务的问题也开始被重视。从1975年以后,诊疗合同的概念被广泛接受。作为确立说明、同意(承诺)原则的基础,在基于以自我决定权为中心的医疗过程中,对患者的意思确认是必不可少的。所以,有必要在医学教育或是医疗现场中,积极、广泛地确立医疗合同和诊疗合同的概念。③

---

① [荷]米夏埃尔·富尔、[奥]赫尔穆特·考茨欧主编:《医疗事故侵权案例比较研究》,丁道勤、杨秀英译,中国法制出版社2012年版,第171页。

② 夏芸:《再考“医疗水平论”及医疗过失判断标准》,载刘士国主编:《医事法前沿问题研究》,中国法制出版社2011年版,第167~188页。

③ [日]植木哲:《医疗法律学》,冷罗生等译,法律出版社2006年版,第132页。

近年来,日本十分注重从诊疗合同的角度研究医患双方的权利义务关系。从过去偏重侵权路径解决医患纠纷,转为侵权与合同路径并重。关于医疗服务瑕疵的判断标准,若采用债务不履行责任构成,医生负有诊疗合同上的善良管理人的注意义务。日本以“医疗水平说”作为善良管理人的判断标准,包括对诊疗义务、说明义务及其他各种具体行为义务的存在及违反的判断。① 其中,特别要注意的是,日本学者认为,在医疗水准论与医疗契约理论相结合后,医疗水准的判断得以从医疗契约、医疗给付义务履行的角度,依医患的合意形成,并配合医疗机构的分级制度,使医疗水准能适应医疗机构的等级,并依医疗机构的资源、条件多寡据以决定医疗水准的高低,使医疗水准论结合医疗契约理论,配合医疗机构分级制度而成为一个弹性的、相对的标准。②

在告知同意的历史沿革发展中,日本就坚持日本式的告知同意,而拒绝全盘接受美国式的告知同意。这显示了维护医疗职业权威与职业自治的利益诉求。日本抵制将告知同意写入行政法,而只是赞同其在民事法律中存在。医疗机构即使接受日本式的告知同意并将其作为一种专业责任和民事法律,但却反对在行政法领域里将告知同意这一概念写入法典,包括执业医师法和医疗服务法。他们认为,只要告知同意的定义包含了职业裁量的意图(这一职业裁量受到民事法庭的尊重和依从),告知同意就不会对传统的日本医生的职业自治造成压倒性威胁。假设告知同意写进行政法规范中,受到健保省的支配和解释,那么就将在实质上形成潜在的减少职业独立和权威的可能。③

(8)英美法系国家一般是以侵权路径来适用于医疗损害责任

通说认为,英美法系国家在规范医患关系和医疗行为上更善于适用以信赖义务(fiduciary duty)为基础的侵权法律制度而不是合同法律制度。有学者认为,英美法系国家鉴于医患关系中的权力不对等性,更强调医患关系中的“信赖关系”(fiduciary relationship)而非“契约关系”。法院不再适用契约法上的同意原则,改为强调医师所负的忠诚义务。这个忠诚义务与契约之存否并不相关,甚至

---

① 周江洪:《服务合同研究》,法律出版社 2010 年版,第 471 页。

② [日]菅野耕毅:《医事法和医学教育论》,信山社 1997 年版,第 332~335 页。转引自王丽莎:《医疗过失理论研究》,中国政法大学出版社 2014 年版,第 187 页。

③ Robert B. Leflar, *Informed Consent and Patients' right in Japan*, Houston Law Review 33, p. 109 (1996).

会延续到医患关系结束之后。美国20世纪70年代后契约理论重新"抬头"的主要焦点也在于以契约限制医疗纠纷之责任。① 但不同观点认为,即使在英美国家,医方持有的也仅是较有限的信赖义务。一是医院没有这种信赖义务。因为医院是提供医疗服务的场所与设备的地方。二是医院及医师被赋予的种种强制性义务,使之不具有分配风险的能力。三是医疗服务的巨大成本和医生对雇用和支付服务的组织的依赖性越来越强,医生的忠诚度被削弱,病人的经验与能力也得以加强。② 在英国,法院只认可患者与私人医院或医疗人员间的合同关系,而否定患者与处于英国全国健康服务(National Health Service,NHS)系统的医方存在合同关系。原因或许是NHS处于法规(如英国的1977年《全国健康服务法案》)的规范之下,因而双方不存在自愿的、彼此协商和讨价还价的空间;或者是因为患者与NHS之间不存在约因或对价(契约当事人之间必须有利益交换的思想)。在这种医疗体系和文化中,医生具有绝对的主导性,病人是医疗服务的被动接受者,病患的权利及个性化与多样化的需求不被尊重。这也是英国政府医改所要克服的难题。③

在医疗诉讼领域,医疗专家意见或行业的"普遍做法"是强有力的证据但不是最终证据。著名的"波兰姆(Bolam)案"似乎赋予医疗行业的普遍做法以终局性。波兰姆测试标准适用于诊疗和知情同意领域。法官特别强调,来自医学界的观点是"有逻辑基础的""合理的""值得尊敬的"。鉴于医学专家意见的非终局性,法官应运用风险—益处方法具体分析具体案件。英国法院的立场是,在医疗领域,测试医疗人员是否存在过失的注意标准是,行使和声称拥有此种特殊技能的通常的熟练人员所应达到的标准。④ 可见,英国在说明义务的判断上更倾向传统的合理医师本位。在说明义务的判断标准上,美国学者更倾向客观病人本位(The objective patient-based standard)以设法保护医生,只让他们负责运输"实

---

① 杨秀仪:《美国告知后同意法则之考察分析》,载《月旦法学杂志》2005年第6期。

② Marc A. Rodwind, *Strains in the Fiduciary Metaphor Divided Physician Loyalties and Obligations in a Changing Health Care System*, American Journal of Law & Medicine 21, p. 241 – 251(1993).

③ 张春梅、刘成:《论英国国民健康服务体系中病人地位的改变》,载《郑州大学学报(哲学社会科学版)》2016年第4期。

④ 赵西巨:《医疗诉讼中的医疗专家意见和法官自由裁量:谁主沉浮?》,载《法律与医学杂志》2007年第3期。

质性”的信息,而这些信息是“合理”病人作出治疗决定希望得到的。①

三、研究方法

本书在论述过程中,主要采用了比较分析、理论联系实际的实证方法、法教义学、价值分析、历史分析方法。

(1)比较分析的方法

“他山之石,可以攻玉”。本书立足于研究大陆法系国家(德国、日本、法国等)和英美法系国家(英国、美国)有关医疗损害责任的立法与实践,思考为什么德国、荷兰等德国法系国家不断地通过医疗合同在民法典中的有名化以实现医疗损害规制的合同法转向;与此相反,法国则被认为背离传统的合同路径。而英、美等国长期以来被认为采纳的是,建立在信赖义务基础上的侵权法来解决医疗损害,但却实则采有限的“信赖义务说”。欧洲民法典草案也十分重视医疗合同的建构。这些比较研究都有助于我们塑造和建构扩大私法自治、促进医患利益衡平的功能主义目标,可以据之总结经验、吸取教训,并为本书的写作提供借鉴。

(2)理论联系实际的实证方法

本书将通过一系列经典具体案例解析,对实践中医疗合同的各部分内容进行类型整理、原因探究、观点辨析等研究,遵循从理论到实践,再从实践到理论的研究路径,力图构建一个具有实践基础的医疗合同理论。医疗合同的研究,必须是一个面向司法实践的研究,无论是其在医疗损害责任规制中与侵权路径的“爱恨纠葛”,还是其混合契约的性质、合同内容的确定、告知说明义务与知情同意规则的理解与适用、归责原则与损害赔偿责任的方式、错误出生、错误生命的赔偿责任、医疗消费者保护等,都必须从具体案件中提炼总结而来,再回到实践中去检验其妥当性。如此形成的理论体系与理论知识方能胜任指导司法实践、促进医疗合同自由与合同公正的重任。

(3)法教义学的分析方法

注重对我国《民法典》,原《合同法》《侵权责任法》,最高人民法院《关于审理

① Jaime Staples King and Benjamin Moulton, *Rethinking Informed Consent: The Case for Shared Medical Decision-Making*, American Journal of Law & Medicine 32, p. 463(2006).

人身损害赔偿案件适用法律若干问题的解释》等法律规范中大量与医疗损害责任相关条款进行分析，通过文义解释、体系解释、目的解释等方法，发现其内在机理，找出一般规律。

(4)价值分析方法

该方法有助于我们在研究司法实践中的各种具体个案时，打破逻辑自足主义束缚，从经验到理性，提炼出一般规制命题，从医疗损害法律规制的形式正义倾向转变到实质正义的价值判断立场上来。例如，在归责原则中主张从一般过错原则转变到过错推定原则、重视医疗消费者合同的研究等。另外，我们在倡导民法典医疗合同有名化的同时，也必须注意法典化的僵化等弊端，避免严格规则主义崇拜，不宜于大量增加强行性规范来无限扩张医方义务，而应以谦抑立法克服医疗合同典型化的弊端。

(5)历史分析方法

在医疗合同的研究中，应当积极地寻找法律制度变迁的社会历史背景，如我们发现，医疗损害归责原则有从举证责任全面倒置到过错推定的转变，这其中背景性的历史知识就是，在其他国家所存在的“优待医师时期、优待患者时期和理解医疗时期”的时代主旋律的变迁。又如，在医师说明义务判断标准上，对意志自由的维护最初仅是对患者身体完整性的维护，之后才逐渐上升为对于患者自主权的维护。

四、研究创新

(一)研究视角新颖

国内外对医疗损害责任多有关注，但主要是从侵权行为的角度分析，这种分析进路并不能有效解决在医患双方力量对比悬殊下医疗损害责任如何成立、如果规制、责任如何承担的问题。进一步而言，医患法律关系的实质是以医疗契约为基础与前提，医患关系的常态是通过契约明确双方的权利义务，侵权并非医患关系的常态，侵权法实际上也不可能进行医疗契约体系化的详尽规定，本书从医疗合同角度入手，通过对医疗合同性质、类型、知情同意权、告知说明义务、归责原则及赔偿方式、合同式治理的医疗体制改革等进行体系化、法教义学式的系统研究，旨在促进医患利益平衡、维护实质公平。

(二)内容观点独特

(1)医疗损害的规制应当采合同路径。宜采限制竞合的方式，尽量恢复医疗给付的合同本质,将医疗过失的侵权行为之不良道德名义切换为价值中立的违约责任,以促进医患利益衡平与合作,化解医患纠纷。

(2)医疗契约性质的判断,应当遵循医患双方的合同缔结目的,依据具体医疗行为的性质、特征进行综合判断。医疗契约的性质既可为单纯的某一种劳务契约,也可为多种契约的混合契约。将来应当成为民法典合同编的有名合同。

(3)医师的告知说明义务与患者的知情同意权是保障与实践患者自主权的基本途径和方式。重点为:其一,说明义务应当更多采约定义务,要清醒地认识到法定义务和强制披露的种种失灵之处;其二,说明义务本身是一种独立义务而非为获得同意的手段性、从属性义务;其三,患者知情权是一种相对权。

(4)医疗契约违约责任归责原则,应当是过错推定原则,而不应采过错原则。

(5)医疗契约的责任基础是信赖原则,但承担损害赔偿的方式既可以是赔偿信赖利益,也可以是保障期待利益。不能将作为责任基础的信赖原则与责任赔偿方式的信赖利益混为一谈。

(6)医疗契约中的特殊问题——错误出生与错误生命,前者受到损害的实际上是缺陷婴儿父母的知情的利益,而非侵权法保护的绝对权或其他人格利益。错误生命宜以附保护第三人作用之合同予以保护。

(7)关于消费者合同,在医疗合同中适用《消费者权益保护法》的若干原则与精神,并不意味着要全盘引入《消费者权益保护法》的无过失责任原则,而是特别要在医疗合同中适用《消费者权益保护法》针对格式条款等不公平条款的规制。

(8)关于医疗体制改革,计划经济式医疗只有名义普惠、广泛覆盖和实质上的低水平。必须通过法治引领与多元化合同式治理破除医疗服务市场的垄断性和去行政化,才能推动患者自主决定权在私权和基本权利两个层面上的实现。

第一章　医疗损害规制的合同路径研究

——兼与侵权路径的比较

国内外对于医疗损害中侵权之诉与违约之诉的竞合已达成共识。但绝大多数的研究都着眼从侵权之诉的路径,而且也有相当数量的成果。从侵权路径出发,理论上与实务中对于注意义务、医疗水准(医疗水平)的引进、医疗过失的判定、举证责任、损害赔偿等都有相当程度的比较法上的分析与探讨。① 而截至目前,从医疗合同路径进行研究的论著不多。

第一节　从侵权路径规制医疗损害责任的难点与困境

以专章规定医疗损害责任制度的原《侵权责任法》的出台,标志着我国医疗损害责任制度的发展完善或修订取得了重大成就。《民法典》仍然沿袭了原《侵权责任法》从侵权路径对医疗损害责任进行规制的思路。然而,仅从侵权路径来对医疗损害责任进行规制仍然存在若干难点与困境。

---

① 梁慧星:《论〈侵权责任法〉中的医疗损害责任》,载《法商研究》2010 年第 6 期;杨立新:《〈侵权责任法〉改革医疗损害责任制度的成功与不足》,载《中国人民大学学报》2010 年第 4 期。

一、观念定势的制约

从观念上来看，当前处于患者权利爆炸时代，患方维权意识与维权行动空前高涨，医患矛盾尖锐激化，医疗暴力与私力救济肆虐。原《侵权责任法》明确规定了医疗损害责任使在当前的医疗纠纷中，患方本能地将医方的治疗行为理解为侵权行为，应负侵权责任。这种法律规定产生的心理暗示导向并不利于医疗纠纷的理性解决，在实践中使患方大多直接选取侵权诉由。在侵权法规制框架内，患者在就医时由于缺乏谈判协商而对医方被动依赖、过度信赖；在纠纷发生后，又没有表达合理诉求的有效的渠道，加之医学知识的匮乏，容易激化矛盾，同时诱发严重的防御性医疗行为。有学者指出，医患关系原来是委任契约或者是适法无因管理，本来是合法的行为，而一旦有医疗纠纷发生，医疗行为就成了侵权行为，并没有充足的法律上的理由。[①]

二、法律依据不足

从法律依据看，原《侵权责任法》法条规定得较粗略，虽然该法将医疗侵权损害责任制度进行了明确规定，但只有区区 11 个条文；《民法典》医疗损害责任部分同样只有 11 个条文。以这样十分原则和抽象的规定来面对患者权利爆炸时代纷繁复杂的医疗纠纷与医疗诉讼是万万不够的。这就导致在不少实务案件办理中，不得不依靠效力层级很低的部门规章来进行，甚至不得不到本该废止的《医疗事故处理条例》中去寻找法条依据。

三、医疗侵权损害责任立法上的信息不对称问题

正如美国学者米歇尔所说，信息的不对称不仅发生在医患之间，而且还发生在立法者身上。立法者在医疗专业知识与信息上也同样存在劣势，立法者更易于从律师、雇主、医院处收集信息，而并不易于从患者特别是穷困的患者身上收集相关信息。立法者也易于受到强大的医方利益集团的压力与影响。[②] 从而形

① 黄立:《德国民法修正后医疗纠纷的现况分析》，载《人大法律评论》编辑委员会组编:《人大法律评论》2011 年第 1 辑，法律出版社 2011 年版，第 195 页。

② Michael F. Cannon, *Reforming Medical Malpractice Liability Through Contract*, Cato Institute Working Paper 12, p. 7(2010).

成所谓“规章失灵”以及“法律乌龙”现象。① 在美国，由制造商、保险公司、医生以及其他经常的侵权被告提供资金支持的运动（并取得了很大的成功）让公众相信：滥诉以及陪审团的不负责任，造成判给（受害人）过多的赔偿金，增加了司法制度的负担并影响了经济发展。而侵权受害者相对缺乏政治代言人使讨论呈现“一边倒”。② 同理，在我国，医患矛盾呼唤更高层级的立法来予以更权威的有效规制，但原《侵权责任法》却并没有沿袭最高人民法院《关于民事诉讼证据的若干规定》关于过错及因果关系的举证责任全面倒置规则，这也可反映出，医方拥有更多的精英人士并掌握着舆论和立法上的话语权。

四、侵权法上医疗过失判定标准抽象、模糊

在美国，医疗过失诉求的发生概率与事实上成立的事故概率几乎不成正比。据估计98%事实上成立的医疗过失没有提起诉讼，而80%提起的诉讼是事实不成立的。即违反了注意义务的没有被起诉，没有违反注意义务的却被起诉，并且还得到了一定比例的赔偿。这就说明美国侵权法上医疗过失诉讼并没有达到制度设计的目的，使医疗过失诉讼存在高度的不确定性。③ 我国学界认为，在判断医疗过失时应采有弹性、能应对规范滞后性的“医疗水平说”，但该说在实践中却流于抽象，过于侧重评价行为者的行为样态，忽略了对结果客观性的把握，导致缺乏较确定的判定依据，在实务中不易把握。“医疗水平说”的模糊化，一是不利于出现医疗纠纷时医疗系统本身的内部审查与纠错；二是不利于法官的裁判，从而使医方、患方、审判方均觉得不公平。在梁慧星先生主编的《中国民法典草案建议稿》（第3版）第1657条“医疗过错的认定”中的规定，并没有延续原《侵权责任法》关于医疗水平的提法，而是首先规定了“违反有关法律法规、医疗行业和医院各种管理规章制度和操作规程进行诊疗护理操作”，实则仍然强调“医疗常规说”的基准线地位。

---

① 严格规则主义立法形成数目惊人的法律条文，且形成不断地用新的规定来弥补旧规定不足的永不休止、令人厌烦的法律乌龙现象。[美]罗格·I. 鲁茨：《法律的“乌龙”：公共政策的意外后果》，刘呈芸译，载《经济和社会体制比较》2005年第2期。

② [美]理查德·L. 阿倍尔：《侵权法》，载戴维·凯瑞斯编辑：《法律中的政治——一个进步性的批评》，信春鹰译，中国政法大学出版社2008年版，第316～317页。

③ 肖柳珍：《防御性医疗的经济分析——兼评〈侵权责任法〉第63条》，载《法学杂志》2012年第8期。

五、侵权法着力限制过失责任，偏向医方的利益

在美国，医疗过失被认为不如采取合同责任。原因在于：侵权过失责任可能以“过失”的名义限制医生的责任，从而导致病人走向安全之路而要付出重大代价。“侵权原则着力于限制过失责任，使利益相关者的平衡有利于医生的利益，使患者为了安全付出太大代价。”①即传统的侵权法医疗过失责任较重视对于注意义务标准的本地化以及诊疗行为的习惯做法，而且诊疗规范通常都是由医院内部制定的。这实际上是对医疗过失责任的限制，是采有利于医方的原则。

六、侵权法过度依赖司法鉴定

从程序法上看，由于医患双方的知识悬殊使双方诉讼“武器”不平等，在侵权法实务中法官审判依赖司法鉴定，法官以专业知识局限为名忽视了对鉴定结论的审核。患方维权十分困难，这反过来刺激患方以不理性行动反映诉求。不仅如此，我国还存在医疗过错鉴定与医疗事故鉴定二元并存的局面。

七、侵权法无法有效从医方中区分优劣进行奖惩

在侵权法体制下，那些几乎不发生医疗过失的优秀医院基本无法以可信的方式传播自己的品质与声誉。原因在于：首先，在衡量医院优劣的质量管理与评价体系中，主要是医疗技术与业务管理等指标的考核，一个医院涉及的医疗纠纷案件仅是很小的一项指标。其次，在侵权法下，无论医疗服务提供者质量的高低，往往都需支付相同的医疗事故保险费。而在现实中则需要保险公司根据医疗服务提供者过失伤害病人的风险概率来为医疗事故保险设计等差价格。然而，统一的侵权责任坚持医疗服务的伦理性以及生命的平等性，从而阻碍了新规则的发现和应用。

---

① Katharine Van Tassel, *Hospital Peer Review Standards and Due Process: Moving from Tort Doctrine Toward Contract Principles Based on Clinical Practice Guidelines*, Seton Hall Law Review 36, p. 1179 (2006).

第二节　走出困境:从合同路径规制医疗损害责任

一、应重视和倡导以医疗合同观念淡化侵权意识的功能与作用

缔结医疗合同的谈判沟通的过程,一方面,易使人获得利益上的满足感,使之对于后果有合理预期并产生对自我抉择的责任感;另一方面,使医疗纠纷不会从观念上直接与“侵权”或“损害”画等号,弱化了对不当行为的道德判断,从而能避免激化矛盾或者有利于解决纠纷。在现实生活中,“侵权行为人特别反对那种道德描述。大部分案件都是通过协商解决而非判决,而且那些协议都明确地否认存在任何的过失”。[①] 有学者指出,如果没有医师的诚心相信与配合,仅从法律方面强调“病人自主权”,反而会产生病人被“抛弃”到空虚的自主权、医患关系更形疏离的尴尬窘境……自主权的落实能否带给病人、家属、医师更大的幸福？抑或只是为疏离与卸责找到的正当借口？[②]

二、在未来《民法典》修订中明确规定“医疗合同”

在立法方面,一方面要制定类似患者权利保护法的单行立法、《民法典》的司法解释等单行立法或准立法;另一方面还包括重新审视医疗合同的功能与价值。在将来《民法典》修订时,可参考《德国民法典》《荷兰民法典》等,明确规定医疗服务合同。通过充分发挥意思自由来进行合同约定并采默示条款以应对现实生活无限多样与法律规定有限性、滞后性的矛盾。在德国债法现代化进程中,德国医疗纠纷的重心从侵权行为法转向契约法。这一重心转向要求对医师的契约义务有更精确的描述。[③] 宁红丽指出,采纳合同模式更有利于保障患者在医疗关系中享有的各项具有个别性的权利。凸显包括隐私权、告知后同意等权利,克服医

---

① ［美］理查德·L.阿倍尔:《侵权法》,载戴维·凯瑞斯编辑:《法律中的政治——一个进步性的批评》,信春鹰译,中国政法大学出版社2008年版,第320页。

② 杨秀仪:《论病人自主权——我国法上“告知后同意”之请求权基础探讨》,载《台大法学论丛》2007年第2期。

③ 黄立:《德国民法修正后医疗纠纷的现况分析》,载《人大法律评论》编辑委员会组编:《人大法律评论》2011年第1辑,法律出版社2011年版,第195页。

患双方信息不对称，保障患方的自决权，从而体现尊重患者主体性的立法价值。[①]

三、依靠合同路径克服立法上的信息不对称与立法上的不公正

目前，寻求更有效的规则只有通过立法机关修改侵权规则。在侵权规则下，利益集团会引导立法者维持他们偏爱的规则。而如果通过合同责任，那些不令人满意的规则在合同责任下较之侵权责任下能被迅速地放弃掉。[②] 在司法实践中，法院通过大量日常审判工作能比立法机构更好地从个体处收集和处理需要变革的规则的信息，即法院比立法机构在制定医疗损害责任规则方面有明显优势。这说明，通过合同路径可以有效化解受害人一方缺乏代言人与话语权的难题。

四、合同路径着力解决诊疗中的可预见性问题，提供明确标准

诊疗规范是运用于临床指导诊疗实践的规则，是医学界共同遵循的惯例，具有较强的可预见性、安全性、稳定性与有效性，能体现当前社会经济条件和科技水平所能支撑的平均医疗水平，可有效避免不同医生对诊疗技术的掌握程度参差不齐，存在治疗不当，甚至造成二次损伤的情况。在实践中，仍然强调诊疗护理常规在判定医疗过失中的基准线地位。而且，也正是由于诊疗护理常规详细规定了有关各病种的医方履行行为以及预期效果，满足了合同的确定性要求，契合了医疗合同条款的内在要求，从而为适用医疗合同路径奠定了坚实基础。

在研究诊疗合同的可预见性问题时，可参考的是美国在医疗事故处理中推行的同行评审。传统的医疗过失是就一名医生的该次诊疗行为有无过失进行评价，而同行评审是就一名医生的长期诊疗行为进行数据收集、整理与分析评价。并且，同行评审为避免徇私等其他干扰评审结果的可能性，大多是在"双盲"的情况下进行的，即屏蔽所有病人、医师和临床护理人员等参评人员个人身份信息。当前，美国同行评审已由侵权原则转向合同原则，其采取"履行预期"或"效果期

---

① 宁红丽：《大陆法系国家的医疗合同立法及其对中国大陆的借鉴意义》，载王文杰主编：《法学方法论》，清华大学出版社2004年版，第167页。

② Michael F. Cannon, *Reforming Medical Malpractice Liability Through Contract*, Cato Institute Working Paper 12, p. 8(2010).

待”这样的术语，使医疗事故中医生是否违反注意义务的判断标准更清晰、明确。而这对医疗效果的合理期待的确定是十分正当且必要的。因为传统意义上的医疗过失学说，在判断过程中由于过于强调诊疗效果的不确定性，为医务人员推卸责任提供了借口与托词。而与此同时，传统的同行评审标准非常模糊，并未限制决策者在同行评审中的自由裁量权，以及缺乏对评审结果进行司法审查的机会，使医生也感到了不公平。因此，同行评审向合同原则的转变，实际上也是正视治疗效果的相对确定性的表现。同行评审新标准所倚重的正是 CPGs，即“临床实践指南”。“临床实践指南”的建构，正是基于对于大数据的重视与发展。美国学者卡萨瑞指出，“临床实践指南”是“系统开发的规范，协助医疗执业者和病人决定适合特定临床环境下的卫生保健方案”；其着力解决临床医疗执行中的可预见性（performance expectations），体现了现代医学根据临床结果和有效性研究，依托强大的计算机技术将日益增长的患者身体治疗数据集成了数据库，可以评估各种类型的临床治疗条件下最优的治疗方法。人们普遍认为，CPGs 提高了实践中医疗服务的质量，减少了不科学的诊疗变异。医生能更迅速地理解和掌握来自目前最好的医疗实践研究结果。① 毫无疑问，我国诊疗护理和诊疗规范制度的建构与大力推广也正是基于上述考虑，有利于落实医疗合同履行结果的相对确定性。当然，这并不意味着判断是否违反医疗合同义务时应全盘依赖诊疗规范，因为诊疗规范也可能存在偏袒部门利益以及滞后性等问题。因此，必须结合个案具体情况判定。②

五、通过医疗合同示范文本促进信息对称

为了减少缔结合同时医患间信息严重不对称的难题，医方可能提供由医疗协会或独立的团体起草或批准的标准化合同。在美国，雇主、工会，甚至健康保险公司都可以作为病患的经纪人参加与医方的谈判，他们可以建议，甚至要求某

① Katharine Van Tassel, *Hospital Peer Review Standards and Due Process: Moving from Tort Doctrine Toward Contract Principles Based on Clinical Practice Guidelines*, Seton Hall Law Review 36, p. 1189(2006).

② 比如，斟酌患者情况、诊疗行为的风险、收益、成本、发病概率及损害后果等。窦海阳：《法院对医务人员过失判断依据之辨析——以〈侵权责任法〉施行以来相关判决为主要考察对象》，载《现代法学》2015 年第 2 期。

些责任保护。独立组织如《消费者报告》也可以评估具体保护和标准化合同。[①]在实践中，格式条款常与示范合同相混淆。所谓示范合同，是指根据法规和惯例而确定的将之以示范使用的文件。在我国，房屋的买卖、租赁、建筑等许多行业正在逐渐推行各类示范合同。由于示范合同只是当事人双方签约时的参考文件，对当事人并无强制约束力，双方可以修改其条款形式和格式，也可以增减条款，因此它不是格式条款。

第三节 宏观：为什么要特别重视医疗合同的功能与作用

谢鸿飞认为，在竞合理论上，宜采取"新法条竞合说"，即不再依法律规范之间的逻辑关系，而是依规范目的决定适用合同法还是侵权法。他认为，在竞合时原则上应首先适用且仅适用合同法规范，其根由在于意思自治。但在以下两种情况下应适用侵权法。一是侵权法或特别法已明确将某种违约行为规定为侵权行为类型。主要见于医疗责任与产品责任。二是侵权赔偿有法定最高限额的情形。[②] 笔者基本赞同他关于应优先适用合同法的思路，同时认为，这一思路也应贯彻到医疗责任的规制中。仅因为原《侵权责任法》规定了"医疗损害责任"这一章节就排除合同法的适用，从法理和逻辑上都讲不通。

一、医患关系本质上是一种契约关系

承认医患间本质上的契约关系，有利于破除医方的威权地位、摆脱家长制管理的模式；有利于在社会信任危机的大背景下加强医学技术与人文关怀的互洽，重塑医患信任关系。也正因为医患关系是事先就存在的合同关系，而非毫无关系的主体之间发生的单纯侵权关系，因此应当适用合同优先的解决方案。我们要正视市场经济条件下患者付费、医院提供医疗服务的平等对价关系，而不必纠结医疗行为到底是营利性活动还是非营利性活动。过分强调医疗合同的伦理性特点，反而不利于医患双方平等沟通关系的建构。在合同框架内，其一，患者和

---

① Michael F. Cannon, *Reforming Medical Malpractice Liability through Contract*, Cato Institute Working Paper 12, p. 9(2010).

② 谢鸿飞：《违约责任与侵权责任竞合理论的再构成》，载《环球法律评论》2014 年第 6 期。

医方通常有机会在各种过失与疏忽发生前就医疗行为的各个方面进行谈判，尤其是医方提供的医疗质量保证，毕竟“患者安全是改善医患关系唯一切入点”；①其二，充分的协商与对话也有利于患方理性认知医学是科学，而非无所不能的“神学”，对医疗合同效果有合理的期望值；②其三，避免强行法介入加重作为合同债务人的医方的责任，将医方的经济动机保持在合理水平之上。

二、医患关系的阶段性与修正性恰是医患关系契约化的重要表现

学界一般认为，从挂号、收费开始就意味着医患契约成立并生效了，但实质上这仅仅是医患关系的开始。伴随医方说明义务在缔约前的履行，患者予以同意才使医疗合同得以成立，进而产生契约中更明确、详细的说明报告义务。即随着医生诊断、仪器检查等的进行，医生的判断在不断地发展与修正，可能刚开始认为是甲病，继后认为是乙病，在此过程中医方必须不断与患方进行说明与沟通，更换不同的治疗方案，用不同种类的药，即合同的权利义务内容有阶段性并逐步修正。也有观点归纳为“总体的概括性和具体的变动性”。③

三、特别重视医疗合同就是要避免医疗纠纷处置公法化

公法化的调整方式代表压制性法，强制性色彩较浓；私法化的调整方式更多强调的是怀柔调整的灵活性与弹性，契合医患关系双方作为互相依存的利益共同体和精神共同体的基本特点。④ 侵权法被认为是一种“隐藏的公法”。如果我们主要以侵权法甚至于行政法、刑法的手段来事后调整，仅单纯强调严打“医闹”，则属治标不治本，显得过于刚性、粗暴，未能反映医患间利益共同体的关系实质。⑤

---

① 黎秋玲：《患者安全是改善医患关系唯一切入点》，载《新快报》2015 年 9 月 26 日，第 5 版。

② 对医学的理想化可能也是医患矛盾容易激化的原因之一。有学者就指出，“医学的这种救世神学的品质或许可以解释当医生辜负了这些道德标准时我们的愤怒”。[美]拜伦·古德：《医学、理性与经验：一个人类学的视角》，吕文江等译，北京大学出版社 2010 年版，第 130 页。

③ 姜凤武：《医疗损害责任制度比较研究》，法律出版社 2013 年版，第 226 页。

④ 王一方：《临床医学人文：困境与出路——兼谈叙事医学对于临床医学人文的意义》，载《医学与哲学(A)》2013 年第 9 期。

⑤ 对于医方（特别是公立医院）的偏袒体现了功利主义之工具性（而非人本性）内核理念的贯彻。在现实的司法实践中，存在严重的偏“社会性”目的，偏重对医方的维护，而忽视患方利益的维护。将医方约等于社会利益、公共利益的化身，而不顾其已然商业化与市场化的当下现实。赫伯特·哈特指出，功利主义为了达到最大化集体或一般的福利，“可能会容许在实际对待个人时出现最大的不平等”。[美]H. L. A. 哈特：《法理学与哲学论文集》，支振锋译，法律出版社 2005 年版，第 214 ~ 215 页。

这样既不能应对社会转型期复杂的利益分割,反而加剧了现行医疗体制的不合理;[①]既不能重建医患信任,反而可能导致医患关系的进一步异化。例如,在侵权法语境下一些看似公平的权利,在实际享有时却是空洞而虚假的,如果医生完全抛弃对"希波克拉提斯的誓言"的遵从,那么"患者的知情同意权"便会成为医生免责和拒绝治疗的借口;[②]而防御性医疗也可说是对侵权法强势调整的一种反弹。

四、患者和医方更倾向采合同责任而非侵权责任

其一,合同责任的第一个吸引力具有实验性、定制化特点,可以满足差异化需求,提升患者依从性,契合大数据时代"精确医学"发展趋势。因为通过合同方式,可以使医方、患方、保险公司各方有更大的空间来就不同的医疗事故,设计和实验不同的、更有效率的责任规则,甚至包括约定非财产损失赔偿的上限。[③] 而且,在当下医学模式从"治疗"向"预防"转变的医护大背景下,以病人为中心,满足病患的个性化、多样化、人性化需求成为医疗服务的大趋势。[④] 这恰恰吻合合同模式的本质及功能。[⑤]

其二,合同责任的第二个吸引力是它可以改善医疗服务的质量。高质量的

---

① 不合理的深层次因素是,医疗卫生资源过度集中于城市大医院、城乡基本公共卫生服务不均,医疗机构过度市场化、公益性丧失等问题仍然如顽疾般存在并深深困扰着我们的社会。有学者指出,既使我国进入"十三五"时期,但医疗卫生领域面临的深层次的结构性矛盾和问题仍旧突出。参见李蔚:《十三五时期中国医疗卫生领域面临的问题及其治理》,载《甘肃社会科学》2015 年第 6 期。

② 张铁薇:《侵权责任法与社会法关系研究》,载《中国法学》2011 年第 2 期。

③ 如美国加利福尼亚州《医疗损害赔偿改革法》就限制医疗过失赔偿责任作了系统规定。包括:(1)规定了 25 万美元的非财产损害赔偿金额上限。(2)5 万美元以上的将来赔偿采取定期赔偿金。(3)间接来源规则的排除使用等。但这种立法式的规定又被批评过分地照顾了医生的利益,并使严重案件的受害者很难获得法庭的全面救济。参见杨立新:《论医疗过失损害赔偿责任的适当限制规则》,载《政法论丛》2008 年第 6 期。

④ 刘宁等:《个性化医疗服务类型及相关数据资源研究》,载《中国卫生信息管理杂志》2016 年第 1 期。

⑤ 具有对照意义的是英国全国健康服务体系。该体系是英国福利国家最具体代表性的制度。NHS 提供"所有人都能享受的、免费和以需要而非支付能力为基础的全面服务",在世界各国中率先实现全民免费医疗。在英国,法院只认可患者与私人医院或医疗人员间的合同关系,而否定患者与处于英国全国健康服务系统的医疗机构存在合同关系。在这种医疗体系和文化中,医生具有绝对的主导性,病人是医疗服务的被动接受者,病患的权利及个性化与多样化的需求不被尊重。这也是英国政府"医改"所要克服的难题。参见张春梅、刘成:《论英国国民健康服务体系中病人地位的改变》,载《郑州大学学报(哲学社会科学版)》2016 年第 4 期。

医疗服务提供者得以通过缔结合同来在相同价格条件下为病患提供避免医疗过失的更有效的保护,使资源向医疗质量好的医院优化配置、倾斜,促成优胜劣汰的竞争激励机制。

其三,合同责任可以与侵权责任有机契合、各施所长、并行不悖。推崇合同责任并非要排除侵权责任的必要性。合同责任适合取代侵权责任曾调整的许多由简单的疏忽造成的伤害,侵权责任仍然可以阻止和惩罚重大过失行为和故意的不当行为。此外,合同路径并不适用于没有行为能力的人,以及不愿选择合同方式的人。

第四节 微观:合同路径的优越地位

实际上,最高人民法院明确规定了医疗服务合同同样是案由。2000 年最高人民法院印发的《民事案件案由规定(试行)》就已把医疗服务合同归入"合同纠纷案由"第 38 类"服务合同纠纷"。而 2011 年 2 月 18 日最高人民法院《关于修改〈民事案件案由规定〉的决定》(法〔2011〕41 号)则把医疗服务合同归入"合同纠纷案由"第 120 类"服务合同纠纷"。但在实践中对医疗合同路径进行维权的重视程度是不够的。

一、医疗合同归责原则采过错推定与举证责任分配具有合理性

(一)医疗合同"结果责任"倾向

从归责原则来看,虽然我国合同法违约责任归责原则一般被认为是在原《合同法》第 107 条(与之对照的是《民法典》第 577 条)规定的严格责任,但也有批评意见认为其适用范围过宽。有学者认为,原《合同法》第 107 条仅旨在提纲挈领地宣示违约的法律后果,关于违约损害赔偿的归责原则,应借鉴《国际商事合同通则》与《欧洲合同法原则》的做法,通过解释方法,确立如下标准:违反方式性义务者,应承担过错责任;违反结果性义务者,应承担严格责任。[①] 而通说皆主张,医疗合同中医方义务就是方式性义务,并无保障治愈或达到一定效果的义务,即

① 朱广新:《违约责任的归责原则探究》,载《政法论坛》2008 年第 4 期。

并非结果性义务。[①] 如此，医疗合同的违约责任在归责原则上就要采一般过错原则。笔者不赞同这种观点。

首先，尽管不同医疗活动存在确定性程度上的差异，但要客观承认医疗行为效果的可预测性，医方提供的医疗服务应当具有“通常可合理期待之安全性”。[②] 因此，医疗损害责任即使不应采结果性义务的严格责任，至少也应采过错推定原则，而无论如何不应以过错原则作为基本原则。其次，当前医疗实践也呈现彰显医疗行为可预见性的“结果责任”倾向。法国是区分方式性义务与结果性义务的代表性国家。但在法国医疗纠纷审判实践中，常常具有将医疗责任推向“结果责任”的倾向；同时，在法国现代合同法理论上，也存在一种方式性义务的弱化与结果性义务的强化的双重倾向，认为应鼓励债务人完成规定的义务以满足债权人，因此，债务人一般应承担结果性义务，方式性义务为例外。[③] 最后，我们之所以可以制订并推广各科的临床诊疗指南，就是因为共识的形成——不可否认已有各种相对规范、有效的诊治路径及可供选择的治疗方案共识，因而在各种“医患沟通记录”中都会预设某种治疗目标与某种治疗结果。有学者即认为，“医疗行为虽具有不确定性，但一般处置原则及注意事项却并无差异，而由医学经验累积的这些处置原则及注意事项就是为了避免病人的病情恶化发展”。[④] 这是对过度强调医疗效果不确定性的有力驳斥，如果没有一定的诊疗预期，而完全是碰运气，是没有人愿意去医院就诊的，因为没有人会愿意用自己的生命健康开玩笑。宁红丽认为，以合同模式规范医疗关系、解决医疗纠纷，在法技术上存在侵权模式所不具有的优势。首先就是在举证责任的分配上较为合理。从20世纪60年代起，为减轻患方在过失举证上的负担，日本法律界开始采纳对患者方有利的“契约责任构成有利说”，使医方应就债务不履行的免责承担举证责任。[⑤] 即使在侵

---

① 当然，理论上与实务中也有少数医疗行为被认为以结果性义务为主，其主要特点就是不以治疗痛苦与疾病为目的，欲达成的目标明确，院方也可以作出较明确的结果意义承诺。主要包括的类型：人工生殖、结扎、美容整形、健康体检、人工流产、中期引产、变性、优生优育孕前检查（错误出生案件）等。

② 医疗服务应具有“通常可合理期待的安全性”，是在1996年“马偕医院肩难产案例”中，我国台湾地区台北地方法院1995自字第427号判决中所采用的提法。曾育裕：《医疗事故民事责任之演进与发展》，载《东吴法律学报》2005年第1期。

③ 尹田编著：《法国现代合同法》，法律出版社1995年版，第303～307页。

④ 卢映洁、葛建成、高忠汉：《论医疗行为之常规诊疗义务》，载《台大法学论丛》2006年第4期。

⑤ 夏芸：《医疗事故赔偿法——来自日本法的启示》，法律出版社2007年版，第101页。

权法中,学者们也主张采过错推定,而非一般过错,这实际上也就是否定方式性义务通说。①

(二)《德国民法典》医疗合同过错推定类型化的启示

最值得借鉴的就是2013年生效的《德国患者权益改善法》(Das Gesetz zur Verbesserung der Rechte von Patientinnen und Patienten)对《德国民法典》进行的重要修改,即第二编第八章第八节医疗合同第630a条至第630h条。尤其是第630h条对传统判例法上的举证责任分配规则进行了总结和列举,在医疗合同纠纷中归纳和明确了过错推定的具体适用类型。② 有学者指出,在德国,"由于合同法对违约行为规定了过错推定,医疗责任的重心自然将会向违约责任偏移"。③参考《德国民法典》上述关于医疗合同的举证责任的相关规定,可见关于医疗合同的违约责任配置,并非简单的方式性义务或结果性义务的区分问题。实际上,德国法上并不适用方式性义务与结果性义务的区别。因此,应借鉴《德国民法典》的过错推定类型化区分方式,减轻实务中各方当事人判断医疗合同过错的复杂性,以保障医疗纠纷的司法处置公正性。

(三)合同法归责原则是实现医患关系实质正义的保障

我国侵权责任法学说通说认为,侵权损害责任的归责原则采取一般过错原则,而《民法典》也同样采此立场。笔者认为,这虽从形式上实现了医患双方的地

① 在学者们编写的民法典草案中,大多采过错推定原则。如徐国栋先生主编的《绿色民法典草案》第643条规定,"医疗机构应对其不良医疗导致的就医者的死亡、伤残、病情恶化、延误治疗时机、产生不应有的毒副作用等负责,但能证明无过失的除外"。梁慧星先生主编的《中国民法典草案建议稿》(第3版)第1433条"医方的损害赔偿责任"规定,"医方违反本章规定的义务,造成患者损害的,应当承担损害赔偿责任。患者在住院医疗期间,其人身权利或者财产权利受到侵害的,医方应当承担损害赔偿责任,但医方证明该损害是因患者故意、重大过失造成的除外"。

② 具体包括:(1)如果发生了医方可以完全控制的一般性治疗风险,并且导致了患者生命、身体或者健康损害,则推定存在医疗差错。(2)医方必须证明,已经按照第630e条的要求履行了告知义务,并取得了患者的有效同意。如果其告知不符合第630e条的要求,医方可以主张并举证,假如按照要求告知,患者也仍旧会同意接受该治疗方案。(3)如果医方没有将医学上必要的关键治疗方案及其结果记入病历档案,或者违反法定的保管义务,推定其没有采取该治疗方案。(4)如果医方不具有实施治疗的能力,推定其能力欠缺对患者生命、身体或者健康损害具有因果关系。(5)如果存在重大医疗差错,并且该差错原则上适用于引起该种已经发生的生命、身体或者健康的损害,则推定医疗差错与损害之间具有因果关系。如果医方疏于及时收集或保全医学上必要的检验结果,而该检验结果有足够的可能性会导致采用其他治疗方案,并且疏于实施该其他治疗方案将构成重大医疗差错,则以上推定同样适用。

③ 曾见:《德国患者权益新立法的主要内容和启示》,载《证据科学》2014年第2期。

位平等,也带来了医生们所要求的“公正与平等”,但这种平等实质上是不正义的。医患双方医学知识信息完全不对称,医方基于医学专业知识与技能的垄断,使整个医疗活动处于医方的控制之下;证据主要掌握在医方手中,患方举证十分困难,除证明医方过错外,还须证明因果关系,再加上缺乏举证责任减轻制度,患方举证责任之重几至于不可能有效维权。有学者将其归纳为事实不知、专业不知与证据偏在。[①] 除此之外,当前我国还存在对患者权利保障观念淡薄、法律依据不足的问题。同时,医疗行为作为一种典型的服务类合同,本身应当适用消费者保护法。杨立新指出,在服务损害赔偿责任中,原则上排除过错责任原则的适用。原因在于,过错责任原则是确定一般侵权责任的归责原则,而侵害消费者权益的侵权行为,是加害给付责任与侵权责任相竞合:一方面,违约损害赔偿责任本身就适用过错推定原则,而非过错责任原则;另一方面,适用过错责任不能体现对消费者倾斜保护的要求。[②] 其中,行为型服务损害赔偿责任应当适用过错推定原则。以上都说明我国患者的权利保障亟待加强,举证责任确须有效减轻,而原《侵权责任法》适用一般过错原则作为医疗损害责任的基本原则显然无法达致上述目的。这就反过来说明,借鉴德国法从合同法路径采类型化过错推定原则来达致上述目标的重大现实意义。

二、破除司法鉴定意见在医疗案件中的支配地位

原《侵权责任法》第58条关于过错推定的规定使法院在摆脱对司法鉴定的过度依赖方面有了相应的法律依据。从理论上讲,只要有该条规定的问题被证成,即使不经过司法鉴定,法院也能认定医疗机构的过错。而在实践中法官却不一定能很好地贯彻这一文本意图。例如,他们会认为,医院对病历的违规修改(包括但不限于缺失、不完整、前后矛盾等)并非“篡改”或“伪造”,而是病历书写中的不严谨或不规范,这就使第58条规定意旨落空。王利明认为,侵权责任法过分扩张扩大法官自由裁量权,即法官本来应当直接依据合同约定确定一方的履行是否合格,但却由于选择侵权责任法而展开事故鉴定、质量合格鉴定等各类

---

① 沈冠伶:《武器平等原则于医疗诉讼之适用》,载《月旦法学杂志》2005年第12期。

② 杨立新等:《消费者保护中的服务及其损害赔偿责任》,载《法律适用》2016年第5期。

鉴定活动,并由此引发新的鉴定纠纷。[①] 卓小勤认为,在著名的“赤峰切肝案”中,患者如果提起违约之诉,则并不需要鉴定就可以判决医院败诉。因为双方约定的是切脾,医院却把患者的肝切了,医院显然违反了与患者之间的约定。[②] 因此,直接依据合同约定判断一方履行是否合格,在医疗纠纷中是有实际适用空间的,而并非所有案件均需鉴定方能定案。

在“罗某秀诉江西省石城县人民医院医疗服务合同纠纷案”中,判决书指出,“被告医生在对患者进行手术过程中,未经患方家属在手术知情同意书上签字便切除患者脾脏。虽然被告称在切除患者脾脏之前口头征得了患者家属的同意,但无证据证明。因此,被告对切除患者赖某华的脾脏存有过错”。[③] 在该案判决中,法官即因无相关病历资料证明医方主张而认定医方未尽到告知说明义务,因而存有过错。不经鉴定而直接进行过错推定,大大减轻了在复杂医疗行为中患方的举证责任。另外,医患双方约定的合同目的是治疗胃穿孔,但在手术过程中医方却未经患方同意擅自切除了患者的脾脏,从而引发纠纷。该案即可直接依合同目的直接过错推定,判定医方承担违约损害赔偿责任,而无须再进行烦琐的鉴定。

在另外一个案件中,患者于2012年8月18日自愿办理提前出院手续后,第二天即2012年8月19日,血培养回示:金黄色葡萄球菌和格氏链球菌。该血培养结果医方未及时告知患者及家属,结果导致患者延误病情诊断,造成病情加重等损害后果。[④] 法院判决认定,在该案中医院存在过错,其中就包括未尽到后合同义务中的告知义务。即对于住院期间的未回检查报告,在报告回检后且该报告载明的结果对患者存在重大不利的情形下,未履行及时的告知义务,以至于延误了疾病的早期诊治,并综合全案情况判决医院对刘某燕的损害后果应承担主要责任,患者应承担次要责任。在医疗损害纠纷中,司法鉴定意见只应就关于医疗专门性的事实问题作出判断而不应就法律问题作出评判。因此,该案鉴定意

---

① 王利明:《侵权责任法与合同法的界分——以侵权责任法的扩张为视野》,载《中国法学》2011年第3期。

② 卓小勤:《医疗事故赔偿纠纷与医疗服务合同纠纷案件的比较》,载《中国卫生法制》2005年第2期。

③ 江西省石城县人民法院民事判决书,(2006)石民一初字第249号。

④ 陶剑等:《鉴定意见能否对合同中的权利义务作出认定——刘某燕诉眉山市人民医院医疗损害责任纠纷案》,载《中国法律评论》2016年第1期。

见关于“患者自动出院后,双方的医疗服务合同关系即终止,对于住院期间未回检查结果的追踪及告知,原则上院方没有相关的法定义务和责任”。这一意见没有得到法院采信。因为鉴定意见无权就双方当事人的医疗合同的权利义务进行判断。

而要在原《侵权责任法》乃至于《民法典》层面来破除对司法鉴定意见的依赖,实质上是十分困难而且几乎不可能的。有观点认为,“应采取多种手段增强法院在鉴定程序中的主动性和控制力”,①但却仅提出法院有权要求鉴定人出庭以及参照日本建立独立于鉴定机构的专家委员制度。要求鉴定人出庭接受质询,这就要求患方能找到强有力的专家来进行专业质询,但在司法实践中,基于同行相护等顾虑,很少有医生愿充作专家辅助人出庭质询鉴定人。就设立独立的专家委员会制度而言,又不免流于设立更多的职能重复交叉的机构,造成叠床架屋的恶性循环局面。这也说明在侵权法领域很难推翻鉴定在解决医疗纠纷中的地位。

三、赔偿范围的可控性

由于原《合同法》采可预见规则(第 113 条,与之对应的是《民法典》第 584 条),因而医疗损害赔偿范围方面采合同路径可能会有利于控制赔偿金额,以避免采侵权路径索赔的无限扩大的趋势。此外,原《合同法》上还有减轻损害规则(第 119 条,与之对应的是《民法典》第 591 条)、双方违约及与有过失规则(第 120 条,与之对应的是《民法典》第 592 条第 1 款)、当事人约定(第 114 条,与之对应的是《民法典》第 585 条)和法律直接规定(第 311 条,与之对应的是《民法典》第 832 条)等限制。而按原《民法通则》《侵权责任法》规定,在侵权责任的赔偿范围上我国立法并没有采纳可预见性规则。在司法实践中,赔偿计算显然是原告确定案由时所要考虑的重要因素。有观点认为,合同之诉不受侵权法赔偿标准中残疾赔偿金、被扶养人生活费、死亡赔偿金的赔偿以 20 年为限规定的限制,②而可以平均期望寿命来计算。③ 笔者不赞同这种观点。基于医疗活动的特

---

① 蓝蓝:《医疗侵权责任中的“医疗过错”三题》,载《东北大学学报(社会科学版)》2010 年第 1 期。

② 关于 20 年计算,具体参见《人身损害赔偿司法解释》第 25 条、第 28 条。

③ 卓小勤:《医疗事故赔偿纠纷与医疗服务合同纠纷案件的比较》,载《中国卫生法制》2005 年第 2 期。

殊性,不宜支持过高的赔偿要求。因为“赔偿金额当然要考虑到医院继续经营之确保”,①要重视医疗损害社会化分担。② 在司法实务中争议较大的问题还有社会医疗保险报销的医疗费是否应当在医方侵权损害赔偿中扣减。而如果采合同模式事先约定,则不存在患方是否可以获得双重赔偿的争议了。

医学界通过医疗常规来通盘考虑医疗资源的有效配置、成本与效益,从而为具体医疗行为确定能妥当维护患者利益的诊疗护理方案,可避免盲目的高成本过度医疗。通过是否遵循医疗常规来判断医方有无不完全给付及责任大小,有利于实现赔偿的可控性。在我国台湾地区的某案中,原审法院说,“医院及医师之医疗除应符合医疗常规外,亦须提供符合债务本旨之完善治疗”。有学者评价认为,该判决似乎将医疗责任定性为契约责任,但实是法定侵权的。原审法院认为,高于医疗常规之完善治疗,才符合债务本旨。但从医疗责任的契约性质来看,如果要医方负完善治疗的责任,病方是要付出非常高的医疗费用的。原审法院未探求病方是否支出高于一般市场价格的医疗费用,即要求医方应负高于医疗常规的完善治疗责任,显然失当了。不是建立在契约的医疗责任,防御医疗发生了,不但无效率,而且不公平。该观点认为,应尊重医疗契约的合意性,减少法定性和强制性对于合意的干预与刚性替代。一是基本医疗服务本身可能不能提供最佳医疗,而只能提供适度医疗,这是与社会生产力发展水平相当的。在医方不能获得充足财政支持的情况下,如果医方不是由完全市场运行的,在收费上受限太多。然而,如果要求医方一律提供最佳医疗,可能导致医方经营濒临窘境,难以为继。二是如果医方的收入与其承担的损害赔偿风险与责任不成正比,可能损害医患平衡,导致医师的反抗行为。

四、在免责条款的效力方面

医疗活动具有不确定性和高风险性,为了人类福祉也应注意保护医疗探索精神。因而,针对并发症或意外事件的免责条款约定具有正当性。而免除

① 黄立:《德国民法修正后医疗纠纷的现况分析》,载《人大法律评论》编辑委员会组编:《人大法律评论》2011 年第 1 辑,法律出版社 2011 年版,第 195 页。

② 有观点认为,对于医疗过失导致的医疗损害,通过医疗责任保险分担风险;对于不可归责于医方的医疗意外,通过医疗保险分担风险。参见陈玉玲:《医疗损害社会化分担之法理基础》,载《南京社会科学》2012 年第 7 期。

违约责任的条款较之免除侵权责任的条款更容易被法律所承认。如果合同中规定有免除一般过错责任的条款,则该条款更易被人们认可。在当事人约定了违约金,或增强、减弱了侵权法上注意义务时,适用违约责任更能体现契约精神。①

五、合同路径有利于对未上升为权利的病人利益的保护

我国原《侵权责任法》的保护范围仍主要限定于权利,而非利益。主要参考德国的侵权法保护范围,而放弃了法国的对权利与利益不加区分的保护模式。"依德国民法第823条规定,侵权行为之成立,原则上须以权利(尤其是绝对权)受侵害为前提要件,单纯义务之违反,并不构成侵权行为。"②这反过来使我们对医疗合同的依赖有进一步扩大与加深的趋势。原因在于,许多本该被保护的患者利益并未成为法律上的权利。实际上,关于医患关系是否应认定为消费关系、医患纠纷可否适用消费者权益保护法的争议,王利明先生就指出,"将医院与患者之间的关系认定为消费关系的意义在于:明确患者作为消费者所应当享有的基本权利,如消费者的安全权、知悉权、选择权、索赔权、接受服务时其人格尊严受到尊重的权利等"。③ 为什么牵涉适用《消费者权益保护法》这样的经济法来规制本应是私法关系的医患关系的难题上来?其原因之一就是,医患关系没有一部有较高位阶的法律来进行权威性、精细化的规定,仅从侵权法的角度依靠抽象的注意义务规定完全不足以明确及保障患者的各种权利,而《消费者权益保护法》却对各种权利有详细的规定。还有学者认为,在医疗合同中医方未尽到从给付义务或附随义务的场合,例如,病历制作、保管上的瑕疵,未尽善良慰藉责任,以及在特定情况下未尽生活照顾义务等,用侵权行为法的保护就有明显的不足,原因在于,许多本该保护的病人利益并未成为法律保护的权利……实际生活中很多医疗纠纷并非由医疗过错所引起,而是由上述附随义务的违反所引起的,因此用医疗合同可以解决侵权法的不足。④ 这些义务本质上是契约义务,如果由侵权方式来予以实现,则可能导致侵权法过度扩张。

① 谢鸿飞:《违约责任与侵权责任竞合理论的再构成》,载《环球法律评论》2014年第6期。
② 王泽鉴:《民法学说与判例研究》(第3册),中国政法大学出版社2005年版,第61页。
③ 王利明:《消费者的概念及消费者权益保护法的调整范围》,载《政治与法律》2002年第2期。
④ 杨敏等:《民法典视野中的公民医疗权利研究》,山东大学出版社2009年版,第135页。

六、医疗损害的纯粹经济损失依赖合同诉求解决

纯经济损失是作为一种期待利益，其法律保护应建立在契约责任基础之上。一般而言，人们并不承担避免对他人造成无形经济损失的合理注意的一般义务。① 有学者认为，“纯粹经济利益是合同法的主要调整对象，侵权法必须退出这个领域。如果侵权法竞合适用于该情形，当事人达成的协议和合同法中违约责任规则确立的风险分配机制将遭到破坏”。② 在医疗损害救济中，与纯粹经济损失相关的合同诉求很重要，因为对遗传学问题的错误建议或者因为在产前护理中的错误而引发为某人提供护理的义务时，尤为如此。③ 合同救济手段能防止打开侵权诉讼闸门、造成无限赔偿的危险。④

七、告知说明义务更易于通过合同关系予以实现

基于医患关系的阶段性与修正性的特点，为了更加体现民事活动中平等主体间的意志自由与自我抉择的核心地位，当前国外在医疗纠纷中保护的重心正从患者身体的完整性向其自决权倾斜。据统计，在我国医疗诉讼中90%以上都是因为医院告知不足或医患沟通不畅。⑤ 在德国、瑞士等国，违反告知的义务成为医疗事故责任的最重要因素。法院把患者的自我决定权看得如此重要，以至于即使患者的决定从医学角度看来不合理也必须接受。⑥ 患者必须在告知后和治疗前有充分的时间去考虑所涉及的风险并可能与其的家庭、医生等进行讨论。而合同路径较之侵权路径正是实现此种患者自抉权的最佳路径。这是因为，侵权法对之虽有一般性的法定义务规定，但抽象概括，在司法实践中告知说明义务的具体程度、范围、履行方式、义务违反判断标准等仍存在大量争议。比如，到底

---

① 张民安：《过错侵权责任制度研究》，中国政法大学出版社2002年版，第175页。

② ［德］格哈特·瓦格纳：《当代侵权法比较研究》，高圣平、熊丙万译，载《法学家》2010年第2期。

③ ［荷］米夏埃尔·富尔、［奥］赫尔穆特·考茨欧主编：《医疗事故侵权案例比较研究》，丁道勤、杨秀英译，中国法制出版社2012年版，第169页。

④ ［德］克里斯蒂安·冯·巴尔、［德］乌里希·德罗布尼希：《欧洲合同法与侵权法及财产法的互动》，吴越等译，法律出版社2007年版，第117页。

⑤ 林爱玲等：《知情同意书：患者知情同意权实现的方式》，载《医学与社会》2011年第6期。

⑥ ［荷］米夏埃尔·富尔、［奥］赫尔穆特·考茨欧主编：《医疗事故侵权案例比较研究》，丁道勤、杨秀英译，中国法制出版社2012年版，第148页。

是采“理性医师”、“理性患者”抑或是“具体患者”标准就众说纷纭;要求每一种特定医疗行为都必须告知说明后同意是不切实际的。依病人自主权与医师的专业判断之强弱对比,有些医疗行为医方只需尽说明义务而不需患方同意;有些则需要告知后同意;还有的极度着重病人自主权,即便已经同意仍可随时反悔。[①]这些不同情况的界限到底在哪,也不可能由法律逐一规定,因此也极易引发纠纷。而通过合同模式来个性化地规定告知说明义务的具体内容,能有效确保医疗风险信息对称,促进医患理性商谈。还必须看到,就患者而言,知情同意不应成为患者的负担,患者可以行使,也可以放弃。“要求不知情”也是患者行使自决权的表现。[②]

第五节　诚信原则对医疗合同契约自由的限制

一、以诚实信用原则约束医方

采合同路径首先要认识医疗合同的特殊性,在医患双方力量不对等的前提下要维护合同公平就要做到对医方优势市场地位的限制。根据诚实信用原则明确医方义务,促其完善社会责任履责机制,从而保障实质正义。要突出医疗行为较之一般民事交易行为的公共性一面:其一,医疗合同应特别强调医方以通俗易懂而非晦涩专业的方式履行信息告知义务,切实保障患方知情权。其二,就合同未约定之医方义务按默示条款填充,[③]如转诊义务、保密义务、完成治疗记录义务等。其三,医方不得规避风险、拒绝治疗,有强制缔约义务。其四,对医方标准化合同的限制。如果医方以合同形式免除医方注意义务,加重患者的责任,或者排除患者主要权利,则此种条款均属无效。特别是,医方知情同意书只能起到证明履行告知义务的作用,而不是令患者自甘风险,更不能据之免除医疗损害赔偿责任。其五,对医方道德风险的规制,医方不得过度医疗、防御性治疗等。典型如医生或伪造材料捏造虚假医疗支出,或同参保人串谋过度医疗,以获得较高利

---

① 李诗应:《医师的多重义务间之冲突》,载《月旦法学杂志》2010 年第 10 期。

② 张文婷:《论患者临终阶段的自决权——无同意能力患者消极安乐死之检讨》,载南京大学－哥廷根大学中德法学研究所编:《中德法学论坛》第 7 辑,南京大学出版社 2009 年版,第 218 页。

③ 这就是托依布纳所谓的“合同双方当事人之间合意的无限优先权不再被坚持。诚信条款以源自那些不同领域的社会期待而成为了合同义务的补充”。参见[德]贡塔·托依布纳:《魔阵·剥削·异化——托依布纳法律社会学文集》,泮伟江等译,清华大学出版社 2012 年版,第 138 页。

润,即“供方引导过度消费的行为”。①

关于知情同意,具体而言:其一,并不意味着患者对医疗过失造成的损害的容忍。患者签订知情同意书,最多只能证明其对此知情并同意,阻却侵入性医疗行为的违法性。但并不等同其认可因医疗过失而对自己人身造成的损害。医方仍应遵循医学操作规范和常规,尽到善良管理人的注意义务。同时,对承诺实现的医疗效果应有结果责任。其二,并不会形成过失相抵。患者的知情同意并不会在发生医疗过失损害后与医方过失形成过失相抵。其三,不会存在免除轻过失造成的损害赔偿。患者的知情同意并非免除医方轻过失的意思表示。告知后同意并不豁免医疗院所之抽象轻过失责任。通过定型化契约条款排除自己之抽象轻过失责任或免除自己就医事人员故意或过失负同一责任者,属于违反诚信原则且对病患显失公平,应属无效。有学者指出,现行法上应认为医疗机构不得通过记载于手术同意书上之定型化契约条款来免除自己(债务人)以及其履行辅助人(医事人员)之抽象轻过失责任。

二、以诚信原则约束患者

在医疗合同路径中还应注意以诚信原则约束患者,这也是由医疗合同的双务合同性质决定的。一是患者自身主动过度医疗问题。包括:(1)患者基于对社保免费医疗“不用白不用”的错误观念而恶意“小病大治”;②(2)由于现代社会技术崇拜泛滥,患者对于医疗的期待值不断攀升,从而无限透支医保等有限社会资源,以此希望达到十分理想疗效。二是患方在判断医疗服务的价值与优劣时应尊重医学规律,不应简单运用商品思维模式单纯以未治愈等理由抗辩不缴纳医疗费用。三是患方应对医方负有“协助义务”和“情报提供义务”。③ 即患方应向医方如实陈述病情、病史,遵守医嘱等。

---

① 娄宇:《“管办分离”与“有序竞争”——德国社会医保经办机构法律改革述评与对中国的借鉴意义》,载《比较法研究》2013年第5期。

② 原因在于:当前的医保制度尚待完善,城镇居民医保只报销住院费用,不报销门诊费用,因此有的患者仅作身体检查就要住院;在“医保的钱不用白不用”观念下有的医保病人大量开药。造成有限的医保资金被浪费,需要治疗的病人因资金不足而被拒收。参见王海鹰等:《全国多地医院拒收医保病人称不挣钱还要倒贴》,载《中国青年报》2013年1月11日,第6版。

③ [日]植木哲:《医疗法律学》,冷罗生等译,法律出版社2006年版,第340页。

第二章　医疗合同的性质

第一节　医疗合同性质之辨

一、将医疗合同认定为委任合同的观点

（一）国内外观点简介

医疗合同其合同性质争议由来已久，而且涉及生命、身体等重要的法律关系。韩世远认为，医疗合同是一种服务合同，其性质属于委托合同。[①] 委托合同，又称委任合同，是指一方委托他人处理事务，他方允诺处理事务的合同。韩世远认为，医疗服务合同的核心内容为医师的诊断和治疗（提供医疗服务），在允许有若干特性的前提下，应认定为委任合同。[②] 龚赛红认为，医疗合同在委托处理事务这一点上与委托合同最为近似。但其不仅包括处理医疗事务的委任关系，而且还包括买卖、租赁、雇佣、赠予等关系，是一种综合性契约。诊疗护理等属于委任契约，不适用《消费者权益保护法》；因医疗器械、药品的买卖、使用、住院食宿等发生的纠纷，可适用《消费者权益

---

① 正如拉伦茨教授所指出的，在将特定合同归属其合同类型时，重要的倒不是个别特征的逐一吻合，具决定性的毋宁是"整体形象"。［德］卡尔·拉伦茨：《法学方法论》，陈爱娥译，商务印书馆2003年版，第343页。

② 韩世远：《医疗服务合同的不完全履行及其救济》，载《法学研究》2005年第6期。

保护法》。[①]

德国法中,因委任契约为无偿契约,而医疗契约一般为双务有偿契约,故医疗契约大多定义为雇佣契约或承揽契约。日本法中,由于委任契约仅适用于法律行为,而医疗行为属于事实行为,故一般定义为准委任契约,类推适用委任契约的规定。在我国台湾地区,通说认为,医方一般并不负实现特定医疗结果的结果义务,而系负担提供医疗给付行为的"方法债务",并不承诺"治愈疾病",而仅承诺"依其良知、注意及科学既存知识"而为医疗行为,符合当时医疗水平,尽到善良管理人的医疗给付义务。医师有一定范围的自由裁量权,故医疗契约应为委任契约或类似委任契约的关系。如双方约定获取治疗上特定治疗效果为目的,则属结果债务,可理解为承揽契约。[②] 在医疗契约成立后,医方负有继续医疗之义务。应认为医师不得以病患无力支出医疗费用,而拒绝医疗给付。

(二)医疗合同与委任合同的差异点

第一,从患者委托医方来处理与诊疗护理相关的事务这一点来看,医疗合同与委托合同较接近。但是,一些学说认为,医疗合同中医方不能因患者欠缴医疗费用而行使同时履行抗辩权;而按我国原《合同法》第 398 条的规定,委托人应当预付处理委托事务的费用,《民法典》第 921 条基本沿袭了这一规定,没有按传统民法理论所谓的"报酬后付"的精神来立法。这就在实务中产生了争论。医方到底是否有权以患者未缴医疗费而不予治疗或停止治疗?从生活实践来看,如果患者不缴费一般是不能获取医方医疗服务的;住院病人的费用每天都有清单提醒患者预交费用还剩余多少,如果欠费,则医院药房将停止给药。笔者认为,一般而言仍然要适用先缴费再治疗的原则;但如果是在紧急抢救危重病人的场合,就应先救治再收费。另外,在司法实务中,由于种种原因,患者病情已疾愈或明显好转,已无必要继续住院治疗,但其长期占据医院病床拒不出院,经催告仍然欠费的,最后医方起诉到法院,法院判决解除医疗合同、患者应当补缴所欠医疗费并在合理期限内搬离医院。对此,法院判决表示:其一,在诉讼中,医院不得不通过司法鉴定来证明患者已符合出院标准,在患者经催告仍欠缴医疗费的情况下,医方为避免更大的经济损失,还要腾出病床给其他急需住院治疗的病人使

① 龚赛红:《医疗损害赔偿立法研究》,法律出版社 2001 年版,第 34 页。
② 陈聪富:《医疗契约之法律关系》(上),载《月旦法学教室》2008 年第 11 期。

用;其二,单方面解除合同不违反人道主义精神;其三,法院判决合同解除后,医方仍要承担疗养指导说明义务及提供病历资料的后合同义务。① 总之,医疗机构不应负无限制提供医疗给付的义务,这将使医疗院所成为社会福利机构或社会保险之保险人。②

第二,是关于委托合同的任意解除权的问题,原《合同法》第410条规定:"委托人或者受托人可以随时解除委托合同。因解除合同给对方造成损失的,除不可归责于该当事人的事由以外,应当赔偿损失。"《民法典》第933条则规定:"委托人或者受托人可以随时解除委托合同。因解除合同造成对方损失的,除不可归责于该当事人的事由外,无偿委托合同的解除方应当赔偿因解除时间不当造成的直接损失,有偿委托合同的解除方应当赔偿对方的直接损失和合同履行后可以获得的利益。"但医方并不能按上述原《合同法》第410条的规定,无正当事由而享有医疗服务行为的任意解除权,这也是对患者生命健康负责的基本要求。另外,如果患者行使任意解除权,可能会对医方造成一些不便甚至损失,按照委托合同的规定,医方是否可以据此要求患者作出损害赔偿?

第三,原《合同法》第399条前段规定,"受托人应当按委托人的指示处理委托事务",《民法典》第922条有相同规定。而医疗行为的专业性使患者发出委托事务指示的可能性大为降低。医师的主导性是医疗行为的传统特征,即使在当下倡导医疗消费者主权与患者自主决定权,也仍必须坚持保障医师的专业裁量权。

第四,原《合同法》第401条规定,"受托人应当按照委托人的要求,报告委托事务的处理情况。委托合同终止时,受托人应当报告委托事务的结果",《民法典》第924条有相同规定。这一规定远不能达到我们对医方的告知说明义务所要求的那种充分、详尽、细致的程度。即使按照原《侵权责任法》第55条所规定的,也被认为规定得太过于粗略、概括,不能全面体现医方的告知说明义务。告知说明义务的性质、类型、判断标准("理性医师说"、"理性患者说"抑或是"具体患者说"?)、方式、主体、对象、范围、违反义务后果等都需要较明确的界定。而这却是原《合同法》第401条所不能涵摄的。仅以告知说明的范围为例,我国台湾

---

① 重庆市渝中区人民法院民事判决书,(2009)中区民初字第2620号。

② 陈聪富:《医疗契约之法律关系》(上),载《月旦法学教室》2008年第11期。

地区法院判决认为,医师应尽之说明义务,至少应包括:(1)诊断之病名、病况、预后及不接受治疗之后果。(2)建议治疗方案及其他可能之替代治疗方案暨其利弊。(3)治疗风险、常发生之并发症及副作用虽不常发生,但可能发生严重后果之风险。(4)治疗之成功率(死亡率)。(5)医院之设备及医师之专业能力等事项。① 当医师的告知义务范围扩张到某种程度时,在民事责任上已经与消费者保护法的无过失责任没有太大的差异。②

总之,现有的委托合同等无法有效应对医疗服务合同中的说明义务、诊疗义务及其他义务等。有必要将其纳入我国《民法典》的典型合同之中。不仅如此,要让患者个别缔约,对于很多意思能力低下的患者来说可能会过于苛刻,有必要发挥典型合同的创造辅助功能,并通过典型合同的规定有效牵制医疗现场部分不合适的特别约定。③

二、德国法认定为雇佣契约

(一)《德国民法典》将医疗契约纳入雇佣契约

学者侯英泠指出,德国 2012 年债编修法将医疗契约纳入雇佣契约,属特别劳务契约类型(《德国民法典》第 630a 条至第 630h 条)。《德国民法典》第 630a 条规范医患法律关系,医疗契约为双务诺成契约。他认为,医疗劳务契约属于手段债务而不保证疾病治愈,与承揽的结果债务不同;同时,认可一些特定医疗行为成立医疗承揽契约的可能性,如美容医疗契约理论上可以约定为包医的医疗契约。也有学者认为,必须以治疗为目的提供的医疗劳务,才属于医疗契约,而美容医学非以医疗为目的之医疗劳务提供,属于一般劳务契约。因此,《德国民法典》第 630c 条以下规定不适用于美容医疗契约。④

为什么德国法上认定属于雇佣合同?在民法各债中,以劳务为主要给付内容的契约关系,如雇佣、委任等。传统意义上,有偿者为雇佣,无偿者为委任。但委任除在德国外,在其他国家都认为可约定为有偿。一般认为,委任契约需要受

① 参见林萍章:《知情同意法则之“见山不是山”——法院近来裁判评释》,载《月旦法学杂志》2008 年第 11 期。

② 吴俊颖:《医师告知义务急速扩张的时代——法界的期待与医界的临床实务之间的鸿沟》,载《法学新论》2009 年第 9 期。

③ 周江洪:《典型合同与合同法分则的完善》,载《交大法学》2017 年第 1 期。

④ 侯英泠:《德国医疗契约债编各论有名契约化》,载《月旦法学杂志》2015 年第 5 期。

委任者发挥自己的专业判断，而雇佣契约必须遵照雇佣人指示与监督。但德国法上的医疗契约，被认为归属于雇佣合同。原因在于，法律赋予其不同于一般意义上雇佣合同的特殊意境。即受雇人仅允诺为雇主之利益，从事自己指定之劳务工作。医师具有医师裁量权的独立性。[①] 杨秀仪认为，医疗机构是医疗契约之主体，但并非医患关系相对人。由于医疗行为具有高度人格性，说明义务主体当然应该是医患关系中的医师，而非医院。医师和医院虽有雇佣关系，但医师享有完全之专业自主权，并不受医院之指挥监督，故并不能令医院为其受雇医师之违反说明义务负责。[②] 可见，在德国及对德国学说亦步亦趋的我国台湾地区，对于雇佣合同的理解都没有局限于农耕经济时代对于纯体力劳动的雇佣合同的理解。关于雇佣合同的问题。由于我国医疗服务的机构人、法人化、团体化和去人性化，因而是以医疗机构本身直接与患者形成合同；而传统的雇佣合同则是私人与私人之间的合同。但现代社会，雇佣关系也发生了深远变化。雇主可以不是专家，而雇员却反而是具有特殊技能与知识的专业人士。雇主可以是自然人个体，而雇员却反而可以是法人化的机构团体。雇员并不必要严格依照雇主的指示完成给付行为。德国法认为，医患之间是一种雇佣关系。原因在于，医方在完成相应的诊疗护理行为时应当要尊重患者的意志自由，并得到患者同意，也就是强调医患间的高度人格专属性，即不能随意更换患者选定的主治医师和代替患者作出医疗决策。这既是基本人权在医疗领域的重要体现，也是在实践中患者自主决定权的保障。这也是强调医患关系契约化的重要意义之所在。因为在公法观念意识中，患者接受医疗行为是享受社会福利政策的行为，在过去医疗系统中也并不尊重患者的就医自主权与选择权，有施予恩惠的家长制传统观念，对患者个人意志的尊重存在不足。

（二）委托合同与雇佣合同的对比

雇佣合同和委托合同都是一方当事人向对方当事人提供劳务的合同，二者的区别为：(1)雇用合同的订立目的是由受雇人向雇用人提供劳务；而委托合同订立的目的在于由受托人为委托人处理事务，受托人提供劳务无非是达到目的的手段而已。(2)受雇人必须服从雇用人的指示，自己一般不享有独立的酌情裁

---

① 黄丁全：《医事法新论》，法律出版社2013年版，第78页。

② 杨秀仪：《论病人自主权——我国法上“告知后同意”之请求权基础探讨》，载《台大法学论丛》2007年第2期。

量的权利;而受托人虽然依委托人的指示处理事务,但一般却享有一定的独立裁量的权利。(3)雇用合同为有偿合同,而委托合同是无偿的。[①] 我国原《合同法》并没有规定雇佣合同这一有名合同,《民法典》也没有规定雇佣合同。2003 年最高人民法院《关于审理人身损害赔偿案件适用法律若干问题的解释》第 9 条对"从事雇佣活动"进行了界定,"是指从事雇主授权或者指示范围内的生产经营活动或者其他劳务活动。雇员的行为超出授权范围,但其表现形式是履行职务或者与履行职务有内在联系的,应当认定为'从事雇佣活动'",再加上 2009 年原《侵权责任法》第 35 条规定的个人之间形成的劳务关系,实际上都是从立法层面,在一定意义上对于雇佣合同法律关系的承认与规制。[②] 雇佣合同在我国仍被视为低端的以提供体力劳动为内容的合同,受雇者不具有工作上的自由裁量权。有学者概括指出,目前我国学者所主张的雇佣合同的适用范围主要集中在私人雇佣、农业雇佣、家庭消费雇佣等传统劳务领域。[③] 这一点与德国民法中受雇者可以处于高阶位的脑力劳动的理论是截然不同的。这也正是我国不认为医疗契约是雇佣合同的根本原因。

三、将医疗合同认定为承揽合同的观点

承揽合同是承揽人按照定做人的要求完成工作,交付工作成果,定做人给付报酬的合同(我国原《合同法》第 251 条)。承揽合同属于典型的提供劳务的合同,它确立了所有类型提供劳务的合同法律适用的一般规则。它的法律性质如下:第一,承揽合同以完成一定的工作为目的。第二,承揽人完成工作的独立性。由于定做人对承揽人的能力、条件等的信任,因而具有债务履行的最高人格性,不可转让。[④] 第三,定作物的特定性,必须符合定做人提出的特别要求。第四,承

---

① 崔建远:《合同法》,法律出版社 2000 年版,第 491 页。

② 宋夏瀛洁、李西霞:《民法典编纂应回应现实关切——使雇佣合同与劳动合同规范化与体系化》,载《河北法学》2017 年第 4 期。

③ 战东升:《民法典编纂视野下的服务合同立法——日本立法经验及其借鉴》,载《法商研究》2017 年第 2 期。

④ 医疗契约债务履行有最高人格性,必须契约当事人亲自履行,但由于医疗机构(法人)也可以成为契约当事人,所以解释上除非主治医师本身为契约当事人,应亲自诊断治疗病人,否则医疗机构可以透过受雇医护人员履行债务。侯英泠:《德国医疗契约债编各论有名契约化》,载《月旦法学杂志》2015 年第 5 期。

揽合同为诺成合同、有偿合同、双务合同、不要式合同。①

有学者指出，现实生活中大量存在的旅游、教育培训、美容、医疗合同等都属于新型承揽合同，但它们对承揽合同的准用限度以及合同内容的确定都尚待深入研究，并不能进行简单的合同联立或混合合同的定性。②

（一）医患双方缔约真意属于医疗承揽契约的观点

吴志正认为，医患双方之缔约真意仍系约定"一方委托他方处理事务，他方允为处理"的医疗委任契约，显已与社会脱节。应根据当代社会通念、医患双方缔约之真意，认为是缔结的医疗承揽契约，或近似于承揽性质的非典型契约。内容是医疗提供者为病患完成一定水准之医疗工作，而病患就所完成之医疗项目给付报酬或近似于承揽性质的非典型契约。并不违反公序良俗以及医疗的专属性，亦不至于扩张医师裁量权，有利于医患间就医疗契约债务不履行事实之举证责任分配。总之，以契约法论断医患关系时，应合理适用承揽、委任契约等劳务契约与医疗特性相容的规定，排除适用不相容的规定。③

我们对于医疗契约的结果债务的解释。不应以100%治愈疾病作为医疗承揽契约债务的唯一解释。只要医学有可能完成一定结果，具有一定的治愈率或一定程度的功能恢复。反之，如对癌症晚期约定治愈率100%，则由于自始客观不能，应认为无效。委任、承揽均以给付劳务为基本内容，其种类本来即相类似而非相互绝对排斥，两者均属劳务契约；又委任的处理事务，须有一定目的，与承揽须完成一定工作有相类之处。④

从思考医疗合同与承揽合同的关系出发，有学者提出了"请负说"。该说认为，就承揽合同而言，认为承揽结果是有形的；而就医疗行为而言，有人认为，由于医疗行为的后果涉及人的健康，因而是无形的。笔者不赞同这种看法。因为医疗行为的成果也是有形的，是可以通过相关医学专业科学指标进行衡量的。从医疗行为的范围及内容是明确被限定的角度，有学说认为，应当以承揽契约来理解。实务上关于目的明确的手术，有认为是承揽契约或者当作承揽性质浓厚的准委任契约。例如，在十二指肠溃疡手术麻醉致患者死亡的案例中，从疗程整

① 崔建远：《合同法》，法律出版社2000年版，第425页。

② 宁丽红：《论合同类型的认定》，载《法商研究》2011年第6期。

③ 吴志正：《医疗契约之定性》，载《月旦法学杂志》2006年第12期。

④ 吴志正：《医疗契约之定性》，载《月旦法学杂志》2006年第12期。

体行为观察认为是准委任契约，而从手术部分“以十二指肠溃疡的手术完成明确目标”则是一种承揽契约；在另一案例中，患者因眼睛结膜肿瘤摘除术致生眼睑下垂，从“手术摘除结膜肿瘤完成之明确目标”观察其诊疗契约性质是具备承揽性质强烈的准委任契约。①

判断医疗契约性质时，与其将各种医疗给付类型化后，再据以判断医疗契约系属于委任或承揽性质，毋宁根据个案当事人的缔约真意，以其约定主给付义务的具体内容来判断契约性质。委任契约的说法体现出，在过去父权主义时代信息严重不对称情形下，患者对于医方的全方位依赖，客观上没有能力提出个人意见与要求，主观上也没有自主决策的意识，医方也较少对与医疗行为相关的各种信息进行主动的、详细的告知说明和征得患者同意，因而，“委任契约说”体现的是由受托人处理委托人事务的合同。而承揽契约的性质界定，则体现了在消费者权利运动背景下医疗人权意识的不断勃兴，医疗消费者在医疗商业化时代积极通过各种渠道获取信息，并要求医方切实充分履行说明义务，保障自身的知情同意权，从而在相当程度上掌握了可以与医方对话的医学知识，并进而有信心与勇气占据医疗合同的主体地位。在这一过程中，患者逐步放弃对于100%有效的治愈结果的不切实际的幻想，而对于医学的局限性与风险性有了更进一步的了解。

（二）包医契约属于承揽契约

包医契约系指当事人约定，医疗提供者保证为病患治愈一定之疾病，病患同意支付报酬之契约。关于包医契约的效力，有观点认为，若医疗契约中有保证治愈之约定，系“以实现不可能之事项为目的之法律行为，无效”。因而认为包医约款应属无效，即形成客观不能之情形。附有包医约款之医疗契约与一般医疗契约不同，属于承揽契约之性质。应认为有关医疗行为之契约责任归属，除非言明“包医”，否则应考量双方所提出之对待给付情形，始符公平。② 包医契约约定之给付内容，在当时医疗水准非给付不能时，应认为有效，并不违反公序良俗，其性质属于承揽契约；反之，则属客观给付不能。

---

① 庄锦秀：《从医疗改革谈日本医疗服务契约面临的问题》，载《治未指录：健康政策与法律论丛》2016年第4期。

② 陈聪富：《医疗契约之法律关系》（上），载《月旦法学教室》2008年第11期。

四、关于"混合契约说"

从定义来看,《欧洲示范民法典草案》第2-1:107条规定,混合合同,是指由两类或两类以上的典型合同,或者典型合同与非典型合同组合而成的合同。混合合同并非有名合同,但一种混合合同的发展若在社会经济文化生活呈现十分重要、典型的特征,就有上升为合同法明文规定的有名合同的必要。混合合同的有效适用可以避免大量典型合同的立法。从实际交易形态来看,现实中大量的合同交易涉及的义务类型,是数个典型合同(或非典型合同)中债务的混合,对此,可以考虑的是承认混合合同的存在及价值,避免为应对立法滞后性而不得不无限增设大量的典型合同类型。此外,对于无法纳入任一典型合同也并非各典型合同构成要素的组合的无名合同,我国原《合同法》第124条①(我国《民法典》第467条有类似规定)的规定是否足以应对,也应当考虑。如果无名合同的适用规则无法有效应对,且其具有普遍性、确定性等特征的,就有必要考虑将其规定成典型合同类型。② 方新军在分析世界各国民法典合同法分则发展趋势时指出,以提供智力方面的劳务为基础的合同种类空前扩张。而且20世纪70年代以来,大陆法系新增加的合同种类,很大一部分都是混合合同,如旅游合同就包括住宿、运送和承揽等要素。③

医疗契约可以是融合委任、准委任、承揽、雇佣诸种要素的混合契约。在私法自治理念下,从医患双方意思表示合意出发,只要有利于实现治疗疾病、恢复功能、预防保健等主给付义务,并能贯穿告知说明义务及各种附随义务都是有效可行的。根据合同目的,医疗契约既可为单纯的劳务契约,也可为多种契约的混合契约。④

第二节　医疗合同应否认定为服务合同

一、医疗服务合同的定义与特征

服务合同,一般是指全部或者部分以劳务为债务内容的合同,又称提供劳务

---

① 我国原《合同法》第124条规定,本法分则或者其他法律没有明文规定的合同,适用本法总则的规定,并可以参照本法分则或者其他法律最相类似的规定。

② 周江洪:《典型合同与合同法分则的完善》,载《交大法学》2017年第1期。

③ 方新军:《关于民法典合同法分则的立法建议》,载《交大法学》2017年第1期。

④ 黄丁全:《医事法新论》,法律出版社2013年版,第80页。

的合同。[①] 用“服务”和“服务合同”的表述来代替传统民法理论上的“劳务”和“提供劳务的合同”，是一种与比较法接轨的表现。《欧洲示范民法典草案》第四卷C部分形成了“债法总则—服务合同法总则—服务合同法分则”的体系。其第Ⅳ.C－1:101条规定，服务合同适用于：一方当事人（服务提供方）承诺为他方当事人（顾客）提供服务，他方支付价款的合同；及准用于服务提供方为顾客无偿提供服务的合同，尤其适用于建筑、加工、保管、设计、信息或咨询、医疗服务合同。[②] 第Ⅳ.C－8:101条规定，医疗合同适用于一方当事人（医疗提供人）为他方当事人（患者）提供医疗服务的合同，医疗提供人为改善他人的身体或精神状态而提供任何其他服务的合同准用本合同。患者不是合同当事人的，其被视为第三人，享有合同赋予的相对于医疗提供人义务的权利。

我国学界一些观点也将医疗合同称为“医疗服务合同”。如韩世远、王利明等都采用医疗服务合同这一提法，认为其是以提供医疗服务为目的在医疗机构与患者之间形成的合同，当事人订立医疗服务合同的目的就是提供诊疗服务。[③] 医疗服务的范围比较宽泛，如检查、手术、诊治、康复、理疗、安装义齿、义肢、修补牙齿以及美容整形等都可以纳入医疗服务合同。医院提供住宿、膳食等行为，因与诊疗活动无关，所以不属于医疗服务合同的内容。[④]

关于服务合同的特征有：(1)服务合同是继续性合同。当事人享有任意解除权。(2)服务合同的履行具有信息不对称的特点。有较多的个性化、差异化服务内容。(3)附随义务在服务合同中的重要性凸显。[⑤] 还有学者认为，服务合同的特征包括：其一，服务合同内容具有无形性、识别困难性和客观判断服务品质的困难等。其二，复原、返还已经提供的服务非常困难。其三，服务的提供依赖特定服务人及服务受领人的协力配合。其四，服务更为强调说明义务、信任义务。其五，服务的具体债务内容一般会随着时间推移而发生变化。[⑥] 日本学者归纳医

---

① 周江洪：《服务合同在我国民法典中的定位及其制度构建》，载《法学》2008年第1期。

② ［德］冯·巴尔、［英］埃里克·克莱夫：《欧洲示范民法典草案》（第四卷），于庆生等译，法律出版社2014年版，第340页。

③ 韩世远：《医疗服务合同的不完全履行及其救济》，载《法学研究》2005年第6期。

④ 王利明：《合同法研究》（第4卷），中国人民大学出版社2013年版，第668页。

⑤ 唐仪萱：《服务合同的法律特征和义务群——兼论过程义务、结果义务的区分与统一》，载《四川师范大学学报（社会科学版）》2016年第1期。

⑥ 周江洪：《服务合同研究》，法律出版社2010年版，第17页。

疗服务合同的基本特征,包括:其一,合同内容的不确定性。缔结合同时具体债务内容并没有确定下来,只是在改善病情这一目标下逐步形成具体个别的债务。其二,诊疗行为可能对患者具有身体上的侵袭性、风险性。其三,医师的专业裁量与患者自主决定权的衡平。其四,劳务投入的对象是患者的身体、生命这一重要的法益。基于患者身体个体差异,更需要患者的信赖与协助配合。其五,诊疗债务属于方式之债,不能保证治疗结果。①

通过以上分析,可见医疗服务合同给付债务一般被认为是过程义务,而非结果义务。唐仪萱认为,过程义务在服务合同义务群中占据核心地位。其核心是服务提供人应当按照所在行业的专业技术要求和合理注意标准履行服务合同义务。结果义务具有选择性、特殊性,过程义务则具有必要性、一般性。无约定或约定不明时,应依据我国原《合同法》第 6 条、第 62 条和第 125 条的规定,考虑合同的性质和目的、交易习惯、诚实信用等要求,综合认定服务提供人是否负担结果义务。② 从比较法上看,在《欧洲示范民法典草案》第四卷第Ⅳ. C - 2:105 条规定了服务提供方的技能和注意义务,即服务提供方有义务以客观情况下一般应当具备的注意和技能来履行服务。在履行时,服务提供方必须以达成顾客提出或者设想的结果为目标。至于服务提供方是否负有达成结果的义务,则取决于结合第Ⅳ. C - 2:106 条(达成结果的义务)的规定对合同的解释。③ 对第Ⅳ. C - 2:106 条的解释是,在顾客明确要求服务提供方达成特定的结果,后者对服务能达成该结果未表示异议,以及在缔约时,双方当事人虽然未对该问题进行明确讨论,但是合理的服务提供者应当预计顾客会期待达成某种特定结果。④ 对比以上观点可见,在《欧洲示范民法典草案》的相关条文规定里已经反映出医疗合同并非就是一般以过程义务、方式义务为核心的债务内容,而是与结果义务密不可分的。因而,患者对于医疗行为的结果必然是有要求的。我们应当结合特定医疗合同的性质、目的,双方知情同意的合意情况以及医疗常规、诚信原则来综合判

① 周江洪:《服务合同研究》,法律出版社 2010 年版,第 466 页。

② 唐仪萱:《服务合同的法律特征和义务群——兼论过程义务、结果义务的区分与统一》,载《四川师范大学学报(社会科学版)》2016 年第 1 期。

③ [德]冯·巴尔、[英]埃里克·克莱夫:《欧洲示范民法典草案》(第四卷),于庆生等译,法律出版社 2014 年版,第 382 页。

④ [德]冯·巴尔、[英]埃里克·克莱夫:《欧洲示范民法典草案》(第四卷),于庆生等译,法律出版社 2014 年版,第 388 页。

断，患者对医疗行为效果的合理期待。

二、关于"医疗服务合同"是特别法规定的有名合同的观点

我国现行合同立法没有"医疗服务合同"或者"医疗合同"的明文规定。王利明认为，其应当是一种特别法规定的有名合同。原因在于：第一，我国原《侵权责任法》第七章关于医疗损害责任的规定，虽然是从侵权损害责任角度规定的，但多项规定可以适用于合同关系。例如，该法第55条规定的医方的说明义务与患者知情同意权，第57条规定的符合当时医疗水平的诊疗义务，第61条规定的妥善保管病历资料的义务，第62条规定保护患者隐私的义务等都可以成为合同义务的重要来源。第二，我国的一些特别法律法规规章对医疗服务合同的内容也作了相应规定。如《医疗事故处理条例》《医疗机构管理条例》《病历书写基本规范》里就有医患双方的各种具体权利义务的规定，[①]如患者的选择医疗机构的权利、知情同意权、封存复印病历资料的权利等。我国已有20多个省份颁布地方性法规、规章对医疗服务提供者的权利义务作了更细化与明确的规定，即明确将医疗服务关系纳入消费者权益保护法的调整范畴。

正因为王利明持特别法观点，他并没有主张应在民法典中为医疗合同留下一席之地，在他主编的《中国民法典草案建议稿及说明》(2004年版)的第七篇"合同"中没有规定医疗服务合同，而是在第八篇"侵权行为"中规定了"医疗损害侵权责任"。

笔者认为，既然要认定医疗行为属于医疗服务合同，就应当将来在《民法典》修订时在合同篇里增加医疗合同这一有名合同，而不选择特别法的思路或混合合同的思路。这是因为，其具有重要性、特殊性，必须成立有名合同。李健伟指出，进入合同法编的基本标准：重要且必要。所谓重要，是指此类合同在市场交易中具有普遍性；所谓必要，是指此类合同客观上缺失规范，确有法律调整的必要性、迫切性。[②] 医疗合同完全符合上述标准，应当独立成为有名合同。究竟采"医疗服务合同"还是采"医疗合同"哪一种名称，有以下几点考虑：其一，取决于将来我国《民法典》是否规定服务合同。如果规定了服务合同分篇，其下就应有

---

① 王利明：《合同法研究》(第4卷)，中国人民大学出版社2013年版，第666页。

② 李建伟：《我国民法典合同法编分则的重大立法问题研究》，载《政治与法律》2017年第7期。

“医疗服务合同”这一名称;如果没有专门规定服务合同分篇,就直接定名为“医疗合同”为宜。而从《民法典》来看,是没有规定服务合同分篇的。其二,更重要的是,从合同名称上究竟采医疗服务合同抑或是采医疗合同,从根本上是与对医疗行为结果性义务的认可与否有关。如果我们从学理上更侧重方式性、手段性义务,则命名为“医疗服务合同”为宜;若兼重方式性义务与结果性义务,则以“医疗合同”命名即可。其三,还必须考量的是,究竟医疗行为是不是一种公益性色彩浓厚、不应以营利收益为目的行为。若是,则采“医疗服务合同”的名称为宜;若不是,则采“医疗合同”的名称即可。笔者更倾向直接采取“医疗合同”的名称。

而医疗合同的性质如何,仍尚须探讨。其一,是否如前引之服务合同的基本特征一样,应以手段债务的一般性与结果义务的特殊性为基本特点。笔者认为,在医疗合同中,应采手段债务与结果义务不可分割这样的立场。此即不存在仅有手段义务而无结果义务,反之亦然。手段债务与结果债务是相生相随,不可分割的。患者有权对医疗行为的结果存有合理期待。“手段债务”这一概念只宜理解为结果,并不能在医疗契约订定当时予以特定,而应是随着履行的过程逐步确定。其二,医疗契约的生效有赖结果在客观上有实现的可能,反之则契约将因自始客观不能而无效。其三,在医疗行为及病情发展的各个阶段,医方应该履行其告知说明的义务,患者也应当调整对医疗行为结果之合理期待,而在双方之预期不相符时,得以构成终止契约之理由。[①] 应当说,主要是包含了委任、承揽、雇佣等几种契约的关键要素。在医疗合同中,既有部分合同从性质上可归类为委托或承揽等有名合同,也有部分合同由于其具体要素的个性化与差异化而难以完全归类为现有的有名合同。[②] 2009 年《欧洲示范民法典草案》第四卷规定了典型合同,其中,服务合同(包括建筑、加工、设计、信息咨询、医疗服务)与委托合同是分立的,并没有将委托合同并入服务合同中;这也说明,“服务合同”与“委托合同”还是存在明显区别的。

---

① 薛瑞元:《医疗契约与告知义务》,载《月旦法学杂志》2004 年第 9 期。

② 战东升:《民法典编纂视野下的服务合同立法——日本立法经验及其借鉴》,载《法商研究》2017 年第 2 期。

第三节 医疗合同有名化的功能与意义

一、典型合同的功能与意义

我国原《合同法》规定了15类合同,大致可以分为财产权利移转型合同、财产利用型合同和劳务提供类合同三大类。其中,劳务提供型合同包括委托、承揽、雇佣、保管、运输等。典型合同的功能与意义在于:(1)典型合同具有设定依据框架的功能和分析基准功能;(2)典型合同具有内容调整功能和合同内容形成功能;(3)典型合同具有创造辅助功能和合同内容合理性的评价标准功能。[①] 而《民法典》新增了4种典型合同,包括保证合同、保理合同、物业服务合同、合伙合同,并将居间合同更名为中介合同。宁红丽认为,典型合同类型认定的积极意义在于:(1)减轻法官的思维负担,提高裁判的可预见性;(2)维护私法的安定性,负担一定的实现分配正义的功能;(3)保持合同法分则体系开放性,促进合同类型创新等。[②] 王泽鉴先生认为,典型契约的功能,一是以任意规定补充当事人之约之不备;二是以强行规定保护当事人的利益。[③] 王利明指出,就典型合同立法而言,其具有如下发展趋势:在价值上注重人文关怀,强化对消费者权益的保护,发展新的典型合同类型,承认混合合同制度;合同规则日益复杂化和技术化,合同法的发展出现国际化与趋同化趋势,示范法功能日趋重要。[④] 根据合同目的,医疗契约的性质既可为单纯的劳务契约,也可为多种契约的混合契约。我们应当承认混合合同的重要价值。客观上需要运用混合合同来解决法条中无法适用与解释的新的具体合同要素之排列组合。不仅可以满足患者对于权益认识与权益保障的不断增长的渴求,而且可以帮助我们应对医疗行为在私法自治框架下人们追求个性化、差异化医疗的需求,以免因法律规定导致医事法学的僵化。但我们要清醒地认识到,即使我们承认混合合同的适用,但仅依靠混合合同以至于所谓"合同联立"都不能很好地确定医患双方的权利义务关系。由于符合"重大"且"必要"等标准,我们可以参考国外先进立法经验,构建医疗合同的具体规

---

① 周江洪:《典型合同与合同法分则的完善》,载《交大法学》2017年第1期。

② 宁红丽:《论合同类型的认定》,载《法商研究》2011年第6期。

③ 王泽鉴:《债法原理》,中国政法大学出版社2001年版,第109页。

④ 王利明:《典型合同立法的发展趋势》,载《法制与社会发展》2014年第2期。

定,形成与雇佣、承揽、委托等合同并列之势,着眼明确医疗服务提供人的责任和义务,发挥典型合同的功能,减少不确定性,创设有利于落实实质公平、促进医患利益衡平的规则,保障医疗双方对医疗行为的合理期待。总之,正如庄锦秀所言,医疗行为多元化,涵摄任何现有民法有名契约类型,均会产生部分疑义。如能针对医疗契约特性,将医疗契约独立规范为一个医疗契约法,或许能兼顾医疗契约特殊性及与时俱进性。①

二、医疗契约有名化的内容

医疗契约有名化,就是要成为合同法编的典型合同。按照《德国民法典》关于医疗合同的规定,则至少应规定的必要条款包括:医疗契约定义与给付义务;医疗契约当事人;医疗契约当事人双方共同合作参与义务;医方资讯揭示义务及医疗疏失揭露义务;自费揭露义务;资讯揭示义务免除;告知后同意与告知后同意说明义务;医方病历记载义务与保存义务;病人病历阅览权;举证负担分配。其中,举证负担分配又包括:完全可控制之一般风险的过失推定;病人自主同意取得之证明;病历未记载之推定效力;应转诊对未转诊之过失推定;重大过失之过失推定。②

从《民法典》起草中的相关建议稿来看,王利明先生主编的《中国民法典草案建议稿及说明》(2004 年版)在第七篇"合同"中没有规定医疗服务合同,而是在第八篇"侵权行为"中规定了"医疗损害侵权责任"。梁慧星先生主编的《中国民法典草案建议稿》(第 3 版)中在第四编"合同篇"规定了医疗合同,而在第五编"侵权行为"篇规定了"专家责任",其中关于医师责任的条款为第 1657 条至第 1659 条。第 1656 条规定了(专家责任中的)"举证责任",规定了过错推定;第 1657 条规定了"医疗过错的认定";第 1658 条规定的是"免责和责任限制"。徐国栋先生主编的《绿色民法典草案》(社会科学文献出版社 2004 年版)第八分编规定了"医疗合同",而在侵权行为部分没有特别规定医疗侵权。他以悲观主义的人类未来论为基础,承认资源耗尽的必然性和一定的可避免性,基于此种确信禁止和限制人类对资源的浪费性使用,从而维持人类的可持续生存。如《绿色民

---

① 庄锦秀:《从医疗改革谈日本医疗服务契约面临的问题》,载《治未指录:健康政策与法律论丛》2016 年第 4 期。

② 侯英泠:《德国医疗契约债编各论有名契约化》,载《月旦法学杂志》2015 年第 5 期。

法典草案》第一分编第12条规定："脑组织不可逆转地坏死，为死亡。"该条把脑组织的死亡当作死亡标准，由此可避免对脑组织已坏死但仍有心跳和呼吸的人施医用药，节约宝贵的医疗资源和其他资源用于其他更需要的人。

三、以谦抑立法克服医疗合同典型化的弊端

医疗合同典型化的弊端是易于将合同类型的认定流于形式，而忽略当事人的真实缔约意图，合同类型认定可能就此沦为对法律概念的机械操作。[①] 这就是立法万能主义与狂热的理性主义的思想。实际上，即使是就医疗合同进行专门规定，使其成为有名合同、典型合同，也不能包罗包象、一劳永逸地解决所有问题。在《德国民法典》纳入医疗合同这一过程中，学者们也顾虑重重，担心会造成医事法律适用上的僵化，影响具体案件的衡平处理。德国修法采保守方式，仅是将过去法官法之基本原则明文化，但并未突破过去法官法所发展出病人权益之特殊规范。[②] 这也说明，虽然我们主张就医疗合同专门立法，但在规定事项、义务强度、条文数量等方面也应保持谦抑与克制，为维护公正留下灵活的空间，比如，在医疗合同中的"帝王条款"——告知说明、知情同意等条款的设计上，就不宜于无限扩张法定告知说明的事项、范围，以尽量避免和减少法定告知说明的危害；[③] 且应更多设计任意性规范来为医患双方意思自治提供选择余地。侯英泠指出，医疗契约明文化，无法将所有医疗契约类型包含进去，最终仍会有混合契约形态出现。医疗契约明文化的意义可以减少法的不安定性。[④] 我们应当认识到在医疗合同有名化中，要注意以谦抑立法克服医疗合同典型化的弊端。

第四节　本章小结

有学者认为，医疗契约可大致分为以下类型：(1)一般医疗契约。以疾病之诊断治疗为目的之契约，给付之内容包括内诊、住院和手术治疗。(2)健康检查

---

① 宁红丽：《论合同类型的认定》，载《法商研究》2011年第6期。

② 侯英泠：《德国医疗契约债编各论有名契约化》，载《月旦法学杂志》2015年第5期。

③ Omri Ben-Shahar and Carl E. Schneider, *The Failure of Mandated Disclosure*, University of Pennsylvania Law Review 159, p. 737－740(2011).

④ 侯英泠：《德国医疗契约债编各论有名契约化》，载《月旦法学杂志》2015年第5期。

契约。以早期发现疾病或了解健康状况为目的,而约定由医疗提供者施以检查之契约。(3)试验性医疗契约。包括具诊疗目的之试验行为与纯试验目的之行为。(4)特殊医疗契约。患者并无健康上障碍而接受医疗提供者之服务的契约,如美容、变性手术等。① 张世展认为,应依医疗行为类型来判断医疗契约的性质。即一般医疗契约属委任契约,“健康检查契约”应为承揽契约,而“特种医疗契约”中之“实验性医疗契约”系委任与赠予之混合契约,其他非诊疗目的之人工授精、变性手术、美容整形等,则视医患双方是否约定应完成一定医疗效果而判定究为委任抑或是承揽契约。② 笔者认为,上述类型划分及性质判断方法有一定的借鉴意义,但仍显得过于机械、僵化,不能因应现实生活提出的反映意思自治的百千种个性化、差异化需求。

一、判断契约性质及类型应追求医患双方缔约真意

合同类型的认定亦如解释合同的方法一般,应根据当事人的真意,此即合同解释上的主观主义原则。《德国民法典》第 133 条、《瑞士债务法》第 18 条第 2 款等,皆表明了在合同解释方法上的主观取向。③ 我们要根据医疗合同的具体债务内容、具体行为义务内容以探讨该合同性质。原因在于,在医疗实践中,从检查开始到治疗直至治愈的关系,是一个连锁关系,不能以其中某一现象的给付内容决定诊疗合同的性质。即在有些情况下,可能检查、治疗行为本身并不是目的,该行为内容中包含了治愈或者功能一定程度的恢复或病痛轻缓等目的;反之,也不能说只要结果,而轻视作为其过程的诊疗行为的内容。而且,医生对患者所为的一系列诊疗措施中,包含问诊、给药、输血、X 光摄影、手术或者牙科修补等各种要素,难以将其完全整合为唯一的债务形态。④

二、合同类型随着具体要件的增减发生由此向彼的转化

在委托合同中,若约定受托人应完成委托事务并交付工作成果,则合同所属类型便从委任合同向承揽合同演变。反之,若委托合同中双方未明确约定受托

---

① 龚赛红:《医疗损害赔偿立法研究》,法律出版社 2001 年版,第 19 页。
② 吴志正:《医疗契约之定性》,载《月旦法学杂志》2006 年第 12 期。
③ 宁红丽:《论合同类型的认定》,载《法商研究》2011 年第 6 期。
④ 周江洪:《服务合同研究》,法律出版社 2010 年版,第 468 页。

人劳务的内容和范围,而仅约定在一定或不定期限内为委托人有偿提供劳务,则该合同又自委任合同向雇用合同演变。因此,“提供劳务型合同”这一合同类型包括委托、承揽、雇佣、运输等具体类型,并形成一个体系。在这一体系中,合同类型随着具体要件的增减发生由此向彼的转化。劳务给付型合同规范的重点则在事务处理权之授予、授权范围、如何行使处理权、处理费用之承担以及成果归属上;而且由于劳务型合同属于继续性合同,因此必须设立合同终止的条款,以免限制当事人的自由。[①]

---

① 宁红丽:《论合同类型的认定》,载《法商研究》2011 年第 6 期。

第三章　医师说明义务

第一节　医师说明义务的概念、历史沿革与法理依据

一、医师说明义务的概念

医师说明义务，是指医师对病患说明其病症、治疗方法、伴随治疗之危险，以及其他责任等。说明义务产生的本质在病患非仅是接受治疗的"客体"，而是治疗行为的"主体"。有在医师履行说明义务后决定是否接受治疗及接受何种治疗的权利。① 具体而言，医疗机构告知义务的内容包括：(1)医疗机构的医疗水平、设备技术状况等；(2)患者的病情以及医疗机构的检查、诊断方案以及替代方案方法在疗效、成功概率、副作用、风险等各方面的比较与选择；(3)转医或转诊的告知义务等。杨秀仪从告知后同意法则角度将医师说明义务定性为：医师有法律上的义务，以病人得以了解的语言，主动告知病人病情、可能之治疗方案、各方案可能之风险与利益，以及不治疗的后果，以有利于病人作出合乎其生活形态的医疗选择。② 植木哲认为，从医师说明义务的机能出发，可分

---

① 黄丁全：《医事法新论》，法律出版社 2013 年版，第 157 页。

② 杨秀仪：《论病人自主权——我国法上"告知后同意"之请求权基础探讨》，载《台大法学论丛》2007 年第 2 期。

为为了得到患者许诺的说明和说明自身是医疗行为的一部分两种情形。①

二、历史沿革与法理依据

告知说明义务的理论渊源是病人自主权。而病人自主权兴起的原因有：(1)保护自主性与现有的法律原则和惯例更容易对齐；(2)促进病人的自主权可以缓解医方的一些责任；(3)强调病人自主权，与最近向消费主义的转变相一致；(4)促进自治似乎比慈善更缺少家长式作风，但仍然允许医生控制信息的流动。在实践中，仅以病人自主性作为指导原则是不够的。病人不想仅只是由医生提供病情等基本信息，然后离开去做他们自己的医疗决定。同样，医生的"善行"必须受到自治权的约束，因此自治也必须受到"善行"的约束。许多人寻求医疗服务，把他们的一些自主权和责任让给专家。病人行使自主性并不妨碍医生提供医学意见的能力。在共同的决策过程中，患者在收到相关信息后，可以自主选择以充分或有限的方式参与最终决定。然而，仅仅因为病人在讨论后可能希望听到医生的最佳判断，并不意味着他们的自主性受到损害，讨论毫无价值，或者没有为病人的整体医疗保健增加价值。相反，医生的参与和受益增强了病人自主选择的能力。② 关于倡导医生尽最大善意与能力维护患者的最佳利益的耳熟能详的精神指引，当仁不让地归属于古希腊的"希波克拉底"宣言，而关于知情同意规则的国际性纲领性文件，包括 1947 年《纽伦堡纲领》、1964 年《赫尔辛基宣言》，以及 1981 年的《关于病患权益的里斯本宣言》。这 3 个不同时代的文件意义不同。《纽伦堡纲领》与《赫尔辛基宣言》虽然里程碑式地提出了对患者的告知说明与征得同意义务，但却将重心放在人体试验方面，着眼点在于警惕第二次世界大战法西斯反人类医学试验暴行重演、在医学领域维护基本人权这一历史使命上。即使在第二次世界大战结束后，未得告知同意的医学人体试验依然造成了患者惨重损失。具有代表性的如 1962 年揭露出来的史上最大的药害事件——美国用于妊娠反应的药物"反应停"事件（又称"海豹肢"事件），导致了世界各地上万名畸形胎儿的出生。反映出当时各国存在没有对新生药品经过就批准上市的监管漏洞；更严重的是，使用这种药品遵循了征得患者同意的法则，但

① ［日］植木哲：《医疗法律学》，冷罗生等译，法律出版社 2006 年版，第 329 页。

② Jaime Staples King and Benjamin Moulton, *Rethinking Informed Consent: The Case for Shared Medical Decision-Making*, American Journal of Law & Medicine 32, p. 463(2006).

却是在没有得到关于该种药品未经严格临床实验的充分信息披露的前提下的"同意",医生以"实验"的名义给病人使用未经批准的新药,且不限制剂量。

前者虽然是第一份关于知情同意的国际纲领,但以倡导尊重观念为主,规范效果不足;后者则在前者基础上,对试验者与被试验者的权利有具体规定。《赫尔辛基宣言》1975 年大幅修改,明确将知情同意(Informed Consent)写入宣言。而 1981 年的《关于病患权益的里斯本宣言》才将这种对于告知说明与患者同意的尊重,普惠式地及于所有患者身上,从人体医疗实验领域扩展至一般医疗领域。该宣言对病患权利的规定空前详细,包括病患有自由选择医师的权利、病患对于医师照护之外在压力有排除的权利、病患有告知后同意的权利、病患有隐私权、病患有尊严死的权利、病患有拒绝接受神职人员安慰的权利等。[①] 之前各个国家及地区的域内纲领性文件不断出现,都从维护人权出发对患者权利进行了详细规定。典型的包括 1973 年《美国病患权利宣言》、1974 年《法国病患权利宪章》、1979 年欧共体医院委员会《病患宪章》、1986 年《日本病人权利宣言》、1991 年《英国患者权利宪章》等。正如有观点指出,对于病人来说,生病过程充斥着羞耻、责备和恐惧等负面情绪。作家苏珊桑塔格曾在《疾病的隐喻》里写道,"疾病是生命的黑夜,是一种更沉重的身份"。协和老年医学团队在北京市朝阳区对 1000 多位老人的调查显示,超过 78% 的老人希望得病后知道实情,有 56% 的老人希望由自己对自己的治疗方案作决定。只有 8.9% 的老人愿意在人生最后阶段接受创伤性抢救。[②]

从说明义务的法理依据来看,在理论基础上有从德国医疗服务契约所展开者,亦有从美国法上侵权行为理论展开者。在英美国家,认为医师对患者的说明义务主要源于信任义务,或者说忠诚义务(fiduciary duty)。此种信任义务并非源于医疗合同,而是应以侵权法来规范。忠诚义务之范围远大于契约中之诚信原则。[③] 德国则认为,医师说明义务源于医疗合同和诚信原则,在诚信原则基础上的医师说明义务不仅存在于医师,而且也存在于患者;其涵盖范围广于建立在患者自主权基础上的说明义务,对患者的保护更完善。[④] 其在第二次世界大战后随

① 黄丁全:《医事法新论》,法律出版社 2013 年版,第 145 页。
② 吴琪:《通过医生的视角,理解生命》,载《三联生活周刊》2016 年第 13 期。
③ 黄丁全:《医事法新论》,法律出版社 2013 年版,第 158 页。
④ 侯英冷:《从德国法论医师之契约上说明义务》,载《月旦法学杂志》2004 年第 9 期。

着德国对于过往历史教训的反省和对基本人权的尊重,使以维护患者自主权为中心被提到了更高地位,具体载体是缔约过失责任和积极侵害债权两大制度以及扩张的附随义务。

第二节　义务的性质厘清

一、说明义务性质的相关学说

医师说明义务的性质,历来争议较多,有"契约内容说""独立义务说""缔约过失说""并存义务说"等。① 这些学说各执一端,其实并没有哪一种学说能涵摄所有的医师说明义务,这是没有意识到,应对医师说明义务予以类型化区分,不同的说明义务其性质亦不相同。

(一)"契约内容说"

说明义务系医疗契约中医方向患方为医疗债务履行行为的一部分,可能以主给付义务、从给付义务或者附随义务的某一形态而存在。通过安全说明义务的履行,使患者得以克服专业知识的匮乏,从而了解医疗服务中内含的可预见危险,更好地理解医疗方案及措施,配合好医方的诊疗行为。其实,这种性质应适用于治疗上的说明(安全性的说明),系指医方为确保治疗的成效,而对病人所为的说明、劝告、要求或指示等保护或警告措施而言。包括对病情的说明、与治疗相关的生活方式的指导、服药的指导、对治疗副作用或并发症,以及自保措施的说明等。② 此种说明本身即属于医疗契约内容不可分割的一部分。违反此种说明义务将直接构成履行瑕疵。

(二)"独立义务说"

此种学说认为,说明义务与患者自主权相关,应与医方所负的诊疗护理债务给付义务相并列,而不是从属于或内含于诊疗义务。实际上,这类说明义务应适用于与患者自主权相关的说明义务。当前,国外在医疗纠纷中保护的重点正从患者身体的完整性向他的自决权倾斜。在我国,据统计,90%以上的医疗诉讼都是因为医院告知不足或医患沟通不畅。③ 在德国、瑞士等国,违反告知的义务成

---

① 黄丁全:《医事法新论》,法律出版社2013年版,第166页。

② 朱柏松等:《医疗过失举证责任之比较》,华中科技大学出版社2010年版,第55页。

③ 林爱玲等:《知情同意书:患者知情同意权实现的方式》,载《医学与社会》2011年第6期。

为医疗事故责任的最重要因素。法院把患者的自我决定权看得如此重要,以至即使患者的决定从医学角度看来是不合理的但也必须接受。① 患者必须在告知后和治疗前有充分的时间去考虑所涉及的风险,并可能与其的家庭、医生等进行讨论。陈子平认为,应于理论构成上将说明义务视为与患者同意分离的独立义务,而主张欠缺说明义务或说明不充分时,属于医疗契约上的债务不履行或不完全履行,负损害赔偿责任,而不应仅将说明义务视为获得同意的手段性、从属性义务。②

(三)"缔约过失说"

认为说明义务的履行是医疗合同的成立要件,而非医疗合同衍生的义务。通过医师说明使患者逐步与医师开启相互熟悉与信赖的进程。此即医疗合同只有在医师就病情诊断等说明之后,患者继续坚持签订合同,方才成立医疗合同。笔者认为,说明义务其实贯穿医疗合同的整个过程,在不同阶段可以体现为先合同义务、合同义务、后合同义务。"缔约过失说"适用于缔约阶段的说明义务。

(四)"并存义务说"

认为医疗契约履行中的说明义务,包括与患者自主权相关的说明义务以及契约安全说明义务。这种观点认为二者在请求权基础上不同。前者基于侵权责任,后者基于合同责任。"并存义务说"与其说是说明义务的性质,不如说是说明义务的分类。同时,与患者自主权相关的说明义务也仍然可以是基于契约的请求权,即德国法上所谓积极侵害债权的保护义务,其系指契约当事人必须避免他人身体完整性、财产或其他固有法益受到侵害之义务,其中就包括医师履行契约时不得侵害病人自主决定权,并非当然就是基于侵权责任。③

二、告知义务应否上升为法定义务

在医疗合同领域,医师的说明义务首先可以法定义务为基准或者说底线。

---

① [荷]米夏埃尔·富尔、[奥]赫尔穆特·考茨欧主编:《医疗事故侵权案例比较研究》,丁道勤、杨秀英译,中国法制出版社2012年版,第148页。

② 陈子平:《医疗上"充分说明与同意(Informed Consent)"之法理》,载《东吴法律学报》2000年第1期。

③ 侯英泠:《从德国法论医师之契约上说明义务》,载《月旦法学杂志》2004年第9期。

我国没有在原《合同法》中规定医疗合同,在2020年《民法典》中也没有规定医疗合同。我国也没有患者权益保护法或患者自主决定法、医事法等专业性或综合性法律。我国关于告知说明义务的现行立法主要有:《执业医师法》第26条规定,"医师应当如实向患者或者其家属介绍病情,但应注意避免对患者产生不利后果";以及《医疗事故处理条例》第11条规定:"在医疗活动中,医疗机构及其医务人员应当将患者的病情、医疗措施、医疗风险等如实告知患者,及时解答其咨询;但是,应当避免对患者产生不利后果。"原《侵权责任法》第55条也作了相应规定。《民法典》则规定在第1219条。这些规定虽然规定在原《合同法》、《民法典》以外的法律、法规中,甚至规定在侵权法中,但其中的很多规定都可以适用于合同关系。杨立新认为,医疗行为本身的特点决定了有必要将意定性的告知义务上升为强行性的法定义务。第一,医疗机构的告知并获得患者或其监护人同意是侵袭性的医疗行为具有合法性的前提。第二,医疗行为的风险性等因素,是上升为法定义务的合理性。[①] 学界多数人支持医生对患者所负义务多数为法定义务。有的学者还从专家责任角度来论证,认为专家与顾客的服务合同只有很少的约定义务,大部分是法定义务。作为医疗合同中告知说明的法定义务来源是不得已而为之。在传统合同法中,存在买者自负的原则。即在通常的买卖(契约)中,债权人(买主)能够自己判断商品的价格与质量,承担其购入商品的责任(卖主、买主的对等论)。与此相对,在提供医疗服务的契约中,债权人(患者)不能理解自己的疾病,不得不委托专业医生进行诊疗。所以,医疗行为有必要在两者的人格信赖关系下进行(医生、患者的不对等论)。[②]

从经济学的角度看,原因就是交易成本过高,顾客与专家无法自由地约定促进经济正常运行的、健康的契约条款,公平地分配各自的利益及风险,所以专家责任领域的契约法命定地走入与侵权法融合的王国。[③] 还有学者认为,由于医患双方基于专业、知识技能、经验等的实质上的不平等,使医方告知说明义务当然具备上升为法定义务的合理性,强制医师履行说明义务。因此,医师说明义务属

① 杨立新、袁雪石:《论医疗机构违反告知义务的医疗侵权责任》,载《河北法学》2006年第12期。

② [日]植木哲:《医疗法律学》,冷罗生等译,法律出版社2006年版,第297页。

③ 郭雪军:《专家契约责任的经济分析》,载《法学论坛》2004年第1期。

于法定的合同义务。①

三、法定义务抑或是约定义务

但医方义务一般是法定义务这一观点并非定论。王利明否定我国原《侵权责任法》适用了违法性要件。他认为，随着侵权法由制裁向救济转变，侵权责任构成要件以违反现行法作为标准是不可行的，因为法律上规定注意义务的情形较少。即便在医疗损害责任中，对于违反诊疗规范的规定，也不能说是违法的，毕竟诊疗规范不属于法律的范畴。② 杨立新虽然赞同我国原《侵权责任法》适用违法性要件，但却认为，违反医疗卫生管理法律和行政法规以及医疗部门规章、诊疗护理规范，并不是违法性的表现，而是对医疗过错的判断标准。③ 换言之，他认为，上述规范性文件所产生的义务是构成过错要件的注意义务。这些非制定法上的民事义务主要适用诸如刑法等强行性和禁止性规范以外的社会生活领域，对于这些领域的活动进行规范和指导。同非制定法上的义务渊源相比，制定法所设定的法定义务在整个过错侵权责任法中仅占极少比例，大量的非制定法所规定的民事义务在整个过错侵权责任法中占最大比例。在现代过错侵权责任法中，人们将制定法以外的民事义务均称为注意义务。④

崔建远认为，合同义务是特定的合同主体之间通过合同约定而存在的义务，其发生根据通常包括：合同主体的明确约定、法律规范规定、交易习惯及诚信原则等公序良俗。⑤ 笔者认为，主张医方的法定义务多于约定义务，或者说，医方义务一般体现为法定义务的观点其实是一种误解。医方提供有偿的医疗服务，在诊疗护理的各个领域都存在约定义务的可能性与必要性，可以有效地实现患者自主决定与医师专业裁量权的衡平。在权益的保护中，大量没有上升为权利的利益可能正向权利流动，亟待得到法律确认与保护，通过约定可以得到保护；告知说明的主体、范围、程度、时机等可以通过约定来予以明确；赔偿范围上既可以事先约定，也可以事后协商；免责条款上，也可以约定对故意或重大过失以外的

① 吴英旗等：《论医师说明义务的法律性质》，载《医学与哲学(A)》2012 年第 10 期。
② 王利明：《我国〈侵权责任法〉采纳了违法性要件吗?》，载《中外法学》2012 年第 1 期。
③ 杨立新：《医疗损害责任构成要件的具体判断》，载《法律适用》2012 年第 4 期。
④ 张民安、龚赛红：《法定义务在过错侵权责任中的地位》，载《学术研究》2002 年第 8 期。
⑤ 崔建远：《合同法》，法律出版社 2000 年版，第 72 页。

医疗过失予以免责或比例上的免责；当事人可以约定违约金、违约损害赔偿的计算方法；还可以约定增强或减弱侵权法上的注意义务；可以约定纯粹经济损失。另外，关于约定患者就诊疗护理所需给付的大致费用金额是一个值得探讨的问题。比如，通过医患沟通记录等形式来事前约定一个针对某一疾病的完整的手术需要花费的全部费用。以此来约束医方的收费总额，避免天价医药费的重演。通过约束医生的定价权，遏制其随心所欲的各种收费拆分和增加各种费用。这种事前对疾病治疗金额的约定，也有助于维护医方的利益，避免事后的患方以未告知为由的拒绝缴费行为，或者在治疗快结束时利用委托合同的任意解除权来解除合同的不诚信行为。同时，对于我国当前医方在收取合同履行利益的医疗费用上也是十分重要的。医方应从不断扩张的法定义务中解放出来，同时必须注意以下几点。

其一，在我国原《侵权责任法》第 2 条中似乎以开放式的姿态规定了大量权利。有学者认为，移植或参考了法国式的第 1382 条的高度概括和包容的立法方式，不具体列举保护对象，不区分权利与利益。从体系解释看，原《侵权责任法》第 2 条借鉴了《德国民法典》第 823 条第 1 款的详细列举方式，共列举了 18 项权利；同时，又借鉴了《法国民法典》的概括立法方式，“导致在归责事由与保护范围之间充满了张力：过错责任与无过错责任的保护范围是否都及于第 2 条所规定的所有民事权益，不同形态的过错责任的保护范围是否完全一致，都极不清晰”。[①] 我国《民法典》虽在第 1164 条规定，“本编调整因侵害民事权益产生的民事关系”，采概括列举侵权责任保护范围的方法，改变了原《侵权责任法》第 2 条罗列式规定保护权益范围的立法方法。但是，在具体适用第 1164 条时仍然必须与《民法典》总则编第五章“民事权利”部分的第 110 条、第 112 条、第 114 条、第 118 条等条文相结合。界定哪些民事利益应纳入侵权责任保护范围时，可以考虑以下几方面因素：第一，民事利益是否被一些特别的保护性法规予以保护；第二，如果侵权人侵犯某一民事利益时的主观状态是故意，则应由侵权责任法予以保护；第三，行为人在实施侵害行为时，是否与受害人处于一种紧密关系，使行为人产生了合理的预见与信赖；第四，在界定受保护的利益时，考虑行为自由。[②] 总

---

① 朱岩：《违反保护他人法律的过错责任》，载《法学研究》2011 年第 2 期。

② 最高人民法院侵权责任法研究小组编著：《〈中华人民共和国侵权责任法〉条文理解与适用》，人民法院出版社 2010 年版，第 26 页。

之，笔者认为，漫无边际的保护给患者提供的并非切实的保护，反而是空洞虚无的保护。

其二，法定义务的设置或扩张或减弱，都须得考虑自由主义的时代背景、公共政策的因素及社会经济文化需求等。在我国现行医疗体制条件下，法定义务的设置并不困难，甚至可以在立法上超越其他国家和地区，如告知说明义务的立法完善等。但是，权利具有差序格局，其生长也具有阶段性等。论证是否成熟、是否形成相当程度的社会共识、是否为社会文化所内化与接纳、权利界限是否清晰明确等都必须要认真思考。如果基础性的社会经济文化条件不成熟，徒法不足以自行，看似先进与完备的规定将成为不具可操作性的一纸具文。比如，虽然我国立法不断推进告知说明义务，但医学实务界却并不清楚什么是告知说明义务，不少医务人员以为只要患者在知情同意书上签名即等同于医方尽到了告知说明义务；或者以为只要知情同意书上列举了各种副作用、并发症、意外风险等，就等于医方可以在治疗出现这些损害后果时免责。过多扩张的法定信息披露义务将会造成信息的过载，使患者无法消化理解；增加的强制信息披露同时又会增加医院的医疗成本，使患者（特别是贫穷的患者）背上更沉重的经济负担。①

其三，过度依赖法定义务，将造成公法性思维的扩张、对医患关系的私法性质的扭曲。侵权法被认为是“隐藏的公法”。私法公法化，个人本位向社会本位的进化，都使纯粹的私法自治受到挑战。私法也需要引入公法的强制性规范，来解决市场失灵与管制失灵，以及为私法自治提供秩序、正义、安全等价值保障。“自由的边界需由秩序、安全和正义等价值来匡正，自由价值一统天下的局面已被价值多元的格局所代替。”②特别是患者作为弱者的实际地位，更需要一种强力予以维护。但公法关系的实质带有强制与服从、命令等特征，较少地尊重当事人的意愿与意思自治，对于患者的决定权与选择权等构成了抑制。过度依赖法定义务，将使医患关系公法化，势必使医师父权主义主导地位继续延续，使患者的个体尊严与差异化需求得不到满足，以病人为中心成为空谈。“合同占了意思自治的优势，可以对专家民事责任的具体内容、标准、履行期限、报酬等作出明确约

---

① Omri Ben-Shahar and Carl E. Schneider, *The Failure of Mandated Disclosure*, University of Pennsylvania Law Review 159, p.689(2011).

② 钟瑞栋：《“私法公法化”的反思与超越——兼论公法与私法接轨的规范配置》，载《法商研究》2013年第4期。

定，而侵权法责任作为一种法定义务，只能抽象出一般规则，对于每一次服务的个性化内容，则不可能作出规定。"①

其四，就是法定义务中的"法"的法源问题。即法定义务源于哪些规范性文件。按侵权责任法的规定，法律、法规、规章及其他有关诊疗规范的规定，将成为法源。有争议的是对"其他诊疗规范"的理解。有学者认为，一般而言，诊疗规范有3种形式：第一种是上升到法规、规章层面的规范，如《临床输血技术规范》，这部分比较好确定；第二种是文献中的规范，这种规范通常并未冠以规范之名，但对诊断、治疗具有指导意义；第三种是约定俗成的大量不成文的习惯和常规，能否成立规范却不无异议。笔者认为，只要是能运用于临床指导诊疗实践的规则，都能成立规范"。② 对以上观点，我们要追问的是，这些规范及规定是否都能产生法定义务？

其五，在法定义务与约定义务的关系上，两者并没有绝对的谁优先于谁的问题，甚至存在转化的情形。比如，医师的告知说明义务，其中一些产生于医患契约之中时，是一种合同义务、约定义务；而有一些又被原《侵权责任法》等法律法规、诊疗规范明确规定，因而又是一种法定义务。但是，与约定义务相比，法定义务是一种底线式的最低水平的要求，是行为人必须遵守的。法定义务不宜规定得过高、过多、过细，否则会损害行为自由。而约定义务则可以在特定相对人间作更高要求，因为这种义务是双方自愿承受的，具有预见性。

有学者认为，当知情同意权滥用导致客观上患者利益受损时，医方根据职业责任应使用特殊干预权。由于中国现在处于社会转型时期，医疗卫生机构在引进知情同意权的同时还未形成对这种权利限制的机制，使这种权利被无限放大，以致在特殊情形下约定义务优先于法定义务，伤及医患双方。③ 这种观点没有认识到医师的特殊干预权其实是一种专业裁量权，包含了积极为患者治疗、抢救的法定义务，但这种法定义务服从于医师尊重患者自主权的约定义务。这种法定义务不是一种可以强制患者接受治疗或抢救的权利，并不能对抗患者的知情同

① 蒋云蔚：《从合同到侵权：专家民事责任的性质》，载《甘肃政法学院学报》2008年第7期。

② 许晓娟、彭志刚：《医疗侵权责任的类型化司法规则探析——以〈侵权责任法〉第58条第一款为视角》，载《西南民族大学学报（人文社会科学版）》2013年第8期。

③ 徐连英、宋庆：《特殊干预权与知情同意权冲突的义利观解析及伦理学研究》，载《学习与探索》2013年第11期。

意权。仅在极特殊的情形下，医师专业裁量权优先于患者知情同意权。如有学者认为，"紧急专断治疗不是强制治疗，也不能作为医生的法定义务看待。当患者明确反对时，紧急专断治疗原则上应受患者拒绝治疗权的限制，但因自杀而拒绝治疗、涉及第三者利益、患者家属的拒绝和明显不理性的拒绝均构成患者决定权的滥用时，医生可实施紧急专断治疗"。①

四、附随义务、从给付义务抑或主给付义务

从我国《医疗事故处理条例》来看，告知说明的主体是医疗机构及其医务人员。医方说明义务在传统说法中认为是一种附随义务。之所以认为是一种附随义务，是因为在传统上一般认为医疗合同义务是以诊疗护理为主给付义务。而说明义务本身在传统合同法学说中就认为只能是约定义务，即一方并无义务就不利于对方的信息主动披露，仅是因为医患双方力量不对等，才认为在医疗合同中应有说明义务的存在，但其仍处于附随义务的地位。这是侵权法向合同法位移的重要表现。

但笔者认为，随着医方说明义务地位的不断升高，其在保障患者意思自主中发挥关键性作用；同时，关于说明义务系属附随义务的观点也受到质疑。笔者认为，依据医疗合同的不同类型与主给付义务的性质，可以认为，在单纯的健康体检合同中，说明义务本身就是主给付义务的一部分。因为这类合同本身并不以治疗疾病、改善患者健康状况或功能恢复为主给付目的，而是为患者提供专业的医疗仪器检查，通过医生的专业诊断，对自己的健康状况有一个更详细的了解，做到防患于未然。若有病症，能够早期诊断、早期治疗疾病，有效降低发病率、再住院率、致残率、死亡率，主要是起到让患者"知情"的作用。而在一般的诊疗护理合同中，根据说明义务与合同债务履行有关与否可区分为两大类。与合同履行有关的说明义务当属从给付义务；与合同履行无关的说明义务当属附随义务。无论说明义务位列从给付义务或是附随义务的范畴，都可以独立诉请履行，在被违反时得要求损害赔偿。即使没有造成患者实际的人身损害，违反说明义务本身也是对患者意志自由的损害，得要求损害赔偿。总之，说明义务对于确定合同

---

① 满洪杰：《作为知情同意原则之例外的紧急专断治疗——"孕妇死亡"事件舆论降温后的思考》，载《法学》2008 年第 5 期。

给付内容是至关重要的。因为法定义务较抽象、精练，难免挂一漏万，无法细致入微，仅是一般人的合理注意义务的总结与反映，对于具体患者较特定、明确的可预见性要求来说是远远不够的，还必须针对具体患者的具体诉求和价值观进行告知说明，通过双方合意方可形成具体的医疗合同内容。现实中，关于医方注意义务的确定，很重要的一方面还得依靠行业规范及医疗惯例，而这些都不属于法定义务。还有人认为，从消费者知情权来看，消费者法定的知情权几乎包含了所有原债法中作为经营者附随义务的告知权，在消费领域，告知权已经成为法律规定的权利。从性质上看，经营者的告知义务、照顾义务和说明义务在很大程度上已经由附随义务向从给付义务和法定义务转化。扩张的医疗合同附随义务也有可能进一步发展成为医疗消费者的法定权利。①

患者主张医方应负未尽告知说明义务的责任，必须先论证这一义务的存在。由于医患双方缔结的医疗合同关系使医方的告知义务当然地产生，这并不同于侵权责任双方在侵权行为发生前并无关联。因而，即使患者要追究医方侵犯"知情同意权"的侵权责任，其主张的医方的注意义务来源仍要追溯至医患双方的医疗合同。即判断医方告知义务之发生与效果，必须以医疗契约本身的目的与内容为标准。就医疗契约本身内容与目的的分析，更能明确认定医院告知义务之成立与范围，对医患双方显然均具有合理性及可预见性。在我国台湾地区发生的"摄护腺肥大案件"中，②医院与病患所缔结的仅是摄护腺肥大治疗契约。当病患按常规在切除手术前先行胸腔摄影检查，发现胸部有病变，实际应当进一步检查，医方就此种结果是否有告知义务？若按侵权责任，则虽有宏观抽象的医方应进行病情的说明义务的规定，但缺乏具体的详细规定，从而认定医方就此应有法定的告知义务有难度。但若改采契约责任路径，则切除摄护腺肥大的手术为合同主给付义务，而基于诚实信用原则，告知胸部摄影检查报告并建议进一步检查是附随义务，属医方尽到忠实保护义务。但医院不必再主动就此为患者进一步做胸肺检查；同时，也不必去确保落实患者是否依循医方建议为进一步检查。因而，若医方未尽此附随义务，应负不完全给付的损害赔偿责任。

① 方明：《论消费者权益保护在合同法中的发展》，载《江苏商论》2005 年第 9 期。

② 邱琦：《医生没有告诉我的话——论告知义务与不完全给付》，载《月旦法学杂志》2009 年第 1 期。

第三节 说明义务的具体内容

一、我国现行相关的法律规定

关于医师说明义务,广义上的法律规定包括:原《侵权责任法》第 55 条、《执业医师法》第 26 条、《医疗机构管理条例》第 33 条、《医疗机构管理条例实施细则》第 62 条、《医疗事故处理条例》第 11 条、《病历书写基本规范》第 10 条、《民法典》第 1219 条。从是否规定了告知说明内容及范围来看:1994 年施行《医疗机构管理条例》第 33 条仅规定了医疗机构施行手术、特殊检查或者特殊治疗时征得患者同意的,隐含应告知条件,但告知什么却没有规定;《医疗机构管理条例实施细则》第 62 条、1999 年施行的《执业医师法》第 26 条都规定了告知说明义务,却完全未涉及应说明什么内容,并且《执业医师法》第 26 条仅规定了"介绍",其是否有对患者充分解释与使患者理解的含义并不清晰,连"告知"与"说明"的文义程度都难以达到;2002 年的《医疗事故处理条例》第 11 条规定了应说明病情、医疗措施、医疗风险等。此外,原卫生部在一系列规章中也包含有"知情同意"的某些程度与范围的规定。如《临床输血技术规范》《人类辅助生殖技术管理办法》《麻醉药品、精神药品处方管理规定》《人体器官移植技术临床应用管理暂行规定》等。而 2010 年原《侵权责任法》第 55 条,则规定了在不同诊疗中应说明病情和医疗措施、医疗风险、替代医疗方案等情况,并且在用语上从"介绍""告知"发展到了"说明"。可见,关于医疗风险、替代医疗方案在我国的出现,是千呼万唤始出来的。在此之前的立法,有的规定"必要的解释",有的未规定说明什么内容,有的限定在手术、特殊检查或特殊治疗这样的就医领域。笔者认为,关于告知说明义务,最重要的两项:一项是替代医疗方案的告知说明;另一项是医疗风险的告知说明。而一直到 2010 年原《侵权责任法》出台才明确提出了医方对于替代方案的告知说明义务,并且仅限于实施手术、特殊检查、特殊治疗的情形,《民法典》第 1219 条也仍然延续了"实施手术、特殊检查、特殊治疗"这一范围。

对上述规定,我国学者认为,规定得不够细致。笔者认为,原《侵权责任法》和《民法典》都表达出一种谦抑与节制。并非包罗一切、事无巨细的规定才是对患者自主权最好的保护。确实,结合医疗服务的效率等实际情况,在一般情况下诊断行为说明病情和医疗措施;在手术及危险系数较大的检查治疗中,要尽到说明医疗风险等更详细、全面的说明义务并征得同意,这些才是与保障患者自主权紧密相关的告知义务。原《侵权责任法》和《民法典》留下的各种可能与空间,正是交给医疗契约约定解决的。

从告知说明义务的具体内容来看,包括病情说明、治疗方案说明、备选方案说明、转诊说明、治愈成功率说明、并发症与意外风险说明、费用说明等。说明义务并非事无巨细地一概予以详细说明,这在医疗实践中是不可能完全实现的,必将严重浪费资源。因而,一般的诊断与风险系数极低的治疗,说明义务较简略;而复杂疑难的治疗,特别是手术治疗,由于属于侵入性治疗,风险系数较高,因而说明义务随之而要求得更详细、全面。说明义务随着医疗行为的阶段性发展而贯穿始终,也存在前合同说明义务、合同中说明义务、合同后说明义务。

美国知情同意原则(Informed Consent Principle)认为,病人有权获得关于任何建议实施的医疗程序的实质性信息。包括披露的标准、项目、方式等。其一,披露的标准包括医学标准、重要性标准(客观及主观检验标准)。这类标准就是我们通常所谓的理性医师标准、理性患者标准、具体患者标准。其二,披露的项目包括:不重要的项目、通常披露的项目、重大风险、接受治疗的预后、内科医生或外科医生的经验和成功率、披露外科医生的疾病、药物使用或类似信息、披露内科医生的经济利益与动机、要求内科医生披露的其他信息。披露的方式包括:医患面对面谈话、知情同意书以及其他使披露程序机械化、正式化的方式及组织。①

二、医师说明义务的范围广于一般专家的告知义务

为什么专家只负有限的告知说明义务?为什么律师只需对委托人作一般的、概括的说明,而医师却要作充分的说明?

一般来说,专家向顾客所负的告知义务是有限而非无限的,以避免交易成本过高。当告知的边际成本大于边际收益时,理性人会选择停止告知说明,总收益在此处达到最大值。从法经济学来看,我们可以设定医师的说明成本为边际成本,包括医患双方为此耗费的时间成本、金钱成本等,而患者因被告知而理解医疗措施从而所获收益为边际收益。刚开始,患者知情同意的收益大于医师告知

---

① [美]丹·B.多布斯:《侵权法》,马静等译,中国政法大学出版社2014年版,第571~575页。

的边际成本;随着告知的继续进行与深入扩大,患者被告知的内容越来越艰深难懂,越来越难以理解,所获收益也越来越小,而医患双方为此所耗费的时间、精力等成本越来越高,最终边际成本将大于边际效益,从而可能导致告知在某一水平和范围内止步。但由于医师履行义务的收益是顾客的生命健康,其价值重于金钱,因此医疗合同告知说明义务的边际收益大于律师披露义务的边际收益。由此说明医师做到的告知说明的充分程度应比律师要高。①

第四节 医师说明义务的类型化

一、医疗合同的概括性与具体的变动性

一般的民事合同强调双方当事人的意思合致,意志自由与意思合意只要符合法律规定即成为合同产生拘束力及合同效力正当性的基础与来源。因此,一般的民事合同强调合同内容、目的的确定性,而医疗合同则存在特殊性。医疗合同中医患双方的合意具有总体的概括性与具体的变动性。

从概括性上来说,医患双方都有预防或治疗疾病、治愈或改进患者身体功能的意思表示与目的,但这一合意并非绝对的镜像规则的反射。因为患者的本意可能是根治与治愈,完全消除痛苦,而医生根据现有医学水平,其意图可能是改进机体功能,缓解病痛。患者的本意与医生的本意可能并不一致。但经过患者主诉与医生的分析解释说明后,双方对合同给付目的逐步达成一致,此时医疗合同的具体内容才得以确定,并且还将随着诊疗护理的进展而变动。在这一变动过程中,双方可能会变更原合同内容,形成新的合同内容,也可能因分歧而解除或终止合同。如果医方在医疗给付行为中没有尽到告知说明义务,可能被指责造成患者自主权受到侵害,从而造成意思表示瑕疵,如重大误解、欺诈、胁迫等造成合同的可撤销甚至于无效。

因此,医师的告知义务是否尽到,对于医疗合同的成立与效力判断至关重要。这种对告知义务的重视也可能造成侵权法上医师告知义务的过分扩张,从而使医师正常履行医疗行为债务受到不利影响。根据医疗行为的不同类型对说明义务进行类型化区分,缓和或者增减医方的说明义务才具有合理性和正当性。

① 郭雪军:《专家契约责任的经济分析》,载《法学论坛》2004年第1期。

二、类型化的功能与意义

医师说明义务类型化的功能与意义可作如下剖析：

其一，医师说明义务涉及医学专业知识领域，无论普通患者，以致律师、法官等法律专业人士都缺乏相关医学专业知识储备；反之，医师又缺少相关法律专业知识的储备。如果类型化，有助于医患双方以及法律界人士解决说明义务相关专业知识不足、弹性过大、被随意扩大或缩小等问题。

其二，医师说明义务类型化有助于医患双方根据具体偏好和需求进行差异化协议与约定，在配置说明义务时更契合具体患者的诊疗护理类型。

其三，类型化对于采合同路径解决医疗纠纷，尤其有利。原因在于：侵权路径依靠立法形成法定义务，进行列举式规定，但这种立法只能尽可能根据一般人的智识、经验、教育程度、常识等来设定注意义务，存在一系列问题，如无法及时回应与满足差异化需求、立法更多反映医方利益立场等。而契约路径通过类型化总结，则更为个性化、人性化，增加了合理期待与可预见性。在德国 2013 年《患者权益保护法》制定前，医疗纠纷一直是通过法院判例类型化来实现举证责任倒置的，从而保持弹性以避免僵化。

其四，我国现有学说对说明义务的类型区分过于简略。一般是根据原《侵权责任法》第 55 条第 1 款的规定，区分为普通诊疗活动中的一般说明义务和在需要实施手术、特殊检查、特殊治疗的诊疗领域里的特殊说明义务两大类型；[①]特殊说明义务连“等”这样的兜底式用词都没有，《民法典》第 1219 条也是如此。这就意味着，严格按该条规定进行文义解释，则在大量的普通诊疗中不能明确适用对于医疗风险、替代医疗方案这些保障患者知情后同意权益至为关键的信息披露。举例而言，在医疗债务履行的实践中，即使是普通的用药、一般检查、非袭入性治疗等各个环节，也存在各种风险与副作用，还可能有其他的治疗替代方案，都可能需要由医师结合患者具体病情及生活观念采取浅显易懂的言语予以具体告知说明、解答其疑问，使之能理解。

---

① 王竹：《解释论视野下的侵害患者知情同意权侵权责任》，载《法学》2011 年第 11 期。

三、按照不同标准对说明义务的类型区分

(一)根据合同给付目的区分为治疗和不以治疗为目的

将医师说明义务的范围,借由病患接受医疗给付之目的不同有所区别,如系以治疗为目的,基于治疗痛苦的必要性与急迫性,则罕见、极端并发症或副作用的发生,医师对此即无告知之义务;但若病患接受医疗给付之目的系以预防疾病为目的或非以治疗为目的,则医师就医疗行为中可能发生罕见、极端的并发症或副作用,负有告知义务。即涉及疾病痛苦治疗的医疗行为,对于罕见和从实证医学数据上发生概念很低的风险、并发症、意外等不宜过分强调,以免影响患者接受治疗。

而对于不以治疗疾病痛苦的医疗行为,如预防、保健、美容整形等行为,由于其不具有治疗疾病痛苦的紧迫性,则其医师说明义务应予扩大与强化。因此种情形患者并非基于自身疾病治疗而求医,而是出于改变自己生活方式的目的,如美容整形、变性、人流堕胎、人工生殖等外科手术(特别是对于心智发育并不成熟的未成年人);就其生活本身而言,这种医疗行为的必要性远低于较之救急救命的治疗行为,并不具有生活的极端必要性,由于医疗行为的侵入性,必然带来风险性。因此,医师还有特别的说明义务,即"不当劝诱的禁止"。[①] 例如,2015 年 5 月成都一美容整形机构实习医生田某为少年变性,后被批捕。在该案中,该少年年仅 15 岁,手术未征得监护人同意,该整形机构并无变性手术资质,田某也无执业医师资格。最后田某被判决故意伤害罪,并赔偿 65 万元。对于该案,笔者的思考是,对于此种非以治疗为目的医疗给付行为,应充分说明变性的危害之处,以此来承载符合人性的主流价值观与人生观,积极努力矫正患者心理。此类医疗行为,医师应着重进行此类医疗行为的告知说明,如严重的并发症、副作用,寿命的缩短、终身服用雌激素等。

再如,在一起由日本福冈地方法院判决的隆胸手术事件中,法院认为,以整容为目的的手术在缺乏手术的必要性和紧急性的情况下,手术的担当医生不但要对手术的方法和内容,手术成功的概率,副作用的有无进行说明,还要对通常手术后的美容效果,手术有没有造成伤痕的可能,还有其他可能预想的各种情况

---

① 刘勇:《论医疗合同中的医师说明义务》,载《南京社会科学》2009 年第 7 期。

进行说明,医生有义务提供患者自己决定是否接受手术的充分资料。①

(二)类型化考虑需要引入汉德公式

吴俊颖认为,相对法院判决仅由医疗契约之目的来区分不同的告知义务,应用汉德公式于告知义务,可以同时考量并发症或者副作用发生的机会、其发生后的损害数额,以及医师进行风险告知所需的成本。类型化考虑需要汉德公式的引入。如"$B > P \times L$",代表损害预防的成本大于损害发生的概率乘以损害的数额,在政策上应该允许损害的发生。我国台湾地区"高等法院"2007 年度医上字第一号判决认为,基于疾病治愈之必要性与迫切性,即使知悉该罕见、极端之并发症,因该并发症之发生概率极低,与病症治愈之概率相较之下,尚不至影响其同意权之行使,与上述汉德公式的想法已经相当接近。应用汉德公式于告知义务,尝试将告知义务的范围借由不同的医疗目的加以类型化。②

(三)依病人自主权与医师的专业判断之强弱对比的区分

从这一标准可分出不同类型的医疗行为。其一,病人自主权较低的,医方只需尽说明义务而不需患方同意;其二,需要告知后同意的,包括侵入性检查治疗、手术、身体实验等情形;其三,极度着重病人自主权,即便已经同意仍可随时反悔。如人体实验病人极端痛苦而生不如死,同意能力尤其薄弱,常是无论医师告知什么样的风险,都不顾虑,为此特别规定其同意可随时撤回。③

(四)根据是否真正存在选择的可能性进行告知

曾见认为,医方的告知不需要传达细节上的医学知识,而是应当让患者了解其所要同意的治疗方案的严重性和范围。医方也不必向患者说明所有可以考虑的替代治疗方案,尤其是尚在实验中的新疗法,除非患者明确询问。只有当不同的治疗方案之间真正存在选择的可能性时才有相应的告知义务,比如,保守治疗和侵入治疗都可行,前者风险小,但是疗效差,后者风险更大,但是疗效更好。④ 但是,日本相关判例的观点似乎相反,其认为就尚未达到医疗水平的事项,虽然可以说其不负积极告知说明以使其接受最新治疗方法的义务,但医生也不能不告知信息,以免

① [日]植木哲:《医疗法律学》,冷罗生等译,法律出版社 2006 年版,第 328 页。

② 吴俊颖:《医师告知义务急速扩张的时代——法界的期待与医界的临床实务之间的鸿沟》,载《法学新论》2009 年第 9 期。

③ 李诗应:《医师的多重义务间之冲突》,载《月旦法学杂志》2010 年第 10 期。

④ 曾见:《德国患者权益新立法的主要内容和启示》,载《证据科学》2014 年第 2 期。

剥夺患者一方依自己的判断决定是否接受新的治疗方法的机会这一权利。而且这种不告知通常存在误导患者一方的危险,即误导患者一方认为不存在任何异常。①

第五节 医师说明义务主要源于契约上的诚实信用原则

具体而言,是从缔约上过失责任和积极侵害债权两方面来为医师说明义务导出请求权基础的。“德国法的契约上说明义务并不是以病人自主决定权为基础,其责任之发展主要系以实现债之本旨为目的所发展之说明义务(安全说明义务),以及从诚实信用原则所发展之保护义务概念下之说明义务。”②

一、医师说明义务与缔约过失责任

主要类型有:缔约安全保护义务、免于订立不良契约之保护义务以及避免阻碍契约有效成立之义务,以说明义务为主要内容。

我国原《合同法》第39条规定,提供格式条款的一方应当遵循公平原则确定当事人之间的权利和义务,并采取合理的方式提请对方注意免除或者限制其责任的条款,按照对方的要求,对该条款予以说明。该法第39条是被设计在第二章“合同的订立”的阶段适用。推定格式条款订入合同的3项要件分别是:(1)引用了格式条款;(2)有机会知悉格式条款的内容;(3)认同格式条款。上述规定及推定原则对医疗合同来说意义重大。因为医疗合同在缔约阶段是要考察医方单方面制订的格式条款是否能够订入合同之内的。也就是说,这些条款并非当然可以成为医疗合同的内容,如有不公平条款,患者得提出拒绝接受;如医方未对格式条款相关条款进行解释说明并征得患者同意,则这类条款将不能成为合同债务内容。唯有如此,方可在医患双方专业知识悬殊的情形下,使患者得以通过知情同意来维护契约公正。

但我国在2009年施行的最高人民法院《关于适用〈中华人民共和国合同法〉若干问题的解释(二)》(已失效)第9条对上述原《合同法》第39条的规定解读

---

① 周江洪:《服务合同研究》,法律出版社2010年版,第496页。

② 侯英泠:《从德国法论医师之契约上说明义务》,载《月旦法学杂志》2004年第9期。

为对方当事人可以申请撤销该格式条款,却等同于将合同订立阶段的条款解读为合同效力部分的条款。即并不能将这类条款挡在医疗合同的大门外,而是直接视为医疗合同的组成部分,这是可以“撤销”的前提。[①]《民法典》第496条是在原《合同法》第39条的基础上修订而成的。该条规定,“提供格式条款的一方未履行提示或者说明义务,致使对方没有注意或者理解与其有重大利害关系的条款的,对方可以主张该条款不成为合同的内容”。《民法典》将格式条款的可撤销变为“可主张该条款不成为合同的内容”,如前所述,这种调整在医疗合同中是有利于患者的。

我国原《合同法》第42条第2项和第54条第2款分别规定了因未履行告知义务而承担缔约过失责任和因欺诈撤销合同,针对的是合同成立阶段的告知义务。原《合同法》第60条和第92条分别规定了合同履行阶段和合同终止阶段的告知义务。违反前两项告知义务属于缔约过失责任范畴,违反后两项告知义务属于违约责任的范畴。[②]

二、契约履行中的说明义务

(一)与契约履行有关的说明义务

与契约履行有关的说明义务系指安全说明义务。此说明内容属于契约履行内容之一,也会影响契约目的之达到与否。因此,若无适宜之安全说明,则为瑕疵给付。适宜的安全说明有助于促使患者与医师加强协作配合,有利于医疗契约目的的达到。同时,这种安全说明义务也可能与自主决定权理论导出的说明义务发生重叠。特别是当病人要放弃治疗时,医生应尽到说明义务,包括说明放弃治疗、提前出院的危险性。当医方就此反复向患者发出警告后,患者的自主权才能称得上得到了尊重。

有学者认为,安全说明义务属于契约履行之范围,若违反安全说明义务即属于违反医疗契约之履行义务。这种情形属于违反主给付内容,将被视为履行债务有疏失,即医疗行为有瑕疵。

(二)与契约履行无直接关系的说明义务

说明义务之内容或产生与契约履行内容无直接关系,而是基于诚实信用原

① 韩世远:《中国法中的不公平合同条款规制》,载《财经法学》2017年第4期。

② 陆青:《论消费者保护法上的告知义务——兼评最高人民法院第17号指导性案例》,载《清华法学》2014年第4期。

则所产生之保护义务及说明义务。双方在契约履行进程中，都必须注意不要侵害对方的权益。

1. 说明、指示和咨询义务

若事后缔约，则缔约说明义务会被积极侵害债权所吸收。如果保护法益包含履行利益，则对病人之权益保护更完善，所以契约义务违反会吸收此处的安全说明义务违反，而直接认为属于医疗疏失，而不仅是附随保护义务之违反。①

2. 积极侵害债权的保护义务与病人自主决定权的说明义务

这种保护义务系指契约双方当事人在彼此之契约关系中，必须避免他人身体完整性、财产或其他固有法益受到侵害之义务。其中，当然包括病人自主决定权，因此医师在施行医疗行为时（履行契约），必须注意不侵害病人之固有法益。②

我国台湾地区"摄护腺肥大病案"就是与契约履行无直接关系之说明义务的明证。在该案中，医方的主给付义务是切除扩大的摄护腺来进行治疗。医方按诊疗常规术前对患者行胸部X光检查，这是从给付义务。医方应将X光检查报告忠实地告知患者，特别是根据该检查报告发现肺部有病变时，应有基于诚信原则的附随义务来告知患者并建议患者进一步进行检查。但医方并无契约义务来主动积极地为患者诊断是否患有肺病，也无契约义务来主动为患者办理进一步的检查手续及采取其他确保患者进一步检查的措施。如果医方未尽上述告知义务，属违反附随义务，应付不完全给付的损害赔偿责任。③

三、《德国患者权益保护法》规定的告知说明义务体系化

（一）告知义务的体系化（第630c条、第630e条）

在新法的制订中，德国立法机关没有沿袭以往针对告知义务的表达方式，采用了两种不同术语将告知义务分为两个大类：一是通知义务；二是告知义务。第630c条规定了医方的两种通知义务：治疗性告知义务和费用告知义务。④ 我国

---

① 侯英泠：《从德国法论医师之契约上说明义务》，载《月旦法学杂志》2004年第9期。

② 侯英泠：《从德国法论医师之契约上说明义务》，载《月旦法学杂志》2004年第9期。

③ 邱琦：《医生没有告诉我的话——论告知义务与不完全给付》，载《月旦法学杂志》2009年第1期。

④ 曾见：《德国患者权益新立法的主要内容和启示》，载《证据科学》2014年第2期。

原《侵权责任法》第55条第1款第1句的“病情和医疗措施”似乎对应与患者自主决定权无关的“通知义务”,或者说是治疗性告知义务;第2句有关“手术、特殊检查、特殊治疗”的事项的告知义务才涉及患者自主权。即告知同意义务与一般医疗行为上的解释说明义务不同。《民法典》第1219条的规定也同样存在上述问题。

关于第630c条规定的第一种通知义务是以往判例法中的治疗性告知义务,也被称为保护性告知义务。关于该条,陈卫佐的译文为:(第1项)治疗者有义务在治疗开始时,且以必要为限,在治疗过程中以可理解的方式向患者解释一切对于治疗为重要的情事,特别是诊断、预料的健康发展、治疗以及在治疗时和治疗后所须采取的措施。(第2项)治疗者可看出使治疗错误的推断得以成立的情事,必须根据需求或为了避免健康上的危险而就此等情事告知患者。[①] 就第2项,杜景林等译为:施治者认识到某些情况,以这些情况可能会成立治疗错误为限,经问询或者为避免健康危险,施治者应当向患者作出告知。[②]

首先,这类告知义务并非意在保障患者自我决定,而属于医疗债务给付行为的一部分。将相关信息向患者说明,有助于减少患者的恐惧和焦虑,使患者更积极主动地接受、配合治疗。此类说明义务即安全说明义务,或者为治疗的说明义务。[③]

其次,陈卫佐的译文在第630C条第2项的翻译中没有准确译出“治疗者经患者问询”这一含义,而只是译为“根据需求”。这不能不令人感到遗憾。因为这关系对于涉及错误的资讯披露义务的限度与触发条件的问题。医方主动或者应患者要求,告知与医疗差错有关的情况,并不表示医方负有无条件和全面地向患者公开医疗差错的义务。有学者指出,德国与英国一样,就所涉医疗措施,对于自己(或所在医院)那黯淡无光的历史记录,医生是没有披露义务的。[④] 侯英泠认为,此义务并非赋予医疗提供者一个概括揭露义务,而是当病人询问时,或者

---

① 《德国民法典》,陈卫佐译,法律出版社2015年版,第246页。

② 杜景林、卢谌:《德国民法典——全条文注释》(上),中国政法大学出版社2015年版,第514页。

③ 唐超:《病急乱投医:〈侵权责任法〉“医疗损害责任”章评析》,载《南京大学法律评论》2017年第1期。

④ [英]马克·施陶赫:《英国与德国的医疗过失法比较研究》,唐超译,法律出版社2012年版,第189页。

不说明对于病人会有生命或健康之危险时,此义务才会产生。同时,该条文也明文规定了医方主动告知的医疗差错不得作为刑事责任证据。其意义在于:其一,差错告知反而能降低医患间的不信任与对立,在临床实务上病人或病人家属对于事实真相知悉之需求,经常胜于索取赔偿,且并不会恶化医患关系;其二,病人不至于因医医相护而无法知悉真相,面对病人的询问,若医疗提供者知悉前手治疗医师之医疗疏失时,即有告知义务。①

需要思考的是,医师有没有隐私权?或者有没有主动揭示医疗差错的义务?学界意见是,医院及医师应向患者通告不良情况,包括该医院及医师的医疗过失记录。具体言之,如在何时、何种情况下,曾有过何种不良记录,包括意外情况、过失情况、损害后果、处置方案、社会评价等。这些医院及医师是否应向患者予以公示或主动告知说明?进一步延伸的问题,即医院及医师是否有隐私权?就隐私权而言,公众人物的隐私权较之社会普通人有一定的限制,其理由是其行为事关公共利益,弱化或限制其隐私权便于社会监督。在现行的事业单位体制下,医师往往是参公待遇的事业编制,在一定程度上让渡隐私权,其正当性似乎也可以证成。但如果是在医疗人力资源市场化机制下,医师从单位人转变为职业人,是依照合同聘用方式在医院中为病患服务,抑或是在私人诊所中为病患服务,那么其予以主动告知,其正当性也可以向患者生命健康安全等社会公共利益寻求支持。

医师也有成长的过程,在这个过程中有可能出现一些差错或失误,这些是否也应该向患者主动告知?或者,当患者主动询问时,医师是否也应就这些内容进行充分告知说明?

项延永认为,我国应当建立医疗过错的自我评价与告知机制,即发生诊疗损害,一旦患方有异议的,医方就要进行医疗过错与否等方面的评价,并书面告知患方。我国现行医方医疗过错报告制度的不足包括:(1)需评价与告知的情形明显过窄;(2)告知方式未有明确规定;(3)未履行告知义务的法律责任欠缺。在实践中,众多的“医闹事件”发生之前,鲜有看到医方对患方有明确的“通报、解释”。② 虽然我国《医疗事故处理条例》第13条有关于医疗事故的内部报告机制

---

① 侯英泠:《德国医疗契约债编各论有名契约化》,载《月旦法学杂志》2015年第5期。

② 项延永:《“医闹入刑”后完善医患纠纷解决机制的思考——医方医疗过错的自我评价与告知机制的构建》,载《法律适用》2016年第1期。

以及向患者通报解释的规定，第14条也规定，“发生医疗事故的，医疗机构应当按照规定向所在地卫生行政部门报告”。但显然，这种寄希望于医院内部事故自行报告与同体监督的可行性与执行力值得被怀疑。

第二种通知义务是以往判例法中的费用告知义务。通过以上分析可以看出，《德国民法典》第630c条规定的两种通知义务并没有触及患者知情同意权的核心部分，即德国法所称自我决定权（Selbstbestimmungsrecht）。

（二）关于《德国民法典》第630d条规定的“同意”的界定

《德国民法典》第630d条规定：（1）如果患者没有同意能力，则由有同意权的人作出同意，除非患者已经根据《德国民法典》第1901a条第1款第1句预先指示同意或者拒绝该治疗措施。如果治疗措施紧急，不能及时取得患者同意，且该治疗措施符合患者可推知的意愿时，可以直接实施治疗措施。（2）患者有效同意的前提是，患者或者第1901a条第1款第2句规定的同意权人在作出同意之前已经接受了第630e条第1款至第4款的告知。（3）患者可以在任何时候、无任何理由、无任何形式要求地撤销其同意。

其一，在预先有患者意旨时，患者需要的紧急治疗措施可能会存在与患者意愿冲突，此时是应违背患者意旨采取措施还是应遵从患者意旨？侯英泠指出，此时又如何确认，“病人在为此医疗处分时，已经充分了解相关资讯？”，他认为，为急救生命危急病人在面临上述冲突时，应按类似无因管理的路径处理，即以被管理人的明知或可得而知推定。①

其二，同意的无条件撤回。若尚未施行完，而停止治疗不至于造成病人伤害时，医疗提供者亦得依病人意愿终止治疗行为之继续进行。医疗提供者若已经依病人同意完成医疗行为时，则病人同意之撤回不影响医疗提供者所施行医疗行为之合法性。②

（三）与自我决定权相关的告知义务

与自我决定权相关的告知义务体现在《德国民法典》第630e条规定的告知义务。杜景林译作“释明义务”，陈卫佐译成“告知义务”，也即风险告知或者自我决定权告知。

---

① 侯英泠：《德国医疗契约债编各论有名契约化》，载《月旦法学杂志》2015年第5期。
② 侯英泠：《德国医疗契约债编各论有名契约化》，载《月旦法学杂志》2015年第5期。

其一,关于必要说明项目及范围:《德国民法典》第630e条规定了针对患者自我决定权的告知内容及方式。该条第1项规定,施治者有义务向患者释明全部的对允许为实质性的情况。特别是包括措施的种类、范围、实施、预计的后果和风险,以及其在诊断或者疗法方面的必要性、迫切性、适合性和成功前景。数个在医疗上等同引致的和通常的方法,可能会引起不同的实质性负担、风险或者治愈机会的,在释明时也应当指明可以采取的不同措施。① 这种告知应当给予患者适当时间以使患者得以深思熟虑地作出其关于允许的决定,同时这种告知应当以患者能够理解的方式作出。另外,基于特殊情况,告知义务可以被免除,特别是当治疗方案不可拖延或者患者明确放弃告知要求时。《德国民法典》第630e条的目的是保障患者对自己的身体可以行使自我决定权,维护其人格尊严和人身自由。② 医生征得患者同意才能采取侵入性医疗措施,是未经同意不得施治的义务的表现。医生应先向患者为信息披露与说明,并且患者于充分知情后所为之同意,才是有效同意,方能排除身体侵害的违法性,这种说明义务就是患者自我决定的说明义务(information for self-determination)。③

其二,关于判断标准:侯英泠认为,立法者在此虽未清楚说明说明义务范围标准是采"理性医师说"、"理性病人说"或者"主观病人说",但可推定立法者采"理性医师说"。

其三,关于说明义务方式:以口头说明为主,书面说明为辅。说明应当及时,留经患者充分考虑的时间,并且应当以通俗易懂的方式进行。

四、对美国告知同意法则的评析

有学者认为,告知同意依据美国法,其请求权基础应从侵权行为之角度审酌,不能以契约法之观念来讨论,认为医师之告知义务并非由契约所产生,也不得由契约加以限制。他认为,鉴于医患关系中的权力不对等性,美国法院强调医患关系中的"信赖关系"(fiduciary relationship)更甚或"契约关系"。法院不再适

---

① 杜景林、卢谌:《德国民法典——全条文注释》(上),中国政法大学出版社2015年版,第517页。

② 曾见:《德国患者权益新立法的主要内容和启示》,载《证据科学》2014年第2期。

③ 唐超:《病急乱投医:〈侵权责任法〉"医疗损害责任"章评析》,载《南京大学法律评论》2017年第1期。

用契约法上的同意原则,改而强调在医患关系中医师所负的忠诚义务。这个忠诚义务与契约之存否并不相关,甚至会延续到医患关系结束之后。美国20世纪70年代后契约理论重新抬头主要的焦点也在于以契约限制医疗纠纷之责任,并不在“告知后同意”。反之,契约路径不能充分体认当代医患关系的特质。[①] 该学者认为,若病人在没有得到充分信息的情况下的同意并不产生契约成立所要求同意的效力。告知说明是契约成立的先决条件,如未尽告知说明义务,则契约不成立。“当医师就其建议之治疗方案没有尽到说明义务时,病人仍是在资讯不充分的情况之下同意,此一同意并不生同意之效力,故也就没有达成协议,契约论其实际没有成立。因此,医师应取得病人之告知后同意的之说明义务仍是先于契约存在的义务,而非契约所衍生之义务。”[②]

笔者不赞同上述学说。笔者认为,现有资料表明,在美国,医疗契约的存在并非只是为了限制医疗责任,虽然那确实是医疗契约较之侵权路径的重要不同点和通过契约进行社会控制的特殊价值之所在。通过契约,医患各方得以取得更多的利益照护,满足更多的差异化需求,突破了侵权立法的种种弊端。在美国,即使在探讨医疗体制改革时也十分推崇市场竞争体制,契约自由是各种论著中“出镜率”非常高的词汇,特别是在医疗保险公司的竞争上。实际上,只有引入竞争机制,才会促使医师有更多的动力与压力来真正、充分地尽到告知说明义务,而不仅只是敷衍或者用于自保。

有学者认为,即使在英美国家,医方持有的仅是较有限的信赖义务(fiduciary duty)。一是认为医院没有这种信赖义务。因为医院是提供医疗服务的场所与设备的地方。二是医院及医师被赋予的种种强制性义务,使之不具有分配风险的能力。三是医疗服务的巨大成本和医生对雇用和支付服务的组织的依赖性越来越强,医生的忠诚度被削弱,病人的经验与能力也得以加强。[③]

正如有学者分析到,信赖义务区别于医疗事故责任。后者在传统上就是典型的侵权责任。医疗事故索赔和信赖责任的主张的根本区别是,前者反映的是

---

① 杨秀仪:《美国告知后同意法则之考察分析》,载《月旦法学杂志》2005年第6期。

② 杨秀仪:《论病人自主权——我国法上“告知后同意”之请求权基础探讨》,载《台大法学论丛》2007年第2期。

③ Marc A. Rodwind, *Strains in the Fiduciary Metaphor Divided Physician Loyalties and Obligations in a Changing Health Care System*, American Journal of Law & Medicine 21, p. 241 – 251(1993).

一个针对医师违反注意义务的诉求,后者强调的是一个所谓的违反医生的行为职责。过失原则作为医疗事故索赔的基础,寻求提高医疗质量,让医生更谨慎——由他们对在医疗服务交付时的失误负责,即没有做到一个有能力的医生在类似情况下能够做到的足够细心、技能与勤奋。与此相反,一个信赖责任(受托责任)的识别表明某些行为是不可接受的。

信赖责任并不寻求让医生更"小心",而是寻求建立什么是最低限度的行为,即无论条件如何都是不被容忍的行为。信赖原则规定,医生(和任何受托人一样)有一些行为,这些行为是在职业内部和外部被一致期望的。

首先,受托人(医生)行为承担责任的基础不在于"过失"(如没有适当的注意);而是涉及医生不应当参与的行为。有些事情在社会关系中别人可能做,而唯有负有信赖义务的受托人不能做。当受托人越过这一界限时,无论对该行为的解释,或是否是其直接造成的伤害(作为疏忽的行为原因的必要条件),后果都会发生,并应提供违反信赖责任的行动理由。两种诉由的另一个重要区别是证据的实质,即关于原告获胜的必要性证据。因为医疗事故涉及未能达致应有的注意(在护理通常预期的情况下专业人员的水平),专家证言需要证明什么是注意的标准,而医生未能达到此标准。违反信赖责任的起诉却不要求病人证明医生没有适当的照顾;相反,原告只需证明医生的行为违反了基本的行为规则,即如何医生被期待应为的全部行为,而专家的证词可能不被要求。① 这一分析说明了,在美国,医方的信赖责任也并不等同于以侵权为基础的医疗事故责任。

其次,告知说明义务产生于缔约阶段,如违反义务,将构成缔约上过失责任;告知说明义务贯穿于整个诊疗护理阶段,以至于绵延至医疗契约给付完成后。因此,仅因缔约阶段存有告知说明义务,就否定说明义务是医疗契约产生的义务之主张是片面的。

最后,批评者认为,从契约路径来建立告知说明义务并没有认识到医患权力不对等的医患关系特质,其意在说明医患间没有平等协商与对话的可能,患者也没有能力与医方讨价还价,以及进行契约内容的选择与决定。这既没有认识到互联网时代医学知识溢出后患者知识劣势弥补的意义,也没有认识到随着医学

① Thomas L. Hafemeister, Richard M. Gulbrandsen, *The Fiduciary Obligation of Physicians to "Just Say No" if an "Informed" Patient Demands Services that Are Not Medically Indicated*, Seton Hall Law Review 39, p. 379(2009).

伦理和对自我决定的尊重宽容、多元化理性的发展，消费者权益运动的助推，患者集体权利保障意识及组织，特别是打破医疗垄断的去伪市场化，都将使这种不对等的格局受到巨大冲击和改观。

五、《欧洲示范民法典草案》"医疗合同"部分关于告知义务的规定及评析

(一)对第Ⅳ.C-8:105条规定的告知义务①的评析

该条的规定是：(1)为给予患者选择治疗的自由，医疗提供人尤其需要告知患者：(a)患者当前的健康状况；(b)推荐疗法的性质；(c)推荐疗法的优势；(d)推荐疗法的风险；(e)推荐疗法的替代疗法及其比较优势和风险；以及(f)不加治疗的后果。(2)无论如何，医疗提供人应告知患者可能会合理地影响其决定是否同意推荐疗法的任何风险或替代疗法。如果风险的实现将对患者造成严重损害，该风险被视为可能会合理地影响患者决定的风险。除非有不同的规定，告知义务适用第七章(信息和咨询)的规定。(3)告知应以患者可以理解的方式为之。对以上规定的评析如下：

其一，如果患者决定接受治疗者提供的建议，就需要告知其对于治疗后健康状况的预测，以及如果不进行该治疗可能的结果。告知的信息需要有多详尽？非常具体、详尽的告知义务的成本很高，需要花费更多的时间，由此能够获得治疗的患者会变少，另外，患者或卫生保健体系的花销更大。而且，披露极不可能发生的风险是过度的，将会降低患者选择原本有益的治疗的概率。超出患者所能合理处理的过多信息将会阻碍患者的选择和合理决定。

其二，医方应当提供信息的多少与治疗的紧迫性、必要性成反比。治疗越是急迫和必要，需要提供的信息范围就相应缩小；反之，治疗越是不急迫和不必要，告知说明的义务就越严格，信息就越应详细、全面。优先选择是，要求治疗提供者仅披露那些会对患者作出治疗决定产生合理影响的风险。

其三，从风险的严重性来判断。在法国，最高法院判决认为，即使是发生概率很低的风险，只要该风险发生给患者所带来的后果是严重的，则医生必须告知。

---

① [德]冯·巴尔、[英]埃里克·克莱夫：《欧洲示范民法典草案》(第四卷)，于庆生等译，法律出版社2014年版，第661页。

其四,从违反告知义务的责任承担而言。在希腊,在医疗合同中,患者得到告知说明与个人的人格及身体完整性有重大关联。如果医生没有履行该义务,即使治疗本身获得成功,仍会产生一项独立的基于告知未履行而发生的损害赔偿请求权。在意大利,对告知义务的违反也会引起一项单独的责任。

其五,从告知说明义务的判断标准来看。在《荷兰民法典》第 7:448 条第 2 款要求医生以患者的合理需求为导向进行说明,但信息必须针对具体的患者给出。

其六,从举证责任来看。在奥地利、法国、德国、意大利、葡萄牙和西班牙,已经进行了告知的举证责任由治疗提供者承担;在英格兰,由患者承担举证责任;在荷兰,尽管一般原则是由患者承担举证责任,但通过解释可以将举证责任倒置。①

(二)对第Ⅳ.C－7:104 条规定的介评

该条第 1 款第 c 项规定,在可以合理期待顾客将基于该信息作出决策的任何情形,告知顾客所蕴含的可以合理被期待的将对顾客决策造成影响的风险。第 2 款第 a 项规定,(信息提供人)在对所收集到的与顾客的目的、偏好、优先选择以及个人情况有关的资料进行技术分析的基础上作出建议。第 b～c 项是关于替代方案告知说明的有关规定。这些规定是任意性规定。注意的标准也可以因合同规定而降低。顾客经常选择不被告知某一具体的行动方案的风险。例如,病人完全信任医生,并决定不被告知推荐的治疗方法有什么风险或替代方案,而且在事实上,其也会请求医生来作决定。医疗服务提供者必须遵从患者的这一愿望,告知责任也因此减轻了。医疗服务提供者披露关于治疗风险的信息的责任需依据本章的条款来予以判断。②

《欧洲示范民法典草案》(第四卷)的上述规定,需要将第七章“信息咨询合同”与第八章“医疗合同”的规定结合起来分析。根据第七章第Ⅳ.C－7:104 条的规定,该条第 1 款将义务履行标准阐述成为患者需求的合理期待;同时在第 2 款着重强调了(医方)在对所收集到的与顾客(患者)的目的、偏好、优先选择以

---

① [德]冯·巴尔、[英]埃里克·克莱夫:《欧洲示范民法典草案》(第四卷),于庆生等译,法律出版社 2014 年版,第 662 页。

② [德]冯·巴尔、[英]埃里克·克莱夫:《欧洲示范民法典草案》(第四卷),于庆生等译,法律出版社 2014 年版,第 597 页。

及个人情况有关的资料进行技术分析的基础上作出建议。这就是将理性患者与具体患者的标准结合起来的重要立法草案范例。

第六节　关于说明义务的主体

一、在说明义务主体上的现行立法规定检索

我国现行法律、法规、规章及其他规范性文件在说明义务主体上有程度不一、范围不同的规定。1994 年施行《医疗机构管理条例》第 33 条规定了医疗机构施行手术、特殊检查或者特殊治疗时征得患者同意的义务。《医疗机构管理条例实施细则》第 62 条①明确规定了医疗机构的说明义务。1999 年施行的《执业医师法》第 26 条仅规定了医师进行告知说明的义务，却没有规定患者"同意"的权利，而仅是在实验性临床医疗方面规定了需得到患者的同意。而按照 2010 年原《侵权责任法》第 55 条的规定，则将说明义务主体限定在医务人员范围之内，并没有提及医疗机构有说明义务。而只是从替代责任的角度出发，规定了医务人员未尽到前款义务，并造成患者损害的，医疗机构应当承担赔偿责任。

我国原《侵权责任法》规定的主体是"医务人员"。有学者认为，这一义务主体概念比较模糊，应该明确患者的主治医师是履行说明义务的主体。②《民法典》第 1219 条也同样将说明义务主体限定在医务人员范围内。笔者认为，如果限定只能由主治医师作为履行说明义务的主体，其有利之处在于责任清晰，即最后不至于在主治医师和其他医务人员（如值班医师、住院医师、护士等）之间存在责任推诿等问题。但是，这与主治医师照护病人过多且自身也需休息的实际情况并不相符。以住院为例，诊疗行为本身也是一个阶段性的、发展变化的过程。因此，从一般的说明义务的履行来看，医务人员都是责任主体是切合实际的；而从与患者自主权相关的重要和关键因素的说明义务来看，需要主治医师作为履行主体。

---

① 《医疗机构管理条例实施细则》第 62 条规定，医疗机构应当尊重患者对自己的病情、诊断、治疗的知情权利。在实施手术、特殊检查、特殊治疗时，应当向患者作必要的解释。因实施保护性医疗措施不宜向患者说明情况的，应当将有关情况通知患者家属。

② 程杰：《我国台湾地区的医师说明义务和患者同意权》，载《河南师范大学学报（哲学社会科学版）》2012 年第 6 期。

我国原《侵权责任法》、《执业医师法》、《医疗机构管理条例》和《医疗机构管理条例实施细则》，以及《民法典》都在使用“医务人员”这一术语。其中，《执业医师法》第2条规定，“依法取得执业医师资格或者执业助理医师资格，经注册在医疗、预防、保健机构中执业的专业医务人员，适用本法”；原卫生部2012年制定的《医疗机构从业人员行为规范》规定，医疗机构从业人员包括管理人员、医师、护士、药学技术人员、医技人员、其他人员。其中，真正在医疗服务第一线从事技术服务的卫生专业技术人员是医师、护士、药学技术人员和医技人员。

我们应结合以上法律、法规、规章的规定与解释，界定医疗合同医方说明义务主体的最大范围也只能是前述之卫生专业技术人员，而不是如杨立新所认为，医务人员包括执业医师、执业助理医师和护士，还有与诊疗活动有关的相关活动的工作人员，如救护车的调度、驾驶、跟班救护人员等。① 杨立新之所以将医疗机构的管理人员、后勤人员列入医务人员范围，是在论述如何追究医疗机构管理损害赔偿责任的角度进行界定的，即这些人可能并不掌握医疗专业技术，也未取得医疗执业相关资格证书。但违背医政管理规范和医政管理职责的要求，造成患者人身损害、财产损害的医疗损害责任。典型的如救护车急救不及时、违反管理职责致使产妇抱错孩子、违法处理患者医疗废物以及医院后勤维修部门工作人员失职，导致供水供电中断、仪器故障导致患者损害等。② 显然，在医方说明义务的层面上，我们不可能将非医疗专业技术人员纳入说明主体的范围。

二、我国台湾地区关于说明主体相关规定及评析

我国台湾地区“医师法”第12条之一规定，“医师诊治病人时，应向病人或其家属告知其病情、治疗方针、处置、用药、预后情形及可能之不良反应”。而我国台湾地区“医疗法”第81条则规定了医疗机构的说明义务。我国台湾地区通说认为，医师应该是履行说明义务的主体，护理人员等医疗辅助人员辅助医师进行“说明”不能证明医师已履行了说明义务。如杨秀仪认为，告知义务的主体只能是医师，但解释说明义务可以由护士或其他医事人员代劳。须知当代的医疗给付行为相当复杂，一个医疗行为往往牵涉众多医事人员，不应笼统规定医疗机构

① 杨立新：《医疗损害责任构成要件的具体判断》，载《法律适用》2012年第4期。
② 杨立新：《医疗管理损害责任与法律适用》，载《法学家》2012年第3期。

为告知义务的主体。[①] 也就是说,基于医疗资源供给不足的现状,医务人员,特别是主治医师劳动量过重,因而结合诊疗护理的挂号、诊断、检查、取药等众多环节的阶段性特点,还必须认可由护士等其他医疗专业技术人员等作为主治医师的债务履行辅助人进行的说明。主治医师有责任监督与选任代为说明的人员,以尽职尽责履行说明义务。林萍章认为,我国台湾地区知情同意规则的变化体现在说明主体修正:不以主治医师为限,护士、住院医师亦可。[②]

三、医疗机构是否应成为说明义务的主体

杨秀仪从区分医患关系主体的角度认为,说明主体不可能是医疗机构,而只能是医师。他认为,医疗机构乃是医疗契约之主体,但并非医患关系之相对人,其依医疗契约或许应负一定的说明义务,但并不负使病人得以行使自主权的说明告知义务,医师之说明告知在性质上无法由医疗机构或其他非医师之人为之。而且医院并无义务确保其受雇之医师忠实践行说明义务。因为医师享有完全之专业自主权,并不受医院之指挥监督,故并不能够率尔套用我国台湾地区“民法”第188条或第214条之规定,令医院为其受雇医师之违反说明义务负责。[③] 笔者不赞同以上观点。其一,具体的告知说明固然需要医务人员来履行,但最终责任主体仍要由医疗机构对外承担,否则患者无力分辩现代医疗条件下分工合作的医疗团队的哪些医师未履行说明义务从而无法追责。其二,医院当然负有组织管理职责与义务,不仅对于单个的医师的聘用、考核、晋级等有管理与监督之责,而且对于流水作业、各环节医务人员分工协作的现代医疗活动当然有组织、协调之责。其三,在医院与医师的雇佣关系之中,虽然医师在具体诊疗中有专业裁量权,但仍然受到医院的监督管理与组织协调,这是一种不可分割的整体行为。尽最大努力为患者的最佳利益服务——这一医者仁心的最高职业伦理形成了医疗的神圣性。在德国法中,医疗神圣性的法律基础是雇佣合同关系。在医疗上体现为医疗合同关系,其不是在通常的雇佣契约中看到的支配和服从关系,而是提

---

① 杨秀仪:《论病人自主权——我国法上“告知后同意”之请求权基础探讨》,载《台大法学论丛》2007年第2期。

② 林萍章:《知情同意法则之“见山不是山”——法院近来裁判评释》,载《月旦法学杂志》2008年第11期。

③ 杨秀仪:《论病人自主权——我国法上“告知后同意”之请求权基础探讨》,载《台大法学论丛》2007年第2期。

供高技术和智识的契约,以提供独立的自由劳务为目的,不受外界干扰,能保障医生的独立性。由医生提供的债务是以挽救患者的生命、身体为基本(救助义务)。从诊疗合同的这一本旨出发可以担保医生职业的神圣性。① 其四,不可将本不可分割的医患关系与医疗合同人为割裂开来理解,要认识到医患关系本身就是鲜活的医疗合同关系。

因而,与杨秀仪的观点相反,主张医方告知说明义务的主体应当是医疗机构,而非个别医务人员的观点仍占上风。主要是从医疗合同关系入手,认为除一些个体诊所或者一些新兴的开放式医院外,通常医疗合同都是建立在医疗机构与患者之间的,而并非由医务人员与患者所订立的合同。马特认为,履行医疗给付与保护债务的是医疗机构,而医务人员仅是债务履行辅助人,其履行告知说明义务只是得到医院授权的主治医师基于职务关系的代理行为。说明义务的主体不包括护士及其他医护人员,其只能作为信使传达信息。② 笔者认为,判断说明义务的主体必须从医疗合同的角度来思考。即履行医疗合同告知说明义务的主体当然是医疗机构,主治医师是具体履行义务的授权代理人,但在大分工背景下无力完成所有说明义务;助理医师、护士、放射技师、超生技师、药剂师等在各自岗位职责授权的专业范围内也在具体分担说明义务,而并非仅是传达信息的"信使"。侯英泠认为,德国法上有所谓严重的医院责任漏洞,即因为侵权法属于个人行为责任,所以医师是单独侵权行为人,医院仅是连带债务人,对病人为赔偿之偿,可以就其赔偿给付部分再对医师求偿。而若能基于积极侵害债权发展出的保护义务承认医院的说明义务,应能填补雇用人责任漏洞。③ 这也说明,在德国法上,赋予医院以说明义务的重要意义,是填补医院责任缺失的重要一环。

四、本节小结

笔者认为,如以说明类型来区别,则与合同履行相关的信息,如病情的诊断解释说明、正确用药方式、饮食控制、正确预防措施等内容的说明,因一般与自主决定权无关,一般的医务人员如护理人员、低阶位医生、实习医生,均可以在职责

① [日]植木哲:《医疗法律学》,冷罗生等译,法律出版社2006年版,第298页。
② 马特:《民事视域下知情同意权的权利基础及规则建构》,载《江淮论坛》2014年第5期。
③ 侯英泠:《从德国法论医师之契约上说明义务》,载《月旦法学杂志》2004年第9期。

范围及主治医生授权范围内尽职履行。但在与合同履行无关的信息说明领域,医方在履行契约时必须注意不侵害病人的固有利益,包括对患者身体完整性以及患者自主决定权的尊重。此时,履行说明义务的主体则应当是主任医师,只有他的告知说明方才能保障患者在得到充分告知说明后行使同意与否、选择与否等自主决定权。此时,一般的医务人员不能成为说明义务的主体。

《德国民法典》第 630e 条第 2 款第 1 项规定,"由医方或者对于实施该治疗方案掌握必要知识的人"。这规定了说明义务并非仅限于施治者,也可以由特定的释明人员完成。如此,实施操作的医生未必就是释明者。"释明者仅为受施治者委托予以释明的人"。[①] 实际上,此间便涉及引入可提供中立医疗方案咨询的独立法人机构。这就涉及医疗告知说明模式转向医患共同决策机制,[②]以及医患关系按照消费者合同模式来进行的明显趋势,即患者得与独立的医学咨询中心签订咨询合同,由后者提供专业的决策参考。在美国,甚至有学者认为,存在管理式医疗护理组织、有关健康的各种夜校,可能意味着病人偶尔被这些组织的成员而非医生告知医疗风险。[③]

第七节　关于医师说明义务范围的探讨

一、披露任务的适当范围

立法者可以通过问消费者想要什么,来确定强制披露医疗信息的范围。但实际上消费者可能想知道一切。当他们选择想要了解的医疗保健计划时其要求包罗万象,例如:(1)准入条件;(2)文书工作量;(3)福利;(4)服务提供者的选择;(5)沟通/人际关系技巧/照护工作的提供者;(6)便利性;(7)护理协调;(8)费用;(9)礼貌;(10)医院等级;(11)性价比;(12)计划管理的麻烦;(13)质量。在一项大型研究中,76%的受访患者表示"愿意"听说任何不良治疗反应,有83%的人想知道任何"严重的副作用"。人们并不知道他们要求得到的信息到底

---

① 杜景林、卢谌:《德国民法典——全条文注释》(上),中国政法大学出版社 2015 年版,第 517 页。

② Omri Ben-Shahar and Carl E. Schneider, *The Failure of Mandated Disclosure*, University of Pennsylvania Law Review 159, p. 739(2011).

③ [美]丹·B. 多布斯:《侵权法》,马静等译,中国政法大学出版社 2014 年版,第 575 页。

有多少。在实践中,患者使用的信息得比被提供的更少。消费者发现报告卡片麻烦、复杂、详细。另外,因为立法者倾向过度使用强制披露,使范围膨胀,反复出现“数量问题”。这个问题主要表现在两个方面:“超载”效应和“积累”问题。当披露时产生过载效应,接受信息者会不读这些信息,不会理解、吸收和分析雪崩般袭来的信息。这类问题遍布于医学中。在一个研究中显示,“护士在尝试进行医学知识教育时大大超过了患者的短时记忆能力”。过载问题无所不在,立法者没有很好地解决这个问题。原则上很少有较好的解决办法:不完全披露会让人们感到困惑,但完整的披露会造成过载问题。因此,有经验的立法者可以认识到“少即是多”,但仍然担心“少是不够”。同意的形式不断膨胀。例如,在一项研究中发现,知情同意书大约每10年增加1.5页;在20世纪70年代,同意书平均不到1页,通常只有1段或2段,但20世纪90年代中期,同意书平均增长到4.5页以上。①

二、“虽不常发生,但可能发生严重后果之风险”是否应纳入说明范围

其一,就说明义务的判断标准而言。《欧洲示范民法典草案》采“理性病人说”与“具体患者说”的结合。根据第七章第Ⅳ.C－7:104条的规定可见,该条第1款将义务履行标准阐述成对患者需求的合理期待;同时,在第2款着重强调了(医方)要在对所收集到的与顾客(患者)的目的、偏好、优先选择以及个人情况有关的资料进行技术分析的基础上作出建议。

其二,“虽不常发生,但可能发生严重后果之风险”是否应纳入说明范围?林萍章认为,应对医师告知说明义务之范围限缩为病人“主诉”之病情,而非“虽不常发生,但可能发生严重后果之风险”之漫无范围,将说明内容自“具体病人说”拉回“理性病人说”或“折中说”。② 而曾品杰却认为,我国台湾地区“最高法院”从病患之合理期待来树立医院之告知说明义务,确立了医院对于病患主诉病症以外之异常病症负有说明告知的义务,完全符合附随义务。倾向从个别病患之合理期待出发,来决定责任成立之因果关系,促进信息披露,减轻举证责任,充实

---

① Omri Ben-Shahar and Carl E. Schneider, *The Failure of Mandated Disclosure*, University of Pennsylvania Law Review 159, p. 647－749(2011).

② 吴俊颖:《医师告知义务急速扩张的时代——法界的期待与医界的临床实务之间的鸿沟》,载《法学新论》2009年第9期。

法院采纳丧失治疗机会的判断标准,结果上趋近学说上所谓的"主观说"。[①] 正如美国学者认为,客观病人本位(objective patient-based standard)设法保护医生,只让他们负责运输"实质性"的信息,这些信息是关于"合理"病人作出治疗决定所希望得到的。[②] 由此可见,不宜采理性患者本位,而应采具体患者本位。另外一种观点认为,医院对于罕见、极端并发症或副作用的发生是否有告知义务,取决于医疗合同的给付目的。如该合同以治疗为目的,则医院并无告知义务。因该并发症的发生概率极低,与病症治愈概率相较之下,考虑疾病治疗的必要性与紧迫性,如果一定要告知,可能影响患者接受治疗的决心。例如,病患在实施白内障摘除及人工水晶体植入手术时,手术过程中发生上脉络膜猛爆性出血,术后发现右眼模糊。而这种上脉络膜猛爆性出血的发生率仅为0.05% ~0.80%。同时,患者的视力检查结果符合医疗常规所规定的手术条件。由此,法院认为,医院并无未告知可能发生上述并发症的义务。再如,病患因肺癌末期需接受化疗,则医方对于化疗的罕见的极端并发症或副作用不必告知,仅应对于一般常见可能发生的手术并发症及副作用予以告知。另外,若医疗合同的给付目的是预防疾病,则就上述的罕见、极端并发症或副作用的发生,医院就有告知义务。[③] 吴俊颖则主张,就罕见、极端并发症或副作用的发生是否应予告知,还应相对考量医疗行为为病患所带来的效益。如果肺癌患者所接受的化学治疗的效益有限,即使此时化疗具有紧迫性及必要性,医师也应该对于可能出现的并发症或副作用加以说明;而就胸部结节的患者接受 CT 检查而言,对于其诊断是否患有肺癌有重大效益时,则不应就 CT 检查的罕见极端并发症进行告知。[④]

《欧洲示范民法典草案》第Ⅳ. C-8:105 条规定了告知义务。第 1 款第 2 项规定,无论如何,医疗提供人应告知患者可能会合理地影响其决定是否同意推荐疗法的任何风险或替代疗法。如果风险的实现将对患者造成严重损害,该风险被视为可能会合理地影响患者决定的风险。除非有不同规定,告知义务适用第

---

① 曾品杰:《我国医疗上告知说明义务之实务发展》,载《科技法学评论》2012 年第 1 期。

② Jaime Staples King and Benjamin Moulton, *Rethinking Informed Consent: The Case for Shared Medical Decision-Making*, American Journal of Law & Medicine 32, p. 463(2006).

③ 邱琦:《医生没有告诉我的话——论告知义务与不完全给付》,载《月旦法学杂志》2009 年第 1 期。

④ 吴俊颖:《医师告知义务急速扩张的时代——法界的期待与医界的临床实务之间的鸿沟》,载《法学新论》2009 年第 9 期。

七章(信息和咨询)的规定。披露极不可能发生的风险将会降低患者选择原本有益治疗的概率、阻碍患者的选择和合理决策。优先选择是,要求治疗提供者仅披露那些对患者作出治疗决定产生合理影响的风险。即从风险的严重性来判断,如果风险的实现将对患者造成严重损害,则属于应披露范畴。在法国,最高法院判决认为,即使是发生概率很低的风险,只要该风险发生给患者所带来的后果是严重的,则医生必须告知。①

笔者认为,在手术、特殊检查、特殊治疗等方面,应重点告知与说明如下事项:"1. 建议治疗方案及其他可能之替代治疗方案暨其利弊。2. 治疗风险、常发生之并发症及副作用暨虽不常发生,但可能发生严重后果之风险。3. 治疗之成功率(死亡率)。4. 医院之设备及医师之专业能力等事项"。② 其目的主要在于让患者得以行使选择权与自主决定权。因为与普通的诊断不同,如果涉及手术等危险系数较大的治疗,则患者身体健康权益受到损害几乎是不可避免的。此时,更重要的是尊重患者的意愿。看哪种治疗方案是患者更愿接受的,特别是痛苦程度、副作用程度、费用支出的数额,哪些方案可能得到医保报销等;在一些危重病情中,是否能治愈已然不重要,此时更重要的是缓减患者的痛苦,让患者得以有更好的生命质量,可以进行最后的旅行、与家人度过最后的美好时光等。而不是因动没有太大希望的复杂手术导致完全丧失了生命质量。这些决定因涉及患者个体差异和理性的多元化,因而既不可能反映在法律法规上,也不可能由医疗行业规则予以明确,而只能是理性交往商谈的模式,以契约化的实质运行形成医患间的合意。

三、医疗机构的组织性义务

曾品杰认为,侵权法上的说明义务,是从一般理性人单个医师的角度出发进行规制和调整的;而契约法上的医师说明义务,则是从一个医疗团队出发,具体考虑患者的生活方式、生活观念予以确定的。他指出,决定本件医疗院所对于病患基于医疗契约所为告知说明义务之界线,基本上应斟酌个别病患之

---

① [德]冯·巴尔、[英]埃里克·克莱夫:《欧洲示范民法典草案》(第四卷),于庆生等译,法律出版社2014年版,第661页。

② 林萍章:《知情同意法则之"见山不是山"——法院近来裁判评释》,载《月旦法学杂志》2008年第11期。

主诉病症、病患向医事人员所陈述其工作环境或住家特性、病患所提及之特殊体质、针对特殊体质进行简易测试的可行性、医疗方法之更新速度,以及对于一个富有经验之医疗团队就告知说明事项之合理可预见性等因素,予以综合判断。

即告知说明义务于契约法上之界线,在于一个客观上相当于系争医院规模之医疗机构(医学中心层级),其结合跨科别有经验之专科医师所组成医疗团队,针对系争医疗行为所作告知说明的合理可预见性。反之,告知说明义务在侵权法上之界线,则在于一个有经验的专科医师,就系争医疗行为所作告知说明的合理可预见性。

曾品杰的这种说明,源于契约关系是建立在医院与患者之间的关系;而侵权关系是建立在医师与患者之间,医院对于作为雇员的医师有故意或重大过失时应予负责,否则医院不承担责任。也正因如此,曾品杰认为,侵权法上的医师说明义务较重视从一个有经验的医师个体出发来判断说明义务的履行范围、标准、程度的合理可预见性。

因而,既然我国偏重医院责任,实际上就等于更强调医院的组织性义务,即更接近德国的法律体制与思路,而德国的医疗纠纷处置主要是沿循契约法的道路。我国也应改变主要倚重侵权法的路径,而顺理成章、水到渠成地主要适用契约路径。这就使说明义务的判断标准发生根本转向。由过于偏重从有经验的个体医师的技能水平出发来判断其说明义务,即"合理医师说",转向从有经验之医院医师团队的经验水平来判断其说明义务,即转向"合理患者说",甚至转向"具体患者说",也就是"主观说"。这是在医方团队协作基础上专业判断能力与医疗债务履约能力增加后,说明义务作为注意义务的一部分自然而然的得以强化。有学者指出,德国实务不再如过去重视个人疏失,转而强调医疗机构组织疏失。期待通过严谨的医疗组织,以及脱离法律实务对医疗专业鉴定之依赖,将人为疏失之医疗意外发生率降低。"医疗机构是健康的主要威胁",德国法院将医院的组织错误视为重大错误,而有举证责任分配倒置的适用。①

① 侯英泠:《从"往来义务"建构医疗机构之组织义务》,载《法学论丛》2012 年第 1 期。

四、启示:从契约意识出发来限定医师的说明义务而非盲目扩张

我们应学习的并非仅是如何扩展医师的说明义务,而是应学习从契约意识出发,限定或约定医师的说明义务。

(一)通过病人主诉界定医师说明义务与契约内容

医疗契约的难点及特殊性在于其内容的确定性,不易清晰界定,且随着诊疗护理的深入而不断变化。而医师的说明将直接决定医疗契约的内容及变化。这直接源于医师说明义务界定的困难。陈聪富认为,应通过病人主诉来界定医师说明义务与契约内容,在"病人未告知其因工作原因造成特殊体质案"中,原审法院判决医方未尽告知说明义务。我国台湾地区"最高法院"认为,"患者"主诉是医师说明义务的先决条件,否则不能合理期待医师说明。法院认为,"唯有在患者充分'主诉'病情之情况下,始能合理期待医师为危险之说明,足认为患者'主诉'之病情,影响医师对危险说明义务之范围"。①

(二)不成立侵权责任而成立契约责任的情形

曾品杰认为,患者主诉之外,医师还负有根据对患者检查的情形发现其他病症的,负有进行说明的从给付义务。"尚负有从给付义务,若检验过程发现主诉以外之其他可疑病症,亦对病患负有告知说明之附随义务,且该告知说明须以个别特定病患可具体理解的方式为之,方不构成抽象轻过失。据此,学理上并不排除就同一医疗事故,因被告医师欠缺侵权法上之过失致未成立侵权责任,但医院却因医疗管理疏失或医疗团队照护懈怠致成立契约责任者,应予指明。"

总之,如果没有医师的告知说明,患者基本无法作出决定与选择,也无法向医师提问。因此,单纯以患者主诉来确定合同给付内容是片面的。但不能依赖盲目扩张法定义务来扩大保护,而应依据契约路径根据诚信原则来综合判定医方是否有相关义务。

(三)对于医方告知说明义务过度扩大的负面影响及实务例说

日本东京地方法院1988年3月13日的判决认为,"在患者中止治疗后,医生有追问为何中止的理由,并有确认患者是否在接受适当治疗和进行适当的忠告

---

① 陈聪富:《医疗契约之法律关系》(下),载《月旦法学教室》2008年第11期。

来防止病情恶化的注意义务”。植木哲认为,像这样的忠告的义务是很难想象的,因为一旦患者自己中止了治疗也就意味着放弃了诊疗契约。如此,医生和患者之间的信赖关系就被破坏,也缺少了诊疗契约的前提,医生的积极助言行为也就无法进行了。但也有例外,当患者的生命健康和医生的治疗行为有关联时,契约的余后效果也有可能被承认。①

第八节　违反告知说明义务的责任及责任免除

一、医方违反告知说明义务的责任

对于医疗损害责任,在我国原《侵权责任法》出台前,我们更多的关注的是《医疗事故处理条例》与原《民法通则》、最高人民法院《关于审理人身损害赔偿案件适用法律若干问题的解释》的关系。若医疗行为构成医疗事故,则应适用前者;不构成医疗事故,则应适用后者。但依据前者计算可得的医疗事故赔偿金额标准又明显低于依据后者计算可得的医疗过失赔偿标准。这种双轨制造成了医疗损害赔偿标准的不统一,出现损害程度较低的医疗过失赔偿标准反而高于损害较重的医疗事故赔偿标准的现象。2013 年 2 月 18 日最高人民法院审判委员会第 1569 次会议废止了 2003 年的最高人民法院《关于参照〈医疗事故处理条例〉审理医疗纠纷民事案件的通知》,这标志法院参照《医疗事故处理条例》这样一部行政法规来审理私法关系下民事主体间医疗损害赔偿纠纷的时代已终结。因此,即使在侵权法上,侵害患者“知情同意权”也不应再参照《医疗事故处理条例》来审理。

原《侵权责任法》第 55 条第 2 款(与之对应的是《民法典》第 1219 条第 2 款)规定,医务人员未尽到前款义务,造成患者损害的,医疗机构应当承担赔偿责任。医方违反告知后同意义务的后果如何?按上述条文文义解释,应当是必须造成患者损害的,方才承担赔偿责任。对“损害”的理解有两种:一种是“实际损害说”,即认为必须实际地造成患者人身或财产损害、物质损害或精神损害。单纯地侵害“知情同意权”并不构成此处所谓的“损害”。另一种是“知情同意权受损说”,即没有造成患者的人身损害事实,而是侵害了患者的知情权和自主权。持

① ［日］植木哲:《医疗法律学》,冷罗生等译,法律出版社 2006 年版,第 339 页。

前者观点的以王利明、王竹等为代表，并且王竹认为，医方此时的赔偿主要是一种精神损害赔偿；持后者观点的以杨立新为代表。[①] 国外学界通说也认为，即使治疗在医学专业判断上毫无瑕疵也不能阻却未履行告知义务而应承担的责任，说明侵害患者知情同意是一种独立的侵权行为。[②] 在日本的委托合同领域，事务处理结果报告义务的违反本身就构成了债务不履行；在医疗服务中，医方未告知检查结果本身就构成了医疗服务的不完全履行或瑕疵，完全有可能面临损害赔偿等法律效果。以结果或损害为出发点的侵权责任构成与着眼服务本身是否合适的债务不履行责任构成之间，在损害赔偿责任方面仍存有差别。[③]

从合同路径出发，患者不仅可以请求损害赔偿，还可以主张解除医疗合同或者实际履行。经患者催告，医方不履行告知说明义务，患者可以选择解除医疗合同、请求退还医疗费用；如果延误诊疗造成损失的，可以并用损害赔偿责任。实际履行和解除合同，是合同法特有的违约责任形式，这两种救济方式单纯依靠侵权责任是无法提供的。因此，明确其合同性质有助于患者维权。[④] 北京市高级人民法院《关于审理医疗损害赔偿纠纷案件若干问题的指导意见(试行)》第 39 条规定："未尽告知义务，损害患者生命权、健康权、身体权等人身及财产权利的，医疗机构应当承担侵权责任。未尽告知义务，仅损害患者知情同意权而未损害患者人身、财产权利的，医疗机构不承担赔偿责任。"第 2 款意在说明，仅侵害知情同意权不能要求医方承担赔偿责任。如果知情同意权是一项可以得到侵权法保护的绝对权，那又为何必须有第 1 款所规定的人身及财产权利的"损害"，否则不能单独获得保护？这就是一种学理与实践的矛盾。

二、告知说明义务的免除

说明义务的免除，是指"基于特殊情况，告知可以免除，特别是当治疗方案不可拖延或者患者明确放弃告知要求"。侯英泠认为，立法者并未直接表明，当代理人已有效同意，未成年人是否仍可以自主决定拒绝治疗？依自主决定本旨，只

---

① 王竹：《解释论视野下的侵害患者知情同意权侵权责任》，载《法学》2011 年第 11 期。

② ［德］冯·巴尔：《欧洲比较侵权行为法》(下卷)，张新宝、焦美华译，法律出版社 2001 年版，第 389 页。

③ 周江洪：《服务合同研究》，法律出版社 2010 年版，第 496 页。

④ 马特：《民事视域下知情同意权的权利基础及规则建构》，载《江淮论坛》2014 年第 5 期。

要病人对于医疗提供者的说明能清楚了解,则应该可以。而且若病人在一些情形下有理解可能性时,亦应以病人能理解的方式,只要说明不会影响病人的病情时,亦应对病人进行说明。① 在情况紧急时,如强制治疗时等情形,可导致告知说明义务的免除。在危急状况时,医方应行使医疗自由裁量权立即施行急救,否则不足以挽救病人的性命时。另外,在概括授权的情况下,即若事先已经病人概括授权同意施行任何医疗行为时(最好以书面方式行之),也可有告知说明义务免除的适用,然而此时医师或医疗机构必须善尽善良管理人注意义务。②

① 侯英泠:《德国医疗契约债编各论有名契约化》,载《月旦法学杂志》2015 年第 5 期。
② 黄清滨:《医疗告知与法律责任——以医疗契约责任为中心》,载《医事法学》2005 年第 4 期。

第四章　知情同意的厘清：知情权与同意权

第一节　知情同意是一种权利抑或是一种规则

一、知情同意学说的介绍

医方对于患者的“知情同意”的尊重，古已有之。法律意义上的“知情同意”是近20世纪才开始发端的。[①]知情同意，到底是一种利益，还是一种权利？有学者认为是一种权利。如马齐林认为，患者知情同意权是一项法定权利，是指法律上具备行为能力的患者，在接受医疗服务时享有的要求医疗单位全面告知医疗单位及其经治医务人员的基本情况、医方对自己病情的诊察结果等医疗信息并据此对诊疗措施进行自由选择的权利。[②]其法理基础是患者自主决定权。杨立新认为，知情同意权列入患者的法定权利是始于1972年美国医院协会制定的《病人权利法》。[③]但也有不少学者并不使用“知情同意权”

---

① 肖柳珍：《知情同意的前世今生——基于〈希波克拉底文集〉的重新解读》，载《医学与哲学(A)》2017年第1期。

② 马齐林：《论医疗告知义务——以经济学和法学为视角》，载《当代法学》2008年第1期。

③ 杨立新、袁雪石：《论医疗机构违反告知义务的医疗侵权责任》，载《河北法学》2006年第12期。

这一提法，而是采用“知情同意规制”（Doctrine of Informed Consent）。如杨秀仪认为，告知后同意法则是指医师有法律上的义务，以病人得以了解的语言，主动告知病人病情、可能之治疗方案、各方案可能之风险与利益，以及不治疗的后果，以利于病人作出合乎其生活形态的医疗选择。① 程杰认为，我国原《侵权责任法》第55条、第56条首次在民事法律规范体系内确立了医疗知情同意规则。②

有学者认为，侵袭性、介入性医疗行为对患者身体权、健康权的损害，然而这一行为又是可容许性的危险行为。邱聪智主张，患者承诺与容许性危险为医疗行为适法性的两大支柱。③ 受害人同意又称为受害人允诺，是指受害人就他人特定行为的发生或者他人对自己权益造成的特定损害后果予以同意并表现在外部的意愿。④ 还有观点认为，知情同意是医方基于行为故意的医疗侵权中的免责特权。此外，在基于行为过失的医疗损害中还有类似的患者自甘风险。⑤ 这里，知情同意被作为医疗损害的免责事由看待。笔者认为，患者的知情同意只能起到阻却医疗行为违法性的作用，而不是令患者自甘风险。

我们应有一种对将利益上升为权利的冲动的克制，即以一种谦抑的态度来面对权利爆炸时代人们对于法律万能主义的无节制索取。我国通常将“informed consent”一词译为“知情同意权”，而《布莱克法律词典》对该词汇解释为：医生在对患者实施医疗行为时，应该就医疗处理方案、医疗风险以及其他可以考虑采取的措施向患者作出详细说明，并在此基础上得到患者的同意。但“informed consent”一词是引自英美法系，“美国法由于没有完善的权利体系，可以仅从侵权法的角度通过过失侵权（negligence）之诉对受害人提供救济，而不必考虑受害人受到侵害的到底是何种权利”。⑥ 因此，知情同意在英美法上不是作为一种权利而存在的，而是作为一种“规则”而存在的。我们必须注意1964年第18次世界

---

① 杨秀仪：《论病人自主权——我国法上“告知后同意”之请求权基础探讨》，载《台大法学论丛》2007年第2期。

② 程杰：《我国台湾地区的医师说明义务和患者同意权》，载《河南师范大学学报（哲学社会科学版）》2012年第6期。使用“知情同意规则”的论述还包括：周友军：《论中国侵权法上的知情同意规则》，载《北京航空航天大学学报（社会科学版）》2011年第4期；杨立新、刘召成：《论作为抽象人格权的自我决定权》，载《学海》2010年第5期。

③ 邱聪智：《民法研究》（一），中国人民大学出版社2002年版，第303页。

④ 程啸：《论侵权行为法中受害人的同意》，载《中国人民大学学报》2004年第4期。

⑤ 马宁：《医疗损害责任的免除》，载《社会科学战线》2016年第5期。

⑥ 杨立新、刘召成：《论作为抽象人格权的自我决定权》，载《学海》2010年第5期。

医学大会通过的《赫尔辛基宣言》采纳了《纽伦堡法典》的观点，正式确认了患者的知情权（Right to Information）和自主决定权（Right to Self-determination）。这说明常用词“知情同意”实际上分解为知情权与同意权。前者是医方对诊疗护理的注意事项、风险、替代方案、统计数据等向患者作出告知与解释说明；后者是患者对医疗行为中事关患者自主决定的重要事项与关键事项的同意。

二、知情原则与同意原则的关系

吴俊颖认为，知情同意应该是一个连续的过程，而非切割成“告知”加上“同意”两个分开的部分。伦理上对于病患知情同意的要求，分为告知、能力与自愿3个部分。在进行医疗决策的进程中，医师应该站在协助者的角度，提供充分的医疗资讯，与患者一起进行医疗决策并让患者掌握最终决定权。[①] 陈子平认为，说明原则与同意原则于法律性质上确实有不同之处。医师说明义务本身即分类为“为获得患者有效同意（承诺）之说明”“疗养方法等指示、指导说明（回避结果之说明）”等，几种说明义务并不相同。民事责任上，对于违反说明义务的法律效果，有两种不同见解：一是“同意无效说”，医师未尽说明义务将导致患者同意无效。该医疗行为构成侵权行为，并发生损害赔偿。二是“违反注意义务说”，即于理论上构成将说明义务视为与患者同意分离的独立义务，违反该义务属于医疗契约上的债务不履行或不完全履行，应负损害赔偿责任。陈子平指出，为较完善地保护患者自我决定权，于民事上仅将说明义务视为获得同意的手段性、从属性义务，确有可商议之处，因此将其视为独立的义务颇具意义。[②] 而对于“同意无效说”，又被称为“承诺无效说”，有学者也指出，此种处理方法容易使本具正当性、合法性的医疗机构承担不合理的责任，使医疗行为等同于一般侵权行为，对医方过于苛刻，显失公平。[③]

---

① 吴俊颖：《医师告知义务急速扩张的时代——法界的期待与医界的临床实务之间的鸿沟》，载《法学新论》2009年第9期。

② 陈子平：《医疗上“充分说明与同意（Informed Consent）”之法理》，载《东吴大学法律学报》2000年第1期。

③ 吴英旗等：《论医师说明义务的法律性质》，载《医学与哲学（A）》2012年第10期。

三、关于知情同意规制现行规定的评析

(一)立法上没有明确列举知情同意权

在我国原《侵权责任法》列举的权利类型中没有明确列举知情同意权。需知原《侵权责任法》是以专章规定了医疗损害责任,而其他的特殊侵权行为并没有享受这一殊荣。但原《侵权责任法》却没有将知情同意权或者患者自主决定权这样的类型明文列举,而在"医疗损害责任"一章中,也没有对理论上与实务中耳熟能详的"知情同意权""患者自我决定权"进行概念界定。《民法典》第五章"民事权利"中也没有列举"知情同意权"等。从立法解释的角度来看,不能不引起我们的深思,这应当是立法者在难以有效确定其权利构成要素的情况下有意进行的回避。我国引入知情同意规则较早的一些法律、法规、规章并没有正确理解两者的互相依存、有机契合的关系。例如,在《执业医师法》《医疗机构管理办法》等有关条文中,病人的有效同意并不以医生的告知义务和病人的充分知情为前提,没有规定医生在征得病人同意时的告知义务。[①] 相反,在当时出台的另一些法律文件中,却可能仅规定了一定程度、一定专业领域(如实验性医疗)的医疗信息的"解释""介绍"等义务,却没有规定需征得患者同意的规定。

(二)对原《侵权责任法》(对应《民法典》第1219条)第55条的解读

原《侵权责任法》第55条以法律的形式正式明确规定了医方的告知说明义务及征得患者同意的义务,并且最高人民法院《关于修改〈民事案件案由规定〉的决定》(法〔2011〕41号)在第三级案由"351・医疗损害责任纠纷"项下增加了"侵害患者知情同意权责任纠纷"等案由,2020年最高人民法院再次修改《民事案由规定》将"351・医疗损害责任纠纷"改为"376・医疗损害责任纠纷",但这并不能因此就可以认定立法明文规定了患者的知情同意权。有学者认为,从性质上看,该法第55条为医方设定的告知说明义务及征得同意的义务源于其他既有权利。可以从合同关系和侵权责任两个层面分别建构:医疗机构违反告知说明义务可以产生违约责任,除损害赔偿外还包括实际履行、解除合同等责任形式;而同意权属于隐私权的范畴,即便没有造成对生命健康权的侵害,单纯侵犯

---

① 戴庆康:《浅析知情同意权在我国立法中的不足》,载《医学与哲学》2002年第7期。

同意权本身也可构成独立的医疗伦理型侵权行为。[①] 有学者指出,"继续履行"在我国原《合同法》第 107 条(沿袭这一规定的是《民法典》第 577 条)等条文规定的违约责任承担方式中处于基础地位,法条是按"继续履行""补救措施""赔偿损失"这样的先后顺序进行排列的,是由于继续履行更有利于促进实现当事人的合同目的,且更有利于维护当事人的信赖利益和交易安全。在以"继续履行"违约责任承担方式为基础的逻辑贯彻中,"继续履行"与其他违约责任承担方式应做到有机契合。[②] 较之侵权路径,违反医方说明义务可产生的违约责任即实际履行,或称"继续履行",在保障患者知情权等权利上的意义更重要。对于医疗合同的债务给付来说,更多的是一种持续的阶段性发展进程。对于某一疾病的诊疗护理本身也处于变化中。如果医方违反了说明义务,则依侵权路径,可以要求医方予以精神损害赔偿。但现状是,患者更需要的是该医院、医师的继续治疗、继续履行告知说明及诊疗护理等债务。特别是,当患者更信任某医院、某些医生的专业技术能力时,患者不会因医方的某些过错行为而直接要求医方予以损害赔偿或者解除合同转去他处,而可能是要求医方进行整改与检讨,并且以更好的态度提供更高质量的诊疗护理服务。

第二节 患者知情权是一种相对权和合同权利而非绝对权

一、创设具体人格权——"知情同意权"的弊端与危害

知情同意权的动机和出发点都是为了改革父权主义医疗,将民主与自决原则贯彻到医患关系中,使患者得以维护人格尊严。但正如学者们指出,知情同意往往陷于空洞与虚幻中,同时还被医方用作推卸责任的"挡箭牌"。在医患关系中,哪一方能有足够的气度与胸襟来显示对对方正当利益的足够尊重,哪一方就能掌握医患"冷战"中最有力量的武器;如果双方都能拥有这种尊重的大气量,医患关系才能逐步解除"冷战"走向合作。秉持这种理念,宜将"informed consent"诠释为一种人格利益,而非一种法权。这不是医方被硬生生强加的法定义务,而

① 马特:《民事视域下知情同意权的权利基础及规则建构》,载《江淮论坛》2014 年第 5 期。

② 李卫国、何兆磊:《"继续履行"违约责任承担方式的逻辑和具体适用》,载《法律适用》2015 年第 4 期。

是医方尊重患者人格利益的契约义务。即其首先是基于医患医疗合同关系所产生的一种告知说明义务。唐超指出，“知情同意权”将会造成法律适用的混乱，不应该把知情同意利益上升为具体人格权，就在于所谓“知情同意权”，其内容本质上就是意志决定的自由。民事主体于日常生活中，会频繁传递、接收大量信息，信息错误的情况，但不能据此认为“权利”遭受侵害，直接征引不法，否则人际交流即受阻滞、社会生活无从展开。①

二、知情权也并非一般人格权

《德国民法典》第 823 条第 1 款②规定了不得侵犯“他人生命、身体、健康、自由、所有权或者其他权利”，被学界认为是德国民法一般人格权之基本条款。而其中的“自由”仅限于《德国民法典》第 823 条第 1 款的“自由”法益，仅限于身体的活动自由而不及意志自由，否则一切利益均可纳入侵权法的保护范围，形同法国侵权法不区分权利与利益的最广泛涵摄范围。因此，在德国法上，所谓知情选择权、婚姻自主权、生育自主权之类权利，皆不成立。③

三、患者知情权是一种合同权利

马特认为，患者知情权的性质不是法定的人格权，而是属于合同权利，理由在于：第一，知情权具有相对性，是一种相对权而非对抗第三人的绝对权。知情权对应的是告知说明义务。在医患关系中，医疗机构仅对与其发生特定医疗关系的患者负有告知说明义务，即只有患者享有对医疗机构的知情权，医方并不负有对社会一般人的告知说明并征得同意的注意义务。第二，知情权是可以放弃的权利，这与人格权的专属性不同。第三，在医疗合同中，医疗消费者当然享有知情权的保护。④ 笔者赞同此种理论。在美国，尽管法院在明确医疗事故案件中医生的责任界线问题上面临困难，但一些评论者主张，通过医生和病人之间提前签订合同的方式来解决这一问题。这种合同在形式上表现为签订知情同意书。

---

① 唐超：《病急乱投医：〈侵权责任法〉“医疗损害责任”章评析》，载《南京大学法律评论》2017 年第 1 期。

② 《德国民法典》第 823 条第 1 款规定，因故意或者过失不法侵害他人生命、身体、健康、自由、所有权或者其他权利者，对他人因此而产生的损害负赔偿义务。

③ 唐超：《德国错误怀孕和错误出生诉讼的判例法述评》，载《河北法学》2017 年第 12 期。

④ 马特：《民事视域下知情同意权的权利基础及规则建构》，载《江淮论坛》2014 年第 5 期。

其中,最重要的问题是法院是否会通过调查来查明病人在知情同意书上表达的同意是基于对情况的真正了解,而非迫不得已。法院认为,如果病人没有受到欺诈或者胁迫,而是真正了解了相关的伤害风险之后自由表达了意愿,那么法院都会对合同予以适当的考虑,认可书面协议的效力。在实践中,医生和病人更倾向在事前签订一份合同,以一种概括性方式说明风险,而非以“充满血淋淋的细节”的方式详尽描写风险。医生试图通过知情同意合同这样的事前合同协议取代侵权法的事后审查。① 法院将会依据公共政策来审查合同中的免责条款是否有效。②

医患法律关系实质是以医疗契约为基础与前提,医患关系的常态是通过契约明确双方的权利义务,体现患者个性化与差异化需求,贯彻患者的“履行预期”或“效果期待”,落实医疗合同履行结果的相对确定性。以《德国民法典》为例,其实现了医疗合同的有名化,体系化地规定了以下内容:医疗合同的法律性质和主要义务(第630a条、第630b条),告知说明义务(第630c条、第630e条),患者的知情同意(第630d条、第1901a条),病历档案的作成、保管及查阅(第630f条、第630g条),举证责任分配(第630h条)。在我国《民法典》出台前,有学者就指出,侵权并非医患关系的常态,侵权法实际上也无力进行上述体系化的规定,实际上原《侵权责任法》虽然在特殊侵权各类型中已算作条文最多,但应对纷繁复杂的医患关系与医疗纠纷却显得十分局促,原因在于该法对医方的告知说明义务、患者的知情同意、病历档案的作成、保管及查阅乃至举证责任分配要么规定得过于简略,要么缺失太多、难堪重任。而且,在医疗侵权法上,判断医疗提供人是否犯下过错,亦必须以医疗契约法界定的义务为根据。我国原《侵权责任法》第七章借鉴众多契约法条款(第55条、第56条、第61~63条),相较特殊侵权其他诸章,显得不够协调。未来中国医疗民事立法也应在《民法典》中创建医疗契

---

① [美]小詹姆斯·A.亨德森等:《美国侵权法实体与程序》,王竹等译,北京大学出版社2014年版,第52页、第53页。

② 如果合同中有免责条款和弃权条款,是否因为签订合同的各方当事人比法院更容易决定如何进行损失分配而将得到执行?法院将会依据公共政策来审查免责条款是否有效。合同性责任限制是否不可强制执行取决于:一方是否处于依赖的位置;寻求辩解一方提供的行为或服务的性质,包括行为或服务是否承载着“公共利益”;辩解的程度;该文件是否为一个标准化的附意合同;寻求辩解的一方是否愿意以合理的、额外的费用对侵权行为提供更好的保护。合同性责任限制可能基于如欺诈、虚假陈述、胁迫、不当影响或者错误等合同原则而不可强制执行。参见[美]小詹姆斯·A.亨德森等:《美国侵权法实体与程序》,王竹等译,北京大学出版社2014年版,第360页。

约这一有名契约,不必走《医疗损害赔偿法》等单独立法之路。现在有关原《侵权责任法》的第54条、第55条第2款、第57条、第59条,则应移入医疗基本法。[①]而《民法典》却没有规定医疗合同,并没有实现学者们的美好愿景。

第三节　同意权是一种基于契约发生的相对权利

马特认为,同意权属于隐私权的范畴,即便没有造成生命健康权的侵害,单纯侵犯同意权本身也可构成独立的医疗伦理型侵权行为。[②] 笔者赞同他对于侵犯同意权的独立救济地位的观点,但不赞同同意权属于隐私权,也不赞同以侵权路径来予以规制。

一、知情同意规则在契约语境下方能合理推导出医方说明义务

日本医事法学家植木哲认为,说明、同意(承诺)的确立,如果仅依靠对患者自我决定(权)的承认是远远不够的。因为患者自我决定权的成立或者说承认它的存在,并不是以允许医生放弃其诊疗债务为前提的。植木哲的这一观点说明,知情同意规则本身的目的和基础都在于实践患者自主权,然而单纯地强调患者自主权,将导致医生推卸和放弃诊疗义务;只有将知情同意规则放在诊疗契约这一双务契约语境下,才能从契约中合理地推导出医方的说明义务。此外,植木哲还指出,追求说明与同意(承诺)两者之间的关联性,是最重要的。[③] 之前笔者已论述了,马特认为,与说明义务对应的患者的知情权,是一种源于医疗合同的相对权;而同意权应从侵权路径去思考。这是不正确的,因为知情与同意是不可分割的。只有在充分知情的前提下,才存在有效的同意(承诺)。因而,同意本身也应作为一种相对权来理解。医方若未征得患方同意,即为某种诊疗行为属于违反合同义务,违反了患者的合理期待。

---

① 唐超:《病急乱投医:〈侵权责任法〉"医疗损害责任"章评析》,载《南京大学法律评论》2017年第1期。

② 马特:《民事视域下知情同意权的权利基础及规则建构》,载《江淮论坛》2014年第5期。

③ [日]植木哲:《医疗法律学》,冷罗生等译,法律出版社2006年版,第133~134页。

二、患者自主权义务主体仍然仅为医方

面对医患专业差距,信息不公开的现状,人们怀着实现公正这一美好梦想和强烈渴求,提出了法律上并没有成文化的患者自主权这一术语。杨秀仪认为,应当新增“自主权”这样一种独立的权利。在医疗法的范畴内,有必要正式承认“自主权”是一个独立存在权利,即独立于隐私权、身体权而存在,保护个人的“知的利益”以及“作决定的自由”。[①] 虽然我们并不完全赞同上述观点,但杨秀仪主张的这个所谓的独立的“病人自主权”,其义务主体仍然仅是医方(包括医疗机构、医生及护士等医务人员),而并非社会一般不特定多数人。其保护的对象也是患者个人的“知的利益”以及“作决定的自由”,由于此类利益处于无形中,难以确定边界,缺乏公示公信方式,因此都不宜成为侵权法保护的绝对权或利益。

笔者认为,在我国侵权法上并没有列举患者自主权,也没有相关的医疗法或医事法进行相关规定。如果一定要以侵权法来保护患者自主权,只能将其归入“其他人格利益”。而按照德国侵权法,则应归入故意侵犯善良风俗、违反保护他人法律。前者(故意侵犯善良风俗)的主观要件必须是故意,且要可纳入善良风俗范畴;后者(违反保护他人法律)的主观要件可进行过失推定,但要有以保护他人为目的法律存在。前者的主观要件限制太严,且如何界定善良风俗是个难题;后者的过失推定有利于患者,但以保护他人为目的法律通常属于行政法、刑法等管制性公法。其中,应有保护他人的私法目的,方可依据上述条款适用于私法领域。

朱虎认为,规制性规范所确定的行为义务并不能在一般意义上完全取代过错判定中的私法注意义务。其与侵权法的目标存在区分,私法上的行为标准具有独立性,法官在此应具有独立评价的空间,并不是违反规制性规范即等同于过错。[②] 我国是否存在以保护他人为目的的法律也存有较大争议,要判断其是否具有保护私权的规范目的。基于行政法等管制性公法导出的说明义务,其保障程度与范围也肯定远低于基于私法导出的说明义务。

---

① 杨秀仪:《论病人自主权——我国法上“告知后同意”之请求权基础探讨》,载《台大法学论丛》2007 年第 2 期。

② 朱虎:《规制性规范违反与过错判定》,载《中外法学》2011 年第 6 期。

三、知情同意权不同于隐私权

笔者认为,患者的知情同意权不同于“隐私权”。杨秀仪指出,从美国法来看,病人“自主权”是各州成文法及判例所一致承认的权利,而隐私权则是宪法保障的基本权利,其位阶更高。“隐私权”保护的是个人“不受干扰的私密性”,范围相当广泛,其中包含了妇女的生殖自主权、病人的拒绝医疗权以及有限度的死亡权。从这个角度可以说“隐私权”包含“自主权”。

一般认为,患者自主权是一种学理上的概念,而知情同意权则是其具体载体与具体规则或权利的表现形式,前者是后者的法理根据。① 我国一般认为,患者隐私权意指医方不得将患者身体部位、病情、诊疗护理过程、病历等信息对医务人员以外的第三人泄露;对于因检查或治疗所需暴露身体部位时,若未经患者同意,即使是从医学教育出发组织医学学生实习的医学观摩行为,也被认为侵犯了患者隐私权。由此可见,患者隐私权对医方来说更多意义上是一种消极的保密义务,而同意权并非一种如隐私权一般的消极权利,而更多的是将其作为患者应主动积极行使的权利;即使拒绝治疗的意愿也应当以积极的方式表达出来,患者积极地表示不同意某种治疗或完全拒绝治疗,方才有消极安乐死的探讨空间。

四、司法实践反对单独侵犯同意权可构成独立的侵权行为

笔者认为,患者的知情权利和同意权利均源于医疗合同法律关系。因为在我国侵权法的司法实践中,一般并不认为侵犯同意权而未造成患者生命健康权损害可以构成独立的侵权行为。北京市高级人民法院《关于审理医疗损害赔偿纠纷案件若干问题的指导意见(试行)》第 39 条规定:“未尽告知义务,损害患者生命权、健康权、身体权等人身及财产权利的,医疗机构应当承担侵权责任。未尽告知义务,仅损害患者知情同意权而未损害患者人身、财产权利的,医疗机构不承担赔偿责任。”第 2 款意在说明,仅侵害知情同意权不能要求医方承担赔偿责任。如果知情同意权是一项可以得到侵权法保护的绝对权,那又为何必须有第 1 款所规定的人身及财产权利的“损害”,否则不能单独获得保护?这就是一种学理与实践的矛盾。大量的案例由于坚持侵权路径而难以证明在侵犯同意权

---

① 梁慧星:《论〈侵权责任法〉中的医疗损害责任》,载《法商研究》2010 年第 6 期。

与人身损害之间存在因果关系，使患者得不到基本的损害赔偿，这也是医患矛盾尖锐的重要原因。如果直接认定同意权也来自合同关系，则只要违反征得同意的义务，即可追究医方违约责任。

第四节　患者的同意能力

一、同意能力获得了与民事行为能力的分离

患者的同意能力涵盖了患者对诊疗行为及其后果的理解与患者对诊疗行为接受与否的决策两个方面。[①] 1969 年通过的英国《家庭法改革法令》第 8 条第 1 款规定，对于已满 16 周岁的未成年人，任何外科的、内科的、口腔的治疗都应得到其同意，如同成年一样，同意的欠缺也会构成对该未成年人的侵害。关于如何界定同意能力，传统观点坚持适用民事行为能力的标准，即认为同意能力等同于完全民事行为能力。限制民事行为能力或者无民事行为能力的患者必须征得监护人同意方可得到治疗的机会。另外，患者对于医疗机构所告知的内容具有合理的理解和判断能力。[②]

程杰认为，应以具体识别能力为主、行为能力为辅，判断患者的同意能力，从而凸显患者自主的理念；而且未成年人，尤其是限制行为能力人完全能够理解许多一般性、非侵袭性的常规医疗行为的意义。因此在一般情况下，具有识别能力的患者即应有同意能力。但是，对于重大健康事项或较大风险的医疗行为，出于慎重考虑，患者不仅要具有识别能力而且还要具有完全民事行为能力才可作出有效的同意；此时未成年患者也应由其具有同意能力的法定代理人作出选择。[③]

德国在 1958 年最高法院判例中开始放弃了受害人同意的法律行为定性，进而否定了民事行为能力规范的适用；改为定性为准法律行为。借由法律行为定性的抛弃，同意能力获得了与民事行为能力分离的可能性。即使受害人不具有完全的民事行为能力，只要依据其精神和道德的成熟程度能够判断干涉（侵害）

① 苗力丹：《从比较侵权法角度论患者的知情同意》，载《广西政法管理干部学院学报》2007 年第 6 期。

② 马特：《民事视域下知情同意权的权利基础及规则建构》，载《江淮论坛》2014 年第 5 期。

③ 程杰：《我国台湾地区的医师说明义务和患者同意权》，载《河南师范大学学报（哲学社会科学版）》2012 年第 6 期。

行为的性质、同意的意义和后果的射程范围，便具有了同意能力。① 患者同意对于意思能力要求的标准低于民事行为能力。这是因为后者涉及财产利益的处分，需考虑交易安全，进行复杂的利益衡量，形成法效意思；而前者是对自身人身利益的某种处分，不涉及财产交易，因而不需要考虑交易安全。② 具体而言，德国学者结合判例指出，在允许治疗的问题上，允许行为本身并不涉及法律行为，而仅仅意味着同意他人在允许人的权利范围内从事某项事实上的行为。但允许行为又是一项能够产生重大后果的意思表示行为。因此，至少在行为能力方面，应将允许行为视同法律行为。一名未成年人在没有其法定代理人同意的情况下，能够有效地同意对自己进行一项手术，而该名未成年人却无法对从其财产中支出费用表示同意。原因在于：首先，出于医疗目的所为的侵害行为与交易行为不同，这里可以对行为人是否具备允许的能力作出个别判断，因此不需要以某一固定的年龄界限为判断标准。其次，这种允许行为也还要受到其他特别规定的制约，如必须首先就有关此项侵害行为之必要性和危险性向病人作出说明。③

降低标准有利于未成年人自主决定和自主选择，其根本意义在于尊重并保护未成年人的自我决定权，或者说意思自治。避免由于年龄限制而不得不在涉及人身利益的问题上过多受制于监护人。比如，监护人基于经济因素或好恶的感情因素拒绝患者的治疗愿意。如果在原有的民事行为能力标准下，患者难以基于自身的理性意愿进行决定与选择；而适用准法律行为标准，则可得到理性的自我决定的机会。还有学者认为，降低标准的有利之处在于：首先，有利于限制行为能力人对医疗行为的积极配合；其次，有助于其作出最符合其主观需求的选择；最后，可以防止监护人作出不利于限制行为能力人利益的决定。④

对于医疗行为，仅有同意能力的非完全民事行为能力人可以独立表示同意，一般不需要监护人的同意。但对于美容整形等医疗行为的同意，则必须坚持完

---

① 黄芬：《侵权责任法中的受害人同意能力》，载《暨南学报（哲学社会科学版）》2010年第2期。
② 黄芬：《侵权责任法中的受害人同意能力》，载《暨南学报（哲学社会科学版）》2010年第2期。
③ ［德］迪特尔·梅迪库斯：《德国民法总论》，邵建东译，法律出版社2001年版，第163页。
④ 曾见：《德国患者权益新立法的主要内容和启示》，载《证据科学》2014年第2期。

全民事行为能力或者监护人的同意。[①] 这是由于这类医疗合同并不具有必要性和紧迫性,且并非以治疗疾病与痛苦为目的。相反,美容整形等行为往往涉及对不同生活观念的选择。

我国医疗机构是否应当向限制行为能力人履行告知义务?实际上,现行法不承认限制行为能力人的知情同意权或者参与决定权,因为《病历书写基本规范》第 10 条规定,患者不具备完全民事行为能力时,应当由其法定代理人签字。按照《病历书写基本规范》的原则,将"同意"能力视同于法律行为能力,在现实中必然出现这样的矛盾状况:同样都是 16 周岁以上的未成年人,是否以自己的劳动收入为主要生活来源就成为其是否拥有知情同意权的唯一标准。《民法典》在这个问题上也没有明确。如果有关医事法规的内容能更加具体、细化,且文本含义与《民法典》不冲突,则可以按照特别法优于一般法的规则,适用特别法的规定,继续适用这些医事法规的规定。[②]

二、以合同法观点作为"紧急情况"处理的法理基础

我国原《侵权责任法》第 56 条[③]的适用包含紧急情况以及"不能取得患者或者其近亲属意见"两个必须兼具的假定条件。换言之,如果仅符合紧急情况这一条件,而患者或其近亲属明确表示放弃治疗或拒绝采取医方认为更适合的医疗措施,医方必须尊重患者的自主权,而不得以医学专业裁量权径行施治。

有学者认为,原《侵权责任法》第 56 条实系原《合同法》第 399 条[④]第 2 句后

---

① 《医疗美容服务管理办法》(2002 年 5 月 1 日实施)第 20 条规定,执业医师对就医者实施治疗前,必须向就医者本人或亲属书面告知治疗的适应证、禁忌证、医疗风险和注意事项等,并取得就医者本人或监护人的签字同意。未经监护人同意,不得为无行为能力或者限制行为能力人实施医疗美容项目。

② 最高人民法院民法典贯彻实施工作领导小组主编:《中华人民共和国民法典侵权责任编理解与适用》,人民法院出版社 2020 年版,第 430 页、第 431 页。

③ 原《侵权责任法》第 56 条规定:"因抢救生命垂危的患者等紧急情况,不能取得患者或者其近亲属意见的,经医疗机构负责人或者授权的负责人批准,可以立即实施相应的医疗措施"。沿袭这一规定的是《民法典》第 1220 条。

④ 原《合同法》第 399 条规定:"受托人应当按照委托人的指示处理委托事务。需要变更委托人指示的,应当经委托人同意;因情况紧急,难以和委托人取得联系的,受托人应当妥善处理委托事务,但事后应当将该情况及时报告委托人"。沿袭这一规定的是《民法典》第 922 条。

段受托人变更指示权之“嫡子”。[1] 该观点认为，医疗合同得参照适用委托合同的相关规范。医疗提供人纵然认为指示有违患者利益，亦只有建议义务，而无擅自变更的权利；实在不愿遵从，于不危害患者的条件下，得解除合同。到了关键的第2句后段，“因情况紧急，难以和委托人取得联系的，受托人应当妥善处理委托事务。但事后应当将该情况及时报告委托人”。学理认为，存在能够推定委托人若知有此情况也会允许变更指示的情形，医疗合同亦然。病情危急，患者又不能表达意志时，医生是否施治，还必须考虑患者真实或可推知的意见。

笔者认为，一般而言，在此种情形下应推定患者不反对医方根据专业判断进行救治。除非患者有事前意旨，即事先以书面形式或其他有力证据支撑的预见作指示，若遇到某些特定紧急情形，应放弃救治或拒绝采取某些治疗方法或某些特定药品。这种推定患者愿意接受救治应为原则，患者意旨这种情形应为例外。但此种情形因无患者明确的意思表示，则医疗措施只限于保守限度的必需的医疗措施而非积极全面的医疗措施。以免违背患者度过危机后可能会有的意旨，并且避免医方趁机以创收为目的进行过度医疗。这也符合了“妥善”处理委托事务这一立法用意。

三、医疗合同的订立与对具体医疗行为的同意是两个独立的行为

有学者早已指出，以病人在医院的挂号行为推定病人对随后的所有医疗措施的概括同意是不符合病人的真实意思表示的，对病人也是不公平的。[2] 从结果来考虑，尽管医疗合同可能因为未成年人不具有完全民事行为能力而成为效力待定的合同，但这与具有同意能力的未成年人能够对医疗行为表示同意的结论亦不相捍格。

首先，医疗合同的订立与对具体医疗行为的同意是两个独立的行为，各自包含的权利义务关系并不同；其次，就效力未定的医疗合同而言，它的有效有赖监护人的同意，而根据监护权所蕴含的监护人的保护义务，当某项医疗行为有利于未成年人最佳利益，监护人应有义务代理被监护人签订医疗合同并且同意医疗

---

① 唐超：《病急乱投医：〈侵权责任法〉“医疗损害责任”章评析》，载《南京大学法律评论》2017年第1期。

② 戴庆康：《浅析知情同意权在我国立法中的不足》，载《医学与哲学》2002年第7期。

行为。[①] 黄芬的观点有值得借鉴和肯定的地方,但黄芬在行文中将医疗行为本身等同于侵害行为,并将患者等同于受害人,这一点是笔者所不赞同的。医疗行为中一些手术行为的确具有人体的侵袭性和介入性,也有相当的风险,会造成患者的痛苦。但基于生活常识,这些侵袭及痛苦却是我们面对自然界生老病死自然规律发挥作用时所必须经历的,即危险的来源并非医疗行为。因而医疗行为不能等同于危险行为、侵害行为,患者也不能等同于受害人。

患者对于具体医疗行为的同意,固然有按照同意能力考察识别能力与控制能力之必要,从而冲破民事行为能力的限制;但这种同意更多的是一种希望医疗行为发生预期效果的意思表示,而绝非仅是允许对自己身体侵袭介入的意思。医疗合同本身就具有总的概括性和具体的变动性。知情同意规则中的"同意"应从两个层次上予以理解。一是从法律行为的层面来看。同意即意味着患者发出意思表示,自愿与医方形成完成一定医疗行为为给付内容与目的的医疗合同合意。二是从事具体的检查、用药、护理、注射、麻醉、手术等医疗行为的患者"同意"的角度来看。这种同意可能是一种事实行为,而不是法律行为。"与其他专业服务契约不同的是,医疗服务的提供经常涉及病人的隐私,或是侵犯病人的身体,因此经常在医疗契约的履行过程中,每一阶段都必须告知病人,并得到他的同意,才能确定下一步骤的给付内容。"[②]因此,对于同意的性质,有两个思路:一是将患者同意认定为成立医疗合同的意思表示,即双方达成的合意,其性质是一种法律行为。从医疗契约层面理解知情同意规则,就是患者经过"主诉",即对病情和感受向医方进行如实陈述后,经医方的诊断检查和充分地解释说明后,对诊疗行为的性质、预期效果、过程、风险等的理解与"承诺"。二是将同意认定为一种事实行为,即对医疗契约履行过程中每一个诊疗护理行为,特别是介入性医疗行为的"承诺"。

关于对"同意"的性质的确定,还事关医疗契约个数的问题。陈聪富认为,"涉及医疗提供者何时履行完成其契约上义务,在实务上需适度切割,否则将导致医疗提供者之义务,可能永无止境,直到病人死亡时为止之不合理解释"。[③] 他认为,医疗契约之个数,应依各别契约之目的予以判断。基于同一契约目的而为

---

① 黄芬:《侵权责任法中的受害人同意能力》,载《暨南学报(哲学社会科学版)》2010 年第 2 期。

② 薛瑞元:《医疗契约与告知义务》,载《月旦法学杂志》2004 年第 9 期。

③ 陈聪富:《医疗契约之法律关系》(上),载《月旦法学教室》2008 年第 11 期。

之医疗给付行为，包括问询、检查、开药、手术等，都应认为同属于一个契约内容，是同一个医院诊疗行为的持续性的各个环节。对于接受医院的诊疗护理的概括同意，是一种法律行为，成立一个完整的医疗合同；对于医疗债务履行中各诊疗护理行为的逐个同意，则是一种事实行为。大致可参照债权行为与物权行为、意思表示行为与事实行为的区分论来思考。

四、患者知情同意权涉及的权利冲突

学者们认为，有以下权利冲突：知情同意权与医疗专业裁量权的冲突（包括患者知情同意权与患者生命健康权的冲突、患者知情同意权与医方特殊干预权的冲突、患者知情同意权与医方保护性医疗的冲突等类型）；患者知情同意权与患者隐私权的冲突；患者知情同意权与社会公共利益的冲突。解决这些冲突的法律途径有：立法上的途径——权利配置；司法上的途径——利益衡平；守法上的途径——法律的遵守。[①] 而且人们认为，按照权利位阶原则，患者的生命健康权应优先于患者的知情同意权，当两者发生冲突时，知情同意权应让位于生命健康权。[②] 笔者不赞同这种机械绝对地适用权利位阶的方法。立法上之所以没有对权利给予清晰划界，与立法者的有限理性、社会生活的变动性以及成文法的局限性有密切关联。权利冲突的本质是利益之间的冲突。此时，权利冲突的各方，为获取最大利益而尽力扩张己方权利的界限，同时也反映出价值之间的冲突。[③] 笔者认为，其实所谓知情同意权保护中的权利冲突，本质上就是患者知情同意与医方专业裁量的冲突与协商的问题。在德国、瑞士等国，违反告知义务成为医疗事故责任的最重要因素。法院把患者的自我决定权看得如此重要，以至即使患者的决定从医学角度看来不合理也必须接受。[④] 这体现出了患者自主决定权优于医师特权（基于对患者最佳利益的医学判断）的特性。患者有"在剩下来的生命如何有意义的生活"的自我决定权，这种权利应得到最大限度的尊重。这是对

---

① 梅春英、王晓波：《患者知情同意权保护中的权利冲突与协调》，载《中国卫生事业管理》2017年第5期。

② 梅春英、王晓波：《患者知情同意权保护中的权利冲突与协调》，载《中国卫生事业管理》2017年第5期。

③ 梁迎修：《权利冲突的司法化解》，载《法学研究》2014年第2期。

④ ［荷］米夏埃尔·富尔、［奥］赫尔穆特·考茨欧主编：《医疗事故侵权案例比较研究》，丁道勤、杨秀英译，中国法制出版社2012年版，第148页。

把患者作为医疗客体来看的传统医学观的反省。①

五、拒绝治疗的权利:未经同意不得施治

在诊疗过程中,患者有拒绝接受医方推荐的治疗方案的权利,而且患者并不因此必然解除医疗合同,其仍有权要求按自己的意愿继续履行医疗合同,医方一般不得拒绝。这种以患者自主支配医疗进程的程序控制能力就是当损害发生后才能进行救济的侵权法所无法调整的。病人的健康医疗保障计划可以拒绝覆盖这一段住院治疗的费用吗?如果从医学专业上看这是不必要的,也就是说,如果病人同意截肢,其本来可以避免住院的,而这个计划本来可以避免由此造成的费用。但保险合同不应凌驾于病人拒绝治疗的权利之上。即使合同规定,医疗保险只支付预先批准的医疗上适当的待遇,而其他形式的治疗将不包括在内,亦是无效的。因为只要治疗方法是医学上可以接受的,患者行使拒绝治疗的权利就不应被阻碍。②

第五节　知情同意的权利主体

一、比较法:《德国民法典》上患者的知情同意

根据《德国民法典》第630d条的规定,医方在实施任何治疗前,尤其是侵害身体或者健康的措施,都有义务取得患者的同意。如果患者没有同意能力,则由有同意权的人作出同意。另外,患者可以根据《德国民法典》第1901a条第1款第1句的规定,预先指示同意或者拒绝某种治疗措施。患者有效同意的前提是,医方在其作出同意之前已经履行了《德国民法典》第630e条第1款至第4款规定的告知义务。而且,患者可以在任何时候、无任何理由、无任何形式要求地撤销其同意。根据德国的司法实践,对于治疗的同意是一种对最核心人身权益的处分,因此作出同意的能力并非取决于法律行为能力,而是由当事人的认知能力和判断能力所决定的。这种同意不是作为法律行为的意思表示,而是一种许可

---

① [日]值木哲:《医疗法律学》,冷罗生等译,法律出版社2006年版,第334页。

② Wendy K. Mariner, *Standards of Care and Standard Form Contracts: Distinguishing Patient Rights and Consumer Rights in Managed Care*, the Journal of Contemporary Health Law and Policy 15, p. 1 – 50(1998).

他人实施侵害其法律权益的事实行为。因此，对于这种同意不能直接适用有关法律行为能力、意思瑕疵及无效的法律规定。只要患者的精神智力足以认识到治疗的意义和影响，其同意就是有效的。原则上，成年人都具有同意能力，而对于未成年人则要根据具体情况进行判断，可能已经具有同意能力，也可能必须由其监护人同意，还有可能需要双方共同作出决定。即使患者没有同意的能力，在有权第三人同意治疗时仍然必须考虑患者的态度。尤其是未成年人，随着心智的不断成熟，应当知悉相关情况，因为根据《德国民法典》第 1626 条第 2 款的规定，他（她）有权参与涉及其利益的家庭事务。如果治疗可能导致严重影响未成年人未来生活的危险，那么 14 岁以上的未成年人就应该有权否决父母作出的同意，即使其还没有作出同意的能力。①

二、我国知情同意权主体的立法沿革

有学者就知情同意的主体，依我国医疗法制的时间进程依次归纳了 4 种模式：（1）家属和单位任选模式；（2）《医疗机构管理条例》第 33 条所体现的患者和家属（或关系人）共享模式；（3）《执业医师法》第 26 条所体现的患者和家属任选模式；（4）患者模式。而患者模式有两个阶段：第一阶段由《〈医疗机构管理条例〉实施细则》第 62 条所确定，其特点为：规定了医疗机构的告知义务，将知情权的主体确定为患者本人，这在一定程度上弥补了《医疗机构管理条例》仅规定患者同意权而未提及患者知情权的缺陷；不足之处是没有规定患者的选择权。第二阶段体现在原卫生部规章《病历书写基本规范》第 10 条，②以及原《侵权责任法》第 55 条第 1 款，主要特征是：（1）患者从仅享有知情权转变为不可分割地同时享有知情权与同意权。（2）比较细致地区分了知情同意权主体和代理主体。（3）将备受诟病的非法律概念“家属”转换为民法用语“近亲属”。只是，有学者认为，由于原《民法通则》所规定的“近亲属”众多，因此如何明确代理权限的顺

---

① 曾见：《德国患者权益新立法的主要内容和启示》，载《证据科学》2014 年第 2 期。

② 《病历书写基本规范》第 10 条规定：“对需取得患者书面同意方可进行的医疗活动，应当由患者本人签署知情同意书。患者不具备完全民事行为能力时，应当由其法定代理人签字；患者因病无法签字时，应当由其授权的人员签字；为抢救患者，在法定代理人或被授权人无法及时签字的情况下，可由医疗机构负责人或者授权的负责人签字。因实施保护性医疗措施不宜向患者说明情况的，应当将有关情况告知患者近亲属，由患者近亲属签署知情同意书，并及时记录。患者无近亲属的或者患者近亲属无法签署同意书的，由患者的法定代理人或者关系人签署同意书。”

位也是立法者没有考虑到的问题。[①] 在知情同意权主体方面,《民法典》第1219条沿袭了原《侵权责任法》第55条的规定;但《民法典》将患方“书面”同意改为“明确”同意,在“不宜”向患者说明的基础上增加了“不能”向患者说明情形。总之,有关患者知情同意的法律、法规、规章虽然已形成一定规模并涉及医疗行为的相关专业领域,但出台时间不同、效力层次不同,内容尚有大量不明确之处,并且还存在相互冲突与抵触矛盾之处,使知情同意的主体及自我决定权的主体在实践中存在认定困难。另外,原《侵权责任法》第56条(《民法典》第1220条完全沿袭了该条规定)仅规定了在紧急情况下同意权如何行使,而没有规定患者没有同意能力的情况下,如何行使同意权。《病历书写基本规范》第10条采取的标准是完全民事行为能力标准。

三、近亲属在同意权行使中地位的定性

在我国,由于家族医疗模式的长期主导地位,近亲属在知情同意规则运行中的地位一直是比较高的。患者与近亲属的利益一致性的推定在实践中不断被推翻。坚持患者意思自治,通过预先确定治疗意愿,将有效地贯彻患者本人的真实意愿,减少了近亲属基于自身立场对于医疗行为的干预力度,也减少了医方的顾虑与压力。满洪杰认为,在因自杀而拒绝治疗、涉及第三者利益(孕妇之于胎儿)、患者家属的拒绝和明显不理性的拒绝均构成患者决定权的滥用时,医生可根据医学专业判断进行治疗。[②]《医疗机构管理条例》第33条[③]规定,医疗机构施行手术、特殊检查或者特殊治疗时,必须征得患者同意,并应当取得其家属或者关系人同意并签字。而原《侵权责任法》肯认与维护患者自主权,同时对法律术语的使用更加纯粹。其进步表现为4点:取消了家属共享的决策权;“家属”改为“近亲属”;近亲属得代为决策的情形缩窄,以医疗特权和患者没有识别能力为

① 陈燕红:《困境与出路:我国患者知情同意权法律保护与适用的完善建议》,载《河北法学》2014年第2期。

② 满洪杰:《作为知情同意原则之例外的紧急专断治疗——“孕妇死亡”事件舆论降温后的思考》,载《法学》2008年第5期。

③ 《医疗机构管理条例》第33条规定:“医疗机构施行手术、特殊检查或者特殊治疗时,必须征得患者同意,并应当取得其家属或者关系人同意并签字;无法取得患者意见时,应当取得家属或者关系人同意并签字;无法取得患者意见又无家属或者关系人在场,或者遇到其他特殊情况时,经治医师应当提出医疗处置方案,在取得医疗机构负责人或者被授权负责人员的批准后实施。”

限;"关系人"被涂销。[①]《民法典》也继续采"近亲属"这一概念。

第六节　患者自主决定权的实现必须突破的观念桎梏

在涉及患者自主权的问题上,仍有各种思想或观点实质上是与患者自主决定权相冲突的。包括:(1)医师专业判断优先于患者自主决定权。不少学者认为,因为患者及家属由于医学专业知识条件限制,可能作出对患者生命健康极其不利的选择,应赋予医方为了患者利益最大化而根据医学原则作出诊疗决定的特殊干涉权及决策后果豁免权。[②] (2)人道主义为是否适用患者自主决定权的上位裁判原则:特殊干预权与知情同意权在使用过程中是否合理、合法,应以是否符合人道主义原则来判断。以人道主义为基础的特殊干预权可以实现患者的客观医疗利益,维护他们的生命健康权,防止功利主义滥用患者权利。[③] (3)自主权赋予患者临床决策权的同时,损害了患者根本利益,成为医患纠纷的"导火线"。表明道德权利对法律权利具有优先性,法权应当服从道德权利。[④] (4)患者自主决定权已通过契约让渡给医方。认为医患关系中病人的"同意权",即自主决策权,已由患者理性地选择按契约让渡给医生。[⑤] 笔者不赞同以上观点,且认为患者的自主决定权优先于医师特权具有正当性。理由如下所示。

一、坚持患者的自主决定权更符合具体患者理性

据美国的一项研究统计,常见疾病处方药的疗效仅为50% ~60% ,癌症治疗的疗效仅为20% ;而治疗的不良反应造成每年约77 万名病人的损伤甚至死亡,

---

① 唐超:《病急乱投医:〈侵权责任法〉"医疗损害责任"章评析》,载《南京大学法律评论》2017年第1期。

② 傅伟韬、郭自力:《法律视阈下的医患伦理关系研究》,载《社会科学战线》2015年第11期。

③ 徐连英、宋庆:《特殊干预权与知情同意权冲突的义利观解析及伦理学研究》,载《学习与探索》2013年第11期。

④ 陈化、韩丹:《患者自主权困境的伦理透视——基于关怀伦理的视角》,载《学术论坛》2012年第1期。

⑤ 雷锦程:《医患关系中的病人权利让渡——对某些特定医疗行为的伦理及法律分析》,载《医学与哲学》2002年第11期。

可使一家医院浪费560万美元的资源。[①] 即使在有相对明确治疗手段和临床治疗路径的病种上，医生也不一定能作出准确判断。有时，久病成医的病人更了解自己的病情；医生超负荷工作影响了准确诊断与有效治疗。对医师来说，紧急情况是"最重要的缓和注意义务的条件"，[②]既然医师可能因事出紧急而免除或限制医疗过失责任，那对患者来说，医师的特殊干预反而可能伴有医师权力滥用的高风险。这类风险可能出于医师的各种动机与目的，比如，经济上的或实验上的，或者将自己对某种风险信息和医疗方案的个人偏好强加于患者，向患者隐瞒同行所认可的其他可行的医疗方案等。[③] 从司法上看也不利于保护医师自身免受侵犯知情同意权的诉讼。

二、医师特权进行紧急干预的专业技术上的正当性严重动摇

医源性、药源性损害比例不断加大，医务人员违反诊疗护理操作常规造成的损害令人震惊。值得一提的是，2007年出现了轰动全国的"丈夫拒签手术致孕妇死亡案"，《南方周末》2009年披露的对该案的司法鉴定调查报告显示，李某云到医院时属重型肺炎，既不具备剖宫产的适应证，又存有剖宫产的禁忌证。这就证明其实肖某军是最清楚李某云并非出现了难产，而是严重的肺部感染。而当时医生的诊断也出现了矛盾，病人首诊是呼吸科，诊断为"孕36周，重症肺炎"，之后被转入的妇产科将诊断结果变动为"孕足月，妊娠期高血压"——剖宫产手术理由就此充分。[④] 至此，鉴定意见充分表明这起惨剧实际上属于医院误诊，这对于以此案例来强调医师特殊干预权优于患者自主决定权的观点来说真是莫大的讽刺。

三、坚持患者自主决定权与对唯理性主义的反思内在契合

患者自主决定权的实现途径是患者知情同意权。那种认为患者有同意能力

---

① 邱仁宗、翟晓梅：《精准医学时代或面临的五大伦理挑战》，载《健康报》2016年12月23日，第5版。

② 关淑芳：《论医疗过错的认定》，载《清华大学学报（哲学社会科学版）》2002年第5期。

③ 赵西巨：《是否违反"知情同意"法则是医学判断吗？》，载《南京医科大学学报（社会科学版）》2009年第3期。

④ 柴会群：《谁杀死了李丽云？"丈夫拒签手术致孕妇死亡案"再调查》，载《南方周末》2009年5月4日，第12版。

的判断标准是应当符合理性,反之则患者自主权应从属于医师特殊干预权的观点需要反思。笔者认为,首先要尊重患者不同的价值权、生死观。形式理性为我们提供了安定的、可预见性的制度与规范。但理性主义本身也可能忽视个体的人性化需求,理性并不等同于自由。以赛亚·伯林认为,自由本身即是目的,①他把自由区分为"积极自由"与"消极自由"。他反对的是"积极自由"观——主张自由包含在符合理性的行为和生活中,顺从理性就是自主和自我决定。这种观点错误地认为,那些有足够理性和智慧的人可以"引导"和强制缺乏理性的人,从而使其获得自由。亚当·斯威夫特认为,将自由等同于合乎理性不是要求存在一件对每个人来说都是理性的事情,并且认定对一个人何者为理性并不必然证明对其的非理性行为的干预是合理的。② 行为经济学认为,理性其实也只能是有限理性而非完全理性,在信息不完全的情况下仍然会导向认知偏差与偏见。在不涉及公共利益前提下,不以大多数人的观点来判断是非,应当尊重和承认价值观、生死观、道德取向等的多元化,即非理性、非主流的思想也应予以尊重。有观点在讨论患者临终自决权时指出,必须要考虑个案中患者的个体利益、愿望、需求以及世界观等。患者以前口头或者书面作出的表述,其对生活的期待如其的宗教信仰,其对待疼痛、疾病以及死亡的态度等,这些因素并不因其中的非理性因素而被排除。③ 再从胎儿利益与孕妇利益的冲突来看,如果孕妇选择剖宫产,则无论其出于理性抑或是非理由的原因,哪怕这可能导致胎儿死亡或者严重残疾,或者自己死亡,法院也没有宣布医疗干预合法的权力。④

从认识论角度看,知情同意并不属于医学专业判断的范畴,医学科技的进步以及医学知识向患者的溢出与渗透,医疗行为越来越精细化、程式化,医生自由裁量余地相应缩小。⑤ 医学专业判断应让位于一般知识,根据患者的价值观和生

① [英]以赛亚·伯林:《自由的概念》,胡传胜译,译文出版社2011年版,第216页。

② [英]亚当·斯威夫特:《政治哲学导论》,萧韶译,江苏人民出版社2006年版,第86~97页。

③ 张文婷:《论患者临终阶段的自决权——无同意能力患者消极安乐死之检讨》,载南京大学-哥廷根大学中德法学研究所编:《中德法学论坛》第7辑,南京大学出版社2009年版,第225页。

④ 唐超:《未经同意不得施治的义务与强行剖腹产案件》,载梁慧星主编:《民商法论丛》第56卷,法律出版社2014年版,第133页。

⑤ 张莉:《医疗纠纷与赔偿责任体系建立——法国医疗赔偿制度最新发展及其启示》,载《行政法学研究》2015年第5期。

活方式作出解答。[①] 就告知说明标准而言,世界趋势是从合理医师转向具体患者标准。如美国的"坎特伯雷(Canterbury)案"从合理医师标准转向了以患者自我决定权为导向的行为标准。认为在知情同意领域不应盲目遵从医疗常规或惯例。原因有3点:(1)信息披露应依据患者的个体情形,以免医生以所谓"行业惯例"推责。(2)信息披露标准应由法律设定,而不是由医疗行业设定。(3)在知情同意领域,行为决策往往涉及"非医学判断",并不需要医学知识和技能的介入。[②] 在澳大利亚的"罗杰斯诉怀特克尔案"(Rogers v. Whitaker)中,多数法官认为,对信息或治疗风险的披露,不需要专门的医疗技能(special medical skill)。而且在诊断或治疗中,特定风险的性质以及可预见性、关于特定预防措施的合理性问题,通常都是简单的共同常识(simple commonsense)问题。[③] 有观点认为,"具体患者说"虽然对患者知情同意权的保护最周到,但其造成了医患双方权利义务的失衡,医方负担了过大的法律风险。[④] 笔者不赞同上述观点。原因:其一,如果以理性病人为标准,就可能无法保障部分低于理性病人智力水平的患者的权利。其二,它符合病人的具体情况。[⑤] 其三,可加入"医师亦有预见可能者"等标准对具体患者标准予以修正。[⑥] 其四,具体患者标准也并非从数量上要求医师告知说明越详细越好,以避免患者无所适从的选择困境与决定权空洞化。

四、患者自主决定权是对抗医师权力滥用的法权依据

法学家更倾向应当尊重患者的自主决定权,这是医疗行为合法性的基础。

---

① 赵西巨:《是否违反"知情同意"法则是医学判断吗?》,载《南京医科大学学报(社会科学版)》2009年第3期。

② Canterbury v. Spence, 464 F. 2d 772(1972). 转引自赵西巨:《是否违反"知情同意"法则是医学判断吗?》,载《南京医科大学学报(社会科学版)》2009年第3期。

③ Rogers v. Whitaker(1992)175 CLR 479(HCA). 转引自赵西巨:《是否违反"知情同意"法则是医学判断吗?》,载《南京医科大学学报(社会科学版)》2009年第3期。

④ 姜春玲:《论患者的知情同意权——判例调查基础上的理论与立法检讨》,载《南京大学法律评论》2006年第2期。

⑤ 周友军:《论中国侵权法上的知情同意规则》,载《北京航空航天大学学报(社会科学版)》2011年第4期。

⑥ 程杰:《我国台湾地区的医师说明义务和患者同意权》,载《河南师范大学学报(哲学社会科学版)》2012年第6期。

如果患者不同意(不承诺)则医疗服务合同就不成立。[①] 道德权利的缺点十分明显,包括:(1)在外在表现形式上不够公开和透明。(2)在保障机制上呈现为"软"的表现。(3)在运行机制上表现出非程序化的特点。(4)在构成上不具有很强的致密度。道德权利运行不畅的表现有:(1)"搭便车"现象严重。(2)人们深受信任危机的困扰。[②] 因此,虽然伦理道德提供给了法律权利以善和正义的基础,法律应合乎良心,但由于道德权利的弱点,导致必须要依靠法律的保障才能发挥善的功能。针对前文提到的引发患者自主权与医师特殊干预权冲突大讨论的"丈夫拒签手术致孕妇死亡案"时,有学者就明确指出,一旦允许医方可自行解释"紧急情况"并"为所欲为","紧急情况"就会变成一种人们普遍厌恶的真正的"霸王条款"。更多的权利会从患方转到医方,因此减少了甚至是剥夺了患方的权利。[③] 洛克认为,绝对的权力就不可避免地会被滥用并导致绝对的腐败;以赛亚·伯林则认为,狼的自由就是羊的末日。正因为医师权力的强势,对医师权力滥用的警惕与制约就成为贯彻法治保障患者自主决定权的必然。道义论表面站在了道德制高点,却蕴藏极大的道德风险,流于表达不成文和行使随意性、边界模糊性,缺乏实现公平正义的正当程序和可操作性。我们难以回归无知之幕,无法绝对排斥医患间的利益纠葛和私利欲望,因而反对以医德伦理来取代法律权利的思路,道德"乌托邦"运动是对人性的根本摧残,使人的有限道德承受了不堪之重的负荷而扭曲变形。[④] 至于所谓患者基于契约将自主决定权理性让渡或赋权给医师的观点,更是对罗尔斯契约正义原则个人自由优先性的根本违背。

第七节　知情同意对医疗合同有效成立的影响

一、合同有效成立的各种学说简介

一般学说认为,从病人来医院挂号时起,医患间即成立合同关系。采"挂号时点说"的优势在于简便,符合通常医疗惯例与实践。即患者到医院挂号,并不

① 谢青松、汤建华:《患者同意权与生命健康权冲突的法律研究》,载《医学与哲学(人文社会医学版)》2009 年第 3 期。

② 强昌文:《契约伦理与权利》,山东人民出版社 2007 年版,第 68 页。

③ 苏力:《医疗的知情同意与个人自由和责任——从肖志军拒签事件切入》,载《中国法学》2008 年第 2 期。

④ 杨龙:《法律原生态的杀手:道德泛法律化和法律泛道德化》,载《学术论坛》2010 年第 7 期。

需要医师进行告知说明即可等待医师诊断。但存在的问题是,如果依此学说,则说明义务无从安放,因为并未有相关医师进行告知说明的机会。而如果以缔约上过失责任作为请求权基础,则只能认为挂号时,仅证明开始进入较紧密的信赖关系,而不能证明合同已然生效成立。依林淳宏看法,关于医疗契约成立时点的学说包括“挂号时点说”“陈述病情后医方要约说”“说明义务说”“到院时点说”4种学说。其中,“陈述病情后医方要约说”是患者陈述病情后,由医方根据医学专业判断确定契约给付内容,并向患者发出要约,再由患者予以承诺,医疗契约方为成立。“说明义务说”则是医师进行说明后,患者不撤回要约,医疗合同方得成立。这种学说类似“陈述病情后医方要约说”。只是,“说明义务说”认为,要约是患者发出。而“陈述病情后医方要约说”认为,要约是医方发出。林淳宏本人提出应采“预约说”。他认为,挂号时成立预约,医疗记录时成立本约,以符合医患双方权利义务的衡平,限缩医疗契约给付不能损害赔偿的时点和范围,缓和医疗行为契约化可能的医患紧张关系。①

二、对各种学说的评价

第一,笔者认为,“陈述病情后医方要约说”较之“挂号时点说”更重视说明义务在契约成立中的关键作用。如果患者陈述病情后,医师结合自身,特别是所在医院的专业水准、设施设备等,发现本院无法精确诊断或有效治疗,或病床有限无法安排入院,医师应尽到转院说明与告知义务。这为医方与患者就契约内容的沟通留下了空间与余地。否则,若患者不陈述即直接成立合同,待医师听完患者主诉后建议转诊,而患者不理解时,容易引发纠纷;医师听完患者主诉,再作出诊断,有利于确定医疗合同的契约内容,毕竟患者主诉是医师作出专业判断的先决条件,在非紧急抢救的情形下,医师如不明白患者面临何种具体病情,也不清楚自身是否具备进行诊疗护理的条件与水平,就认定合同成立,并由此产生各种责任与义务,这对于医方来说赋予了过重义务。这是将社会责任不恰当地放大,将承担医疗福利的主体不恰当地由国家政府转移给医院的表现。在高度市场化时代,公立医院本身并非公益化主体,而是公益化的载体。其在普通医疗领

① 林淳宏:《医疗行为契约化之若干问题分析与医疗契约于挂号起始风险之建议》,载《医事法学》2016 年第 1 期。

域承担的是私法上的权利义务,而非公共卫生领域、强制治疗领域的公法权利义务。基于医疗合同较之其他民事合同的特殊性,说明义务需要契约双方扮演更积极主动的角色,而非如一般经济、财产交易合同,说明披露义务还应限定在一定范围内以免影响市场竞争活力。

第二,笔者认为,采“预约说”的方式不失为一种新颖的尝试,但会使医疗契约成立与给付更复杂,笔者不赞同此种方式。而“到院时点说”认为,病人一到医院即认为医疗合同成立,明显不合理,不应被采纳。

第三,笔者认为,“说明义务说”更强调患者在医疗契约形成中的主动地位,更尊重患者意志自由,但又较之“挂号时点说”与“到院时点说”能保障说明义务有缔约前履行的空间与时间,能限定医师义务,不使之漫无边际,因而“说明义务说”更具有可行性。

第五章　医疗合同责任归责原则解释论

第一节　问题的提出:何为医疗损害责任的基本原则

一、关于归责原则的立法历革

从解释论出发,由于当前我国并没有在原《合同法》及《民法典》中制定“医疗合同”这一章节,因此在研究医疗合同责任归责原则时必须结合原《侵权责任法》及《民法典》关于医疗损害责任的相关规定来进行探讨。2002年最高人民法院《关于民事诉讼证据的若干规定》(以下简称《民诉证据规定》)第4条规定:“因医疗行为引起的争议诉讼,由医疗机构就医疗行为与损害结果之间不存在因果关系及不存在医疗过错承担举证责任。”也就是在医疗损害赔偿责任认定上实行全面的举证责任倒置,明显实行了对患者的倾斜性保护。但最高人民法院这一制度设计被认为在实践中导致了防御性医疗行为的泛滥。[①] 该条已在2019年最高人民法院《关于修改〈关于民事诉讼证据的若干规定〉的决定》中删除了。2010年原《侵权责任法》被认为通过第54条而将医疗纠纷的归

---

① 关于防御性医疗的论文比较多,如肖柳珍:《防御性医疗的经济分析——兼评〈侵权责任法〉第63条》,载《法学杂志》2012年第8期。

责原则重新归位于一般过错责任,但第58条又作出了特别规定。该法第58条规定,“患者有损害,因下列情形之一的,推定医疗机构有过错:(一)违反法律、行政法规、规章以及其他有关诊疗规范的规定;(二)隐匿或者拒绝提供与纠纷有关的病历资料;(三)伪造、篡改或者销毁病历资料”。《民法典》第1218条对原《侵权责任法》第54条的修订主要体现在《民法典》将“医疗机构及其医务人员有过错的”中的“及其”修改为“或者其”,但仍沿袭了一般过错原则;《民法典》第1222条对原《侵权责任法》第58条的修订主要体现在将“患者有损害”修改为“患者在诊疗活动中受到损害”、增加“遗失”病历等,但仍沿袭了过错推定的规定。由于医疗活动的高度专业性,医疗机构与患者的技术、信息严重不对称,医师凭借帮助人们消除不确定性、获取安全感的专家身份可归于“教士—思想者”类型,而患者则处于“普通信徒”类型,①一般处于明显的知识性、专业性劣势与弱者的地位,这是立法者难以回避和必须认真衡量的难题。立法者为了节制医师团队的权力、维护医患和谐与平等,势必要发挥现代侵权法以救济法为优的基本功能,则原《侵权责任法》第54条能否担当医疗损害责任的基本原则?抑或是暗藏玄机而实质是以第58条为基本原则?

二、过错推定原则是医疗侵权责任的基本归责原则

“要紧的不是医生是否造成了病人的伤害,而是医生是否提供了低质量的诊疗服务才造成了此种伤害。”②我们要着力评判的不是有医疗损害这样一个后果,而是医方在履行注意义务时是否存有过错。过错责任原则被认为是原《侵权责任法》规定的医疗损害责任的基本原则。王胜明指出,医疗损害责任一般适用过错责任归责原则。只有在原《侵权责任法》第58条规定的特殊情况下,才推定医疗机构有过错。③ 而根据杨立新的观点,“《侵权责任法》规定医疗损害责任的归责原则采体系化方法,规定过错责任原则为基本归责原则,辅之以过错推定原则和无过错责任原则。过错责任原则适用于医疗技术损害责任和医疗管理损害责

① 张洪根:《论技术主义时代的道德恐慌策略及其悖论》,载《自然辩证法研究》2004年第7期。

② Katharine Van Tassel, *Hospital Peer Review Standards and Due Process: Moving from Tort Doctrine Toward Contract Principles Based on Clinical Practice Guidelines*, Seton Hall Law Review 36, p. 1187(2006).

③ 王胜明:《中华人民共和国合同责任法释义》,法律出版社2010年版,第115~116页。

任,过错推定原则适用于医疗伦理损害责任,无过错责任原则适用于医疗产品损害责任”。[①] 他认为,医疗技术损害责任本应适用过错原则,但却又指出有两个例外:一是原《侵权责任法》第 58 条直接推定医疗机构有过错,并且不可以推翻,持同样观点的还有梁慧星等著名学者;二是参照德国、美国,进行特殊情形下的举证责任转换。

笔者认为,这一观点有矫枉过正与过犹不及之嫌:一方面,认为医疗技术损害责任以过错责任为基本原则,无视医方显而易见的知识垄断与专业霸权使患方要举证证明医方过错的极端艰难与不易,此即对举证责任全面倒置纠偏中的矫枉过正;另一方面,又认为原《侵权责任法》第 58 条是不能推翻的过错认定,必将使医方的责任过重,法适用所必需的弹性空间无处安放。忽视医学复杂性与风险性易导致医方的强烈不满与消极对抗,不利于原《侵权责任法》第 58 条基本功能的实现,无法导向医患衡平的价值理性。从原《侵权责任法》第 54 条到第 58 条好似从一个偏向走到了另一个偏向。过错责任原则是建立和谐医患关系调整三者利益的最佳“平衡器”,但必须有民事诉讼武器平等原则予以保障平衡的实现。[②] 就特殊情况下的举证责任转换机制而言,美、德等国的所谓事实自证或表见证明原则,都需要通过法律或判例进行类型化规定以便于法官适用,确保法的安定性与可预见性,否则易于导致司法中的恣意妄为。

笔者认为,广义地理解原《侵权责任法》第 58 条第 1 项,则医疗技术损害责任、医疗管理损害责任、医疗伦理损害责任,以致医疗产品损害责任都属于违反法律、行政法规、规章以及其他有关诊疗规范的规定产生的责任。该法第 58 条第 1 项等同于医疗损害责任基本原则的纲领性总条款,该条所规定的过错推定原则即为医疗侵权责任的基本归责原则,辅之以过错原则与无过错原则。

第二节 过错原则:形式上的基本原则与实质上的不正义

采取过错原则,从形式上实现了医患双方的地位平等,也带来了医生们所要求的“公正与平等”。但是,这种平等实质上是不正义的。

---

① 杨立新:《〈侵权责任法〉规定的医疗损害责任归责原则》,载《河北法学》2012 年第 12 期。

② 杨立新:《中国医疗损害责任制度改革》,载《法学研究》2009 年第 4 期。

一、忽视医患双方的力量悬殊

一是医患双方从技术上的力量悬殊，信息完全不对称。医方基于医学专业知识与技能的垄断与傲慢，具有医疗技术领域的自主特权，排斥外界的干预。绝对的权力须受到制衡，医方权力缺乏制约、合理裁量严重越界，以技术主义方式将患者作为医疗的客体对待。也正因如此，司法实践也存在要求医方适当的补偿责任的判决，以维护作为弱者的患者利益。①

二是整个医疗活动处于医方的控制之下，证据主要掌握在医方手中，患方举证负担十分沉重，自决权与选择权缺失。有学者将其归纳为事实不知、专业不知与证据偏在。② 最突出的例证就是，在大量的仪器检查与手术治疗中，患者身处封闭式空间内，如各种检查室（胃镜室、CT 检查室、核磁共振室等）、产房、手术室、重症监护室（ICU）等，除医方与患方外，没有第三方能从旁边予以监督，再加上麻醉，整个过程连患方本人都可能处于完全无意识而不知情。例如，在医疗纠纷中能还原事实的证据主要就是医生所记病历资料，最后还要依据这些病历资料来评判过失、进行司法鉴定。如果不充分估计患方在举证中的巨大困难，就不能理解采过错推定及举证倒置的正当性。

国外通过举证责任减轻制度有效解决医疗行为完全处于医方控制等情况下的重大医疗过失的举证难问题。如德国的表现证明原则，其重要案例为在医院染上传染病与麻醉导致医疗事故之情形等，③众多判例已由《德国民法典》增补吸纳，体现为其第 630h 条，以类型化方式较全面地明确了医疗纠纷案件中的举

---

① 如在 2009 年"刘某家属诉某医院医疗损害责任纠纷案"中，法院判决：被告某医院的医疗行为不存在过错，故被告某医院无须对刘某的死亡承担损害赔偿责任。但基于医院在诊疗上存在瑕疵使患者发生院内感染的鉴定意见，虽然该瑕疵与刘某的死亡结果并不存在因果关系，但法院仍判决医院给予患方 2 万元经济补偿金。参见胡凤滨主编：《医疗损害赔偿纠纷裁判规则与适用标准》，法律出版社 2015 年版，第 274 页。

② 沈冠伶：《武器平等原则于医疗诉讼之适用》，载《月旦法学杂志》2005 年第 12 期。

③ 詹森林：《德国医疗过失举证责任之研究》，载朱柏松等：《医疗过失举证责任之比较》，华中科技大学出版社 2010 年版，第 29～35 页。

证责任分配制度。[①] 英美法中则实行明显或重大过失案件中的事实自证。

三是对患者权利保障观念淡薄，法律依据不足，患方难以参与患者安全事务。王利明曾指出，“将医院与患者之间的关系认定为消费关系的意义在于：明确患者作为消费者所应当享有的基本权利，如消费者的安全权、知悉权、选择权、索赔权、接受服务时其人格尊严受到尊重的权利等”。[②] 甚至在侵权法语境下一些看似公平的权利，在实际享有时却是空洞而虚假的，如“患者的知情同意权”常成为医生免责和拒绝治疗的借口。[③] 其原因之一就是，没有一部有较高位阶的法律来对患者权利进行更具权威性、更精细化的规定，原《侵权责任法》的 11 个条文（《民法典》“医疗损害责任”同样也只有 11 个条文）也不足以明确及保障患者的各种权利。我们还缺乏保障患者权利的法律、法规。

二、过度强调医疗行为的不确定性

学理上，债务有方式性义务与结果性义务之区分。有学者认为，方式性义务与结果性义务的违约损害赔偿责任分别是过错责任与严格责任。[④] 由于医疗行为的高风险性与不确定性，再加上患者的个体差异，增加了并发症或副作用的不可预料性，因此将医方的诊疗义务界定为手段义务（或方式义务）是学界的主流观点，[⑤]如杨立新认为，“确定医疗技术过错举证责任的根据在于医疗侵权的方法债务性质”。[⑥] 学界多认为不能要求医疗行为保证有确定的治疗效果，而只能笼统、含糊地要求医疗过程中院方尽职尽责、勤勉谨慎，尽到与当时医疗水平相当

---

① 《德国民法典》第 630h 条规定了一系列的过错或因果关系的推定。包括：在医方可以完全控制的一般性治疗风险下的过错推定；告知义务的举证责任倒置；未将医学上必要的关键治疗方案及其结果记入病历档案或未保管好该档案，则推定其没有采取该治疗方案；如果医方不具有实施治疗的能力，推定其能力欠缺对患者损害具有因果关系；在重大医疗差错下的因果关系推定；如果医方疏于及时收集或保全医学上必要的检验结果，导致疏于实施该检验结果本应引出的其他治疗方案将构成重大医疗差错，同样构成因果关系推定。

② 王利明：《消费者的概念及消费者权益保护法的调整范围》，载《政治与法律》2002 年第 2 期。

③ 张铁薇：《侵权责任法与社会法关系研究》，载《中国法学》2011 年第 2 期。

④ 朱广新：《违约责任的归责原则探究》，载《政法论坛》2008 年第 4 期。

⑤ 当然，理论上与实务中也有少数医疗行为被认为以结果性义务为主，其主要特点就是不以治疗痛苦与疾病为目的，欲达成的目标明确，院方也可以作出较明确的结果意义承诺。主要包括的类型：人工生殖、结扎、美容整形、健康体检、人工流产、中期引产、变性、优生优育孕前检查（错误出生案件）等。

⑥ 杨立新：《医疗损害责任法》，法律出版社 2012 年版，第 144 页。

的注意义务。笔者认为,正是由于过度强调了医疗行为的方式性义务特征,并进而过度强调了医疗行为结果的不确定性,才使我们当年在面对2002年的《民事诉讼证据的若干规定》第4条的举证责任倒置规定的批评时缺乏信心、底气不足。

笔者认为:其一,尽管医疗过程由于人类身体的个体差异、疾病的复杂性、疾病的自然转归等不可逆因素而无法就每一个病人个人或每种疾病进行精确的诊断与治疗,即具有常说的医疗行为结果的不确定性,这也反映了人类对于疾病发生、发展认识的局限性。但我们也不能无限夸大这种不确定性,这会使意外风险与认知有限性成为医方推托过失责任的有力借口,也将使医患关系中病患一方的维权正当性受到质疑。在风险社会,我们也要反思技术专家通过对于不确定性的恐慌渲染企图确立技术理性内含的支配合理性(统治合理性)。

其二,在一个医疗行为中要清晰区分属于两种义务中的哪一种实际上是不可能的,在同一个医疗行为中其实并存手段义务与结果义务。有学者认为,以"依适当的注意与技术提供服务"来判断方式之债是否已经履行,并没有实质意义。还有学者就此指出,方式之债并非与结果毫不相关,"缔结合同时,当事人必定意欲达成一定的结果,缔结合同本身乃是当事人意欲达成一定结果的活动"。[①]

其三,要认识到医疗行为的结果具有可预见性,或称为"履行预期"或"效果期待"。这是因为对于大量的常见疾病已有经无数临床实践证明较成熟而有效的诊治规范、方案与科技保障。因此,医疗损害责任采过错推定原则为基本原则具有内在正当性。

三、防御性医疗并无精确科学依据

医疗活动本身有风险性、探索性等特征,如果医院畏惧被诉和承担损害责任而过度谨慎保守、过度依赖检查,这本身对于医学进步与人类福祉来说属于损失。抨击过错推定和举证责任倒置的重要论据就是其将导致防御性医疗,然而该主要论据并无科学依据,应予认真质疑。一是从未有科学权威的数据可以说明采取举证责任倒置后必将造成上述问题;二是过度医疗、医疗消费支出的剧增等。主要原因是,医疗资源财政供给严重不足,医疗保障乏力,政府、药品供应

---

① 周江洪:《服务合同的类型化及服务瑕疵研究》,载《中外法学》2008年第5期。

商、医保中心、医院、医生缺乏控费动机。[①] 医疗卫生资源集中于城市大医院、城乡基本公共卫生服务不均，医师报酬与劳动价值不成比例等问题仍然如顽疾般存在并困扰着我们的社会发展。有学者指出，我国医疗卫生领域面临的深层次结构性矛盾和问题仍旧突出。[②] 更何况，还有患者自身主动过度医疗问题：一是患者基于对社保“不用白不用”的错误观念以及门诊与住院报销政策不同而无病小治、小病大治；二是由于现代社会技术崇拜泛滥，患者对于医疗的期待值不断攀升、希望达到十分理想的疗效。另外，还必须承认，医疗技术的发展客观上也是医方更注重依托先进仪器进行系统检查的重要原因，这与过去较推重经验的诊疗沿革与习惯有显著区别。我们要认识到，防御性医疗主要是指以规避医疗过失诉讼风险为目的的行为，只要允许有医疗过失诉讼存在，医方就必然会本能地有相应的对策行为，即使是采一般过错责任也同样如此。事实上，防御性医疗与过度医疗往往纠缠不清，医方追逐经济利益的过度医疗才是所谓积极性防御性医疗的真正内因。[③] 从微观上来看，正是由于高昂的医疗成本与低水平的诊疗服务质量的鲜明对照以及救济管道的漫长与无效，才引起了患方的极度不满和医疗过失诉讼爆炸式增长。由此可见，有学者认为，2002 年《民事诉讼证据的若干规定》第 4 条的全面举证责任倒置刺激了患者滥诉的观点[④]是片面的。

如上所述，无视医患双方力量对比悬殊，贸然采取过错原则，再加上医师行为由医院对外完全负责且医院无对医师追偿权的替代责任制度，将导致对医疗机构(特别是对医师)的逆向激励，使侵权法对于医方的尽职尽责行为的督促与管制功能失效，不能实现预防与惩戒功能。笔者认为，法律应守护、培育和弘扬“善”与“正义”，打击“医闹”、维护医方正当权益与追究医方过失、维护患者合法权益应当并行不悖，绝不能因噎废食，更不可直接将公立医疗机构等同于为公共利益的化身而予以凌驾于法律之上的特殊保护。

---

① 姚宇：《控费机制与我国公立医院的运行逻辑》，载《中国社会科学》2014 年第 12 期。

② 李蔚：《十三五时期中国医疗卫生领域面临的问题及其治理》，载《甘肃社会科学》2015 年第 6 期。

③ 王安富等：《论过度性医疗、保护性医疗与防御性医疗的法律界定》，载《医学与哲学(A)》2013 年第 5 期。

④ 廖焕国：《论医疗过错的认定——以医疗损害侵权责任的理解与适用为视点》，载《政治与法律》2010 年第 5 期。

第三节　过错推定原则:立法中对实质正义的匡扶

一、通过原《侵权责任法》第 54 条规定表面上的过错原则以平息争议

2002 年最高人民法院《关于民事诉讼证据的若干规定》第 4 条第 8 项规定一出台即引起医界反对,法律界也批评声不断。认为不宜在医疗损害责任中全面采取过错推定原则,而仍应以过错原则为基本原则。激化的医患矛盾呼唤更高层级的立法来予以更权威的有效规制,否则原《侵权责任法》将受累于过度争议而不能顺利通过。立法者在医疗专业知识与信息上也同样存在劣势,立法者更易于从律师、雇主、医院收集相关信息,而并不易于从患者特别是穷困的患者身上收集相关信息。立法者也易于受到强大的医方利益集团的压力与影响。[①] 笔者认为,原《侵权责任法》第 54 条仅是规定医疗损害责任的构成要件包括医方过错,而实质上却是以该法第 58 条的过错推定原则作为基本原则,这就是为规避各利益集团激烈争议而又不辜负社会责任的立法技术的高超运用,确立这一原则也有助于我们顺利穿越医改的"深水区"。

二、通过原《侵权责任法》第 58 条确立过错推定为实质上的基本原则

(一)医疗技术损害责任、医疗伦理损害责任均属过错推定原则

梁慧星先生曾旗帜鲜明地指出,"人民法院审理医疗损害责任案件,不应适用《侵权责任法》第 6 条第 1 款过错责任原则关于过错举证的一般规则,被告是否存在过错,应由人民法院根据《侵权责任法》第 55、58、60 条规定的判断标准予以认定"。[②] 也就是不认为该法第 54 条规定的是医疗损害责任的归责原则。也有学者认为,在原《侵权责任法》起草中,原全国人大法律委员会在其说明中将第 54 条和第 58 条相提并论,意图应当是将第 54 条的过错,解释为第 58 条列举的

---

① Michael F. Cannon, *Reforming Medical Malpractice Liability Through Contract*, Cato Institute Working Paper 12, p. 7(2010).

② 梁慧星:《论〈侵权责任法〉中的医疗损害责任》,载《法商研究》2010 年第 6 期。

过错。[①] 关于医方义务的分类,一种分类观点认为,从原《侵权责任法》各条规定的主旨来看,原《侵权责任法》第54条、第57条、第58条、第60条、第61条(与之基本对应的《民法典》条文是第1218条、第1221条、第1222条、第1224条、第1225条)规定的就是医方的诊疗义务,第55条、第56条、第62条、第63条(与之基本对应的《民法典》条文是第1219条、第1220条、第1226条、第1227条)规定的即为医方的职业伦理性义务,第59条(与之基本对应的《民法典》条文是第1223条)规定的是典型的医方的组织性义务。其中,诊疗义务是医疗损害合同责任的核心。[②] 另一种分类观点认为,医方的义务可区分为:主给付义务是诊疗义务;从给付义务包括保存病历之义务、说明义务、转诊义务、填写病历摘要及提供检查报告资料之义务;附随义务有保护义务、疗养指导之说明义务、保密义务等。[③] 结合以上两种分类思路可见,原《侵权责任法》第58条第1项所规定的"法律、行政法规、规章以及其他有关诊疗规范的规定"就是体现医方主义务是诊疗义务的核心条款,采过错推定原则;该条第2项、第3项所规定的是医方的病历档案法定保管义务这样的从义务,也属于诊疗义务,同样采过错推定原则。

医疗伦理损害责任也被认为是采过错推定原则。代表性条款是原《侵权责任法》第55条和第61条。第55条规定的未尽告知义务和第61条规定的违反保密义务的都具有违法性,实质上都是对第58条第1款的违反,因此,虽未有明文规定,但应适用过错推定原则。[④] 具体而言,医方的职业伦理性义务,即第55条、第56条、第62条、第63条,其本身也属于法律、法规、规章及其他有关诊疗规范中的一部分,即从广义上来看,违反职业伦理性义务本身也是对医方诊疗义务的违反,二者义务实质上是重合的。有学者就此指出,对医疗技术过错和医疗伦理过错加以区分,其功能在于有助于法官认定过错。但违反告知义务,就是违反上

---

① 全国人大法律委员会2008年12月22日向全国人大常委会所作的《关于〈中华人民共和国合同责任法(草案)〉主要问题的汇报》的说明。王成:《医疗侵权行为法律规制的实证分析——兼评〈侵权责任法〉第七章》,载《中国法学》2010年第5期。

② 廖焕国:《论医疗过错的认定——以医疗损害侵权责任的理解与适用为视点》,载《政治与法律》2010年第5期。

③ 程啸:《论医疗损害民事纠纷中医疗者的义务》,载梁慧星主编:《民商法论丛》第21卷,金桥文化出版(香港)有限公司2002年版,第716页。

④ 杨立新:《〈侵权责任法〉规定的医疗损害责任归责原则》,载《河北法学》2012年第12期。

述法规及诊疗规范的行为。第二种过错应当可以被第一种过错所包含。[①] 值得注意的是,原《侵权责任法》第63条规定,“医疗机构及其医务人员不得违反诊疗规范实施不必要的检查”,该条意在规制过度医疗及防御性医疗,是医疗过错中少有的故意侵权行为,其不但应适用过错推定原则,而且应扩张解释为过度治疗、过度用药、过度保健等无效、有害的医疗行为,而不限于“不必要的检查”。[②]不同的观点认为,有关病患的自决权及承诺、同意等因素形成了具体个案的特殊性时,需要医师在个案中具体判断,是无法具体地详加记载而列入医疗准则(诊疗规范)中的。[③] 从这种观点来看,医疗伦理损害责任一般只是违反法律、法规、规章,而不会违反诊疗规范。但无论医疗伦理损害责任是否可以纳入医疗技术损害责任,医疗伦理损害责任采过错推定却是共识。从国外立法例来看,如前文所述,2013年《德国民法典》第630h条进行了大规模的过错或因果关系的推定,第630h条第2项明确规定医方告知说明义务的履行实行举证责任倒置。综上所述,医疗技术损害责任、医疗伦理损害责任都是采过错推定原则,只有医疗产品损害责任公认采无过错责任,从而说明我国原《侵权责任法》中医疗损害责任其实质上主要是以过错推定为基本原则。再者,要实现合同和侵权路径对患者的保护一致,也应借鉴医疗侵权的过错推定原则。在德国,随着债法现代法改革,精神损害赔偿扩大至合同责任,医疗责任的重心已向违约责任偏移。[④]

(二)从医疗过失判断标准的变迁也可见过错推定原则的核心地位

判断医疗过失的标准一般有“医疗常规说”和“医疗水准说”。从我国医疗过失判定标准上看,在实践中长期遵循的是“医疗常规说”,原《侵权责任法》第58条实际上就反映了医疗常规说的基本参照标准地位。我国在学理上一度较倾向日本“医疗水准说”。但表面上较之“医疗常规说”而言,进步意见颇大的“医疗水准说”却流于抽象,没有较确定的判定依据,在实务中不易把握,在司法实践中易引起争议。在梁慧星先生主编的《中国民法典草案建议稿》(第3版)第1657条“医疗过错的认定”中的规定,并没有延续原《侵权责任法》第57条关于

① 王成:《医疗侵权行为法律规制的实证分析——兼评〈侵权责任法〉第七章》,载《中国法学》2010年第5期。

② 石悦:《过度医疗侵权责任的构成、归责及赔偿》,载《贵州社会科学》2012年第7期;王安富:《论过度医疗侵权行为及其法律规制》,载《法学杂志》2012年第4期。

③ 卢映洁等:《医疗准则之意义与功能》,载《辅仁法学》2010年第12期。

④ 曾见:《德国患者权益新立法的主要内容和启示》,载《证据科学》2014年第2期。

医疗水平的提法，而是规定：医师在执业活动中有下列行为的，应当认定为医疗过错：(1)违反有关法律法规、医疗行业和医院各种管理规章制度和操作规程进行诊疗护理操作，以及第(2)项、第(3)项、第(4)项违反告知说明义务，未尊重患者知情同意权的……[①]实质上仍然坚持医疗过失判断标准上的"医疗常规说"。这是因为在现实生活中，大多数的医疗过错仍然是由没有遵守临床诊疗指南及操作规范造成的。

三、原《侵权责任法》第58条的规定是可以推翻的推定

关于原《侵权责任法》第58条的规定是否属于过错推定存有较大争议。梁慧星、王竹等学者的观点是，第58条的推定不可以推翻，即"本条所谓'推定医疗机构有过错'，属于不允许被告以相反的证据予以推翻的推定而与通常所谓'过错推定'不同"，实际上是直接认定医疗机构有过错，或者是"名为推定，实为认定"。[②] 正如前文所述，笔者认为，为了避免矫枉过正，该法第58条的规定应当是可以推翻的推定。但医疗机构要举证推翻这3项推定的标准和要求必须很高。因为，由于医疗活动的高度专业性与复杂性，医疗机构完全主导了整个医疗活动的进程，这导致医患双方力量处于悬殊状态。如果是明显违反该法第58条第1项的行为，例如，把纱布留在病人的体内、手术针断在患者肌肉里、误将患者无病的器官摘除等，这些行为可直接认定为过错，不应允许医方反证推翻。[③] 过错推定本质上是由于患者举证的困难而予以倾斜性保护，而并非对医方正当权利的直接剥夺，允许在特定条件下推翻推定也是出于民法上公平原则的一种利益平衡。那么，为什么依据诊疗规范所作的过错推定可以推翻？

（一）如何理解"诊疗规范"

原《侵权责任法》第58条第1项"违反法律、行政法规、规章以及其他有关诊疗规范的规定"是可以推翻的推定。诊疗规范（又称临床实践指南、医疗准则）首先是一种医学专业判断标准和日常诊疗护理工作中必须遵守的技术规

---

① 梁慧星编：《中国民法典草案建议稿》（第3版），法律出版社2013年版，第341页。

② 梁慧星：《论〈侵权责任法〉中的医疗损害责任》，载《法商研究》2010年第6期；王竹、舒栎宇：《医疗机构过错推定规则的理解与适用——以〈侵权责任法〉第58条及相关条文为中心》，载《医学与法学》2012年第2期。

③ 余明永主编：《医疗损害赔偿纠纷》，法律出版社2010年版，第80页。

范和操作规程;[①]同时,从法律上看,诊疗规范又是类型化的注意义务标准,违反诊疗规范又是对法律上注意义务的违反,从而可能构成法律上的医疗过失。对于诊疗规范的理解,不能局限于以规范性文件为载体。在法律、行政法规、规章以及其他有关诊疗规范的规定中明文规定的诊疗规范是以规范性文件为形式载体的“诊疗规范”。“其他有关诊疗规范的规定”具有代表性的如原卫生部(现卫健委)委托中华医学会、中华护理学会编写的《临床诊疗指南》《临床技术操作规范》;军队卫生部门制订的《医疗护理技术操作常规》,原《侵权责任法》颁行后卫计委发布的诊疗规范等,此外,还有各地省市卫生厅、市县卫生局制订的诊疗规范(省市卫生厅、市县卫生局制订的规范可以在本辖区内参照执行,但不能与卫健委的诊疗规范冲突与抵触)。[②] 而不以规范性文件为载体的诊疗规范,应以类型化方式具体界定是否属于“诊疗规范”范畴。包括:(1)医师专业协会制订的诊疗指南(并非受卫健委委托制订);(2)国外的医师协会制订的临床实践指南一类的医疗准则;(3)医院内部制订的规范,医学专业文献(如通用之权威教科书)、医学论文所载之规范的效力又该如何认定?以上各种类型能否成为原《侵权责任法》第58条的“诊疗规范”,能否成为我国医方遵循的注意义务标准?

笔者的观点为:其一,虽然并非国家公权力机关制订的具有强制执行力的法律规范性文件,但各医师专业协会(如中华医学会)制订的临床诊疗指南、临床技术操作规范等技术标准和操作规范可考虑作为形式意义上的诊疗规范。其二,国外的医师协会制订的临床实践指南一类的医疗准则在我国临床医疗实践中也

---

① 诊疗规范的定义可参考《医疗机构管理条例实施细则》第88条所定义的“技术规范”,是指由原卫生部、国家中医药管理局制定或者认可的与诊疗活动有关的技术标准、操作规程等规范性文件。有学者认为,医疗准则系由医学研究人员根据临床实验所得到的新型医学知识与技术而形成的基本诊疗步骤与程序。参见卢映洁等:《医疗准则之意义与功能》,载《辅仁法学》2010年第12期。

② 在过去的若干年中,我国医疗技术行为标准缺乏全国统一的标准。这对于医方注意义务的确定及医疗过失的判断是极为不利的。直到2004年1月16日,卫生部、国家中医药管理局、总后卫生部联合下发了卫医发〔2004〕16号《关于应用〈临床技术操作规范〉的通知》,通知要求全国各级各类医疗卫生机构和学术团体要组织医务人员认真学习《临床技术操作规范》,医疗卫生机构及其医务人员要在执业过程中参照执行;以上各部又于2006年4月7日联合下发了《关于〈应用临床诊疗指南〉的通知》(卫医发〔2006〕139号),明确指出,为推动我国医疗工作科学化、规范化建设,规范医疗卫生机构和医务人员执业行为,不断提高医疗质量,保障医疗安全,保护人民群众健康和生命安全,委托中华医学会编写《临床诊疗指南》。医疗卫生机构和医务人员要在执业过程中参照执行。自原《侵权责任法》通过后,“诊疗规范”成为卫健委发布的具有部门规章效力的规范性文件,要求各省市卫生局遵照执行。

在作为重要的指引予以使用,①特别是我国诊疗规范存在空白或薄弱的领域或环节;同时,在制订我国临床诊疗指南或诊疗规范等时也在参考这些国家的临床指引,由于医学的高度通用性,也可作为一种技术标准考虑成为形式意义上的诊疗规范。② 其三,如果医院内部制订的诊疗规范经医院网站、大堂公告等方式予以公示,而且其所体现的注意义务较之法律、法规、规章及卫健委(原卫生部)发文要求全国医疗机构及医务人员学习并执行的诊疗规范强度更高,那就应参照医院内部规定来判断其注意义务及过错,即视为原《侵权责任法》第58条在实质意义上的诊疗规范;反之,则不能作为参照标准。其四,医学专业文献(主要是指卫生领域教学与临床通用的权威教科书)在具体适用上也能成为参照标准,属于原《侵权责任法》第58条的"诊疗规范"的范畴,但由于其并未由卫生行政主管部门以规范性文件形式发布并要求参照执行,所以在适用时更应谨慎小心,否则在诉讼中也可能被指有过失。其五,医学论文所载之观点或诊疗规范则不能成为第58条所称之"诊疗规范"。

(二)诊疗规范的时效性决定了据之所作的过错推定是可以推翻的

两相对比,形式上的诊疗规范是以规范性文件这样的载体表现出来的医疗惯例,其较权威、清晰、稳定,在司法实践中接受度较高;而实质意义上的诊疗规范,特别是不成文的医学惯例则在认定中更富有弹性,同时也更不易把握,也就意味着在司法实践中可能引起较大争议。但基于法的滞后性、不周延性及法律漏洞的基本原理,仅依靠形式意义上的诊疗规范也无法以不变应万变。日本大审院判决指出,"'法律命令'所规定的处理方法,仅止于明示在通常情形一般应注意之义务而已,不能因此等'法令'规则中无任何规定,即谓无注意义务;亦不能认为其已遵守所规定的注意事项,而谓已充分的履行注意义务而免除一切责任,尚须视各个具体情形当时之特殊状况,负特别之注意义务"。③ 比如,"属于

① 国外的临床指南也在国内参照使用。举例来说,目前常用的肺癌临床诊疗指南包括:美国临床肿瘤学会肺癌诊疗指南、美国国家综合癌症网肺癌诊疗指南、欧洲肿瘤内科学会肺癌诊疗指南,以及中国原卫生部原发性肺癌诊疗规范。各个指南在总体原则上并无明显差异,但在具体的处理细节上有所区别。陆舜等:《2015年肺癌诊疗指南:共识和争议》,载《解放军医学杂志》2016年第1期。由于中国人群的经济水平、生活习惯、身体特点与西方人群不同,因此,我国在诊疗指南的制订上,必须要参考亚裔人群资料,依据我国临床研究和流行病学研究结果,制定和更新适宜我国人群的诊疗指南。

② 参见卢映洁等:《医疗准则之意义与功能》,载《辅仁法学》2010年第12期。

③ 日本大审院1939年(昭和十四年)11月27日判决,大审院刑事判例集第18号,第544页。转引自黄丁全:《医事法新论》,法律出版社2013年版,第298页。

先进医疗技术刚发展且尚未达成共识认定为有效方法时,诸如换肝换心手术刚开始时,风险高、死亡率高,且未达成共识的情形下,就没有符合医疗准则的诊疗可言”。[①] 即我们还不得不承认在实践中应依靠实质意义上的诊疗规范作为判断注意义务的标准与依据。笔者不赞同对旧有的医疗惯例的墨守成规(哪怕已成为形式意义上的诊疗规范),以医疗行为符合固有的惯例来主张医疗损害的免责并不必然得到支持。在日本,对于遵循医疗行业习惯是否意味着没有过错,判例的主流是持否定性的或消极性的见解。[②] 日本法院认为,行业惯例在法律上不具有直接的效力,法律判断问题的依据是法律规定与立法目的,是否存在医界惯例不能直接影响法律上是否违反注意义务的判断,但可在过失程度上予以考虑;[③]同时,从提升医师注意义务,有效保障患者利益出发,[④]若新近临床上的惯常做法突破了滞后的形式意义上的诊疗规范,并在实践中证实是更有利于患者生命健康的,那么对于新的惯例就要予以司法尊重。则依据形式意义上的“诊疗规范”所作的过错推定也是可以推翻的。[⑤]

(三)过分提高注意义务的诊疗规范所作的过错推定可以推翻

诊疗规范、操作规程也存在降低服务质量或过分提高服务者注意义务的问题。[⑥] 因此,对于依据过分提高医疗服务者注意义务的诊疗规范所作的过错推定也是可以推翻的。[⑦]

---

① 卢映洁等:《医疗准则之意义与功能》,载《辅仁法学》2010 年第 12 期。

② 周江洪:《日本医疗水准说评析》,载《中国政法大学学报》2008 年第 5 期。

③ 黄丁全:《医事法新论》,法律出版社 2013 年版,第 320 页。

④ 有学者就坚持患者利益优先的标准,主张医疗常规和法律、行政法规、规章及其他有关诊疗规范,不得仅以是否与之相符为由全然判定为过失,其通用性规定可推定为过失,但如行为符合患者利益可予推翻。窦海阳:《法院对医务人员过失判断依据之辨析——以〈侵权责任法〉施行以来相关判决为主要考察对象》,载《现代法学》2015 年第 2 期。

⑤ 朱冬:《论“诊疗规范”在医疗过失认定中的作用——兼评〈侵权责任法〉第五十八条》,载《中国卫生法制》2011 年第 4 期。

⑥ 周江洪:《服务合同的类型化及服务瑕疵研究》,载《中外法学》2008 年第 5 期。

⑦ 医方注意义务的强度与我们对医疗疗效设定的目标有直接关联。有学者指出,理想化的努力目标是实行最优质的医疗,即实现最安全、痛苦最少、最便捷和费用最低的最佳疗效的医疗。但作为保健服务的基本要求则应是实行适度医疗,即为病患提供安全、便捷、耗费少的有效的医疗服务。基本医疗保险更应当提倡适度医疗。适度医疗是面向最广大群众的,强调普及性,提供的可选方案较之于最优质医疗要多得多。杜治政:《过度医疗、适度医疗与诊疗最优化》,载《医学与哲学》2005 年第 7 期。因此,我们不宜以最优质医疗这样的理想化目标来设定医方注意义务的强度。

（四）诊疗规范的法律拘束力存有争议也使直接认定过错正当性欠缺

有学者认为，“医疗准则仅仅是宣示性地反映出当时的医学知识或医疗水平而已，其并非法律上的直接结构性要素。一些德国判例也批评医疗准则欠缺了法律上的正当性，所以即使医师违反了医疗准则也不认为这有直接的重要性。所以医疗准则往往被视为不具拘束性的规定。在德国医学判例上，医疗准则对于医师而言仅是具有资讯性格而已，不能作为直接拘束医师的医疗行为之指导”。①

（五）医学界与法律界的专业隔阂也使不能推翻的过错认定欠缺专业基础

法界人士不易完全掌握实证医学数据的临床意义，而医界人士其实也不清楚这些数据在司法实务上是如何被运用的，导致双方在沟通上之隔阂，对于同一项实证医学数据意义的解读，可能是南辕北辙的。法界虽然对于实证医学以及临床指引相对陌生，但比起医界则有较高的兴趣采取实证医学以及临床指引作为医疗纠纷诉讼的证据。② 正因如此，使不能推翻的过错推定欠缺专业基础。

（六）诊疗规范并非决定诊疗的唯一因素

在探讨判断医疗过失的标准时，我们已知诊疗规范并非确定是否达到医疗水平的唯一和决定性因素。因此，在判断过错时，如果根据诊疗规范已构成过错，但根据其他要素综合研判可能并不构成过错，则需要针对个案进行具体的医学分析，不宜直接依据法律逻辑的抽象推演而直接认定为过错。

（七）我国卫生法制水平决定了不宜直接据之认定过错

第一，我国卫生立法水平有待进一步提高。我国诊疗指南、诊疗规范这类文件一般也是在总结国内临床经验、借鉴国外既成指南的基础逐步形成的，在这一过程中，我国临床数据的采集、分析过程的局限性，会导致偏差产生，因而诊疗规范的修订频率比较高，这也使据之直接认定过错的合理性存在不足。

第二，有关诊疗规范的规定的法规范目的需要协调与厘清，也决定了不宜将违反法律规范性文件的行为认定为不可推翻的过错。任何完整的法律规范都是以实现特定价值观为目的的，并予以评价特定的法意和行为方式。③ 被违反的医事法律规范是否具有保护私法上利益的目的？应依照“法规目的说”来确定，即

---

① 卢映洁等：《医疗准则之意义与功能》，载《辅仁法学》2010 年第 12 期。

② 吴志正：《实证医学数据于医疗事故损害赔偿上之意义》，载《台大法学论丛》2011 年第 1 期。

③ [德]伯恩·魏德士：《法理学》，丁小春、吴越译，法律出版社 2003 年版，第 55 页。

从规范的角度,检查被侵害的法益或损害是否在该规范的保护范围内;侵害或损害是否因该法令所欲避免的危险实现而产生,此即违法性要求。受害主体若不在规范保护范围内,或不具违法性关联,自不得据此主张。[①] 还有学者指出,违反了引入私法中的公法规制性规范并不能直接认定为过失,如果认定为过失,则也应允许举证推翻;应允许法官在此有自主评价的空间。否则,无异于让规制性规范中所确定的行为义务标准优于过失判定时的注意义务标准。司法者自主评价的可能性也就不复存在了。[②] 由于顾及自身声誉及市场认可度,各个医疗机构本身是不愿整理与发布发生医疗纠纷的各种详细数据,如发生纠纷的数量、所属诊疗科目、造成过失的原因、纠纷的最后解决方式与内容等。这使立法者,特别是没有实际经办医疗损害责任案件的立法者难以掌握最真实的数据。法官较之立法者更易于接近患者,更易于解决信息不对称的问题。因此,赋予法官在案件审理中对过失判断的一定自由裁量权是十分必要的。如果直接认定为过错,不允许医方举证推翻,则无疑使这种自由裁量权的空间过度缩小了。

各种规范性文件有关诊疗规范的规定的法规范目的,并非都是为维护患者的正当利益、医方的正当利益以及促进医患间利益平衡的,还有一些规定是为了控制总体政府卫生保健支出等,因为实现病者有其医、按需所取的美好理想必然遭遇财政负担不堪其重的冷酷现实。[③] 有学者认为,临床指引或医疗常规除追求病患最佳利益外,尚有可能须兼顾整体社会政策、医疗资源之妥善合理分配、健保给付负担,以及医院成本管理等目的性。法官判案时不可全然漠视或拒绝采信医疗常规,而自行认定或创设理性医师之标准。应考量该临床指引或医疗常规制定之合理性与目的性以及病患受损权益之重要性等因素作综合研判。[④] 这种公共政策在私法中的介入可能在具体医疗行为中对于特定患者群体的利益维护是消极的。比如,在用药的种类、品牌、数量以及是否需要手术、手术方案选

---

① 杨佳元:《侵权行为过失责任之体系与一般要件》,载《台北大学法学论丛》第56期。转引自王丽莎:《医疗过失理论研究》,中国政法大学出版社2014年版,第87页。

② 朱虎:《规制性规范违反与过错判定》,载《中外法学》2011年第6期。

③ 这类文件如2013年由广东省人力资源与社会保障厅及广东卫计委联合发布的《广东省基本医疗保险诊疗常规》。省人社厅解释其目的是保障医患双方合法权益。一方面,可以引导医疗机构提供适度的治疗,维护参保人医保权益;另一方面,可以引导参保人合理使用医疗服务,为医务人员医疗服务行为提供保障。

④ 吴志正:《实证医学数据于医疗事故损害赔偿上之意义》,载《台大法学论丛》2011年第1期。

择、住院的期限长短等方面意在控制医疗保障支出成本的诊疗规范的规定，在实践中医方必须贯彻执行，但有可能由于贯彻其规定以致无法有效应对实践中疾病的个体差异性与复杂性，导致了特定病患的病情延误、造成损害，从而违反了保护患者利益的相关诊疗规范，比如，在医保体系下手术排队时间太长导致病情恶化等。此时，病患依据保障患者正当利益的诊疗规范要求推定医方过失是否应予以支持？这说明，有关诊疗规范的规定的法规范目的存在冲突，需要协调与厘清。

第四节 侵权责任法在归责原则体系调整上向合同法靠拢

有学者指出，在我国侵权责任法的特殊侵权责任的规定中，对医疗损害责任、产品责任和交通事故责任的部分责任类型规定了严格责任的特殊归责原则，看似消除了合同法和侵权法在归责原则优势上的差别，但实质上说明，在两法最容易产生竞合的领域，侵权法在归责原则体系调整上向合同法靠拢，本身就说明了合同法的某些优越性。[①] 其总结了合同责任构成要件的宽容性：一是严格责任对于保护受害人利益更加有利；二是约定责任减少了受害人举证负担；三是合同责任中省略了复杂的因果关系推理过程。[②] 合同法救济方式的优越性包括：一是合同损害赔偿范围的确定具有便易性；二是合同中非财产性损害保护的扩展趋势。侵权法终归是一种昂贵的和臆断的赔偿系统，其证据和因果关系证明的不稳定性、赔偿额确定的随意性、补偿的不充分性以及程序的过分拖沓都有可能导致个案结果的不公正，而以上侵权法的缺点正是保险制度的优势所在。[③]

以上是对侵权责任法医疗损害责任归责原则的一种解释论分析。通过这种分析我们可知，在侵权法现有立法文本里，我们通过考察立法资料、分析司法实务效果等得出医疗损害应采过错推定的归责原则以及侵权法在归责原则体系调

① 樊志军：《合同法与侵权责任法关系的反思与重构：以侵权责任法的扩张为视角》，法律出版社2016年版，第91页。

② 樊志军：《合同法与侵权责任法关系的反思与重构：以侵权责任法的扩张为视角》，法律出版社2016年版，第89～93页。

③ 樊志军：《合同法与侵权责任法关系的反思与重构：以侵权责任法的扩张为视角》，法律出版社2016年版，第48页。

整上向合同法靠拢等关键结论。而当我们回归医疗合同归责原则的话语体系中,明确适用合同法的严格责任或者过错推定责任,可能就更加直接,合乎合同法在归责原则上本身的一贯原理与逻辑。由于笔者已在本书的第一章第四节"医疗合同归责原则采过错推定与举证责任分配具有合理性"部分进行了详细剖析,这里不再就医疗合同归责原则为何应采过错推定原则进行赘述了。

第五节 从举证责任全面倒置到过错推定推动"理解医疗"的到来

在民法上,对医方注意义务的宽严态度是不断发展变化的,日本从明治维新后经历3个时期:优待医师时期、优待患者时期和理解医疗时期。[①] 这显然与医疗技术、社会保障的飞速发展有关。在医疗服务契约化、商品化、市场化进程中,医院与医生对于利润最大化的追求可能导致医疗质量下降与医疗损害频发;而互联网络缩小了医患间医学专业知识的差距,暴露医疗行业的种种灰色领域,使患者掌握了相当数量的维权信息。从道义论出发应采过错推定原则,使患者得到平等、尊重和关怀,特别是最有利的法权救济;从目的论出发应采过错原则,使医方减少败诉的风险,从而使诉讼和赔偿消耗的资源更有可能用于更多人的医疗福利。效用、利弊权衡等的基础是目的论,更符合实用主义特点。既然我国GDP总量全球第二,物质条件已到了比较丰富的程度,那就要将道义论与目的论结合起来,投入足够资源支撑对个体患者的权利的最大保障,同时兼顾整体医疗福利水平的提升。转向"理解医疗"势在必行,制度渠道是加大医疗资源供给和提升医疗资源配置效率,保障医师剩余索取权,激发其人文关怀,毕竟我们的目标是促进医患从道德异乡人走向道德共同体。原《侵权责任法》考虑到医方的隐藏行动等道德风险,在其第58条规定了过错推定的3种情形,但第58条仅是对过错的推定(可以由医方以强有力证据推翻的),而且并不包含因果关系的推定;从而明显弱于2002年最高人民法院《关于民事诉讼证据的若干规定》的举证责任全面倒置的强度,显示了破除鉴定依赖、提升纠纷解决效率、促进医患利益平

---

① 郭升选、李菊萍:《论医疗注意义务与医疗过失的认定》,载《法律科学(西北政法大学学报)》2008年第3期。

衡、避免零和博弈的良苦用心(《民法典》第1222条沿袭了原《侵权责任法》第58条过错推定原则)。也就说明,医疗损害责任的基本归责原则应是过错推定原则而非一般过错原则。而根据原《侵权责任法》第6条第2款(《民法典》第1165条第2款与之完全一致)规定,“根据法律规定推定行为人有过错,行为人不能证明自己没有过错的,应当承担侵权责任”。很明显,要在有“法律规定”的情况下才能适用过错推定原则,[1]而在医疗合同的归责原则上没有这一限制适用条件。

① 杨立新:《〈侵权责任法〉规定的医疗损害责任归责原则》,载《河北法学》2012年第12期。

第六章　医疗合同是否应当赔偿履行利益

第一节　医疗损害赔偿应赔偿期待利益还是信赖利益

一、违约损害赔偿一般以期待利益为基准

两大法系的违约损害赔偿都以履行利益(期待利益)为基准。与之相对,在合同不成立、无效或被撤销的情形下,损害赔偿则以信赖利益为准,即当事人相信合同成立并生效,但合同最终不成立、无效或被撤销所产生的损失。[①] 对于合同法上的期待利益的赔偿,有学者指出,法国波蒂埃(Pothier)在其1761年发表的《论债法》一书中首先提出该原则,1804年《法国民法典》采纳了该原则。英国在1854年通过"哈德勒诉班克斯恩得尔案"(Hadley v. Bax endale)确认了该规则。我国在1999年原《合同法》的第113条全面确立了该规则,即损失赔偿"不得超过违反合同一方订立合同时预见到或者应当预见到的因违反合同可能造成的损失",这一规定由《民法典》第584条予以承继。《德国民法典》第249条规定,负损害赔偿者,应恢复损害发生前的原状;第252条规定,待赔偿的损害也应包括所失利益。按照事物的惯常进行

---

① 王泽鉴:《民法学说及判例研究》(第5册),中国政法大学出版社2005年版,第212页。

或根据特别情事，特别是根据所做准备和所采取的预防措施，能够以极大的可能性期待得到的利益，视为所失利益。《法国民法典》第 1149 条规定："对债权人应付的损害赔偿，除下述例外或限制外，一般应包括债权人所受的损失和所失的可得利益。"

二、对医疗行为不确定性的反思

（一）一般民商事合同也无法保证合同能完满履行

医疗损害赔偿能否使受害的患者身体健康恢复如未遭受损失一样？生命健康当然无法恢复如初，此时需要通过金钱赔偿来予以补偿。这种补偿的程度，是按照违约责任的期待利益还是按照信赖利益，抑或是干脆因无法证明期待利益而不予赔偿？有学者即指出，期待利益在司法实践中往往得不到有效支持。原因在于确定性，即合同的内容与结果是否具有确定性。医疗合同本身也得考虑医疗行为的复杂性、技术的时代局限性、病患的个体差异等，因而没有办法绝对保证治愈的结果。这也成为医生免责或者推卸过失责任的基本理由。然而，在一般的买卖合同等商品经济交换十分明显的合同中，我们事实上在签订合同时也无法保障这个合同能得到完满履行。例如，当我们签订一个商品房买卖合同是否就一定能保障合同的完满履行？在实践中，这个合同有效成立，合同的内容与目的也十分清晰，就是要获得一套商品房的所有权，能对其占有、使用、收益和处分。但在实践中却往往因为各种原因，如工程"烂尾"、一房多卖等原因导致购房者并不能如愿以偿，从而必须依据这一合同来追究开发商违约责任。如果在一般的以获取财产利益为目的的合同中，只要签了合同就能保障合同目的一定能实现，恐怕就不需要法律存在了。然而，这种合同目的并不能必然达致的不确定性并不妨碍我们运用契约意识和契约平台来保障我们的预期利益，因而不必过度突出医疗合同的特殊性。

从比较法上看，合同条款确定性要件保护受允诺人的期待利益原则。笔者认为，通常在一个典型的合同中，要构成一个形式完备的合同就必然要求合同的内容和条款均十分确定。美国合同法则认为，一个合同确定性要件的保护受允诺人的期待利益之原则可以推断。合同的条款必须能够"成为决定是否存在违约以及进行适当救济的基础"。这里所说的合同确定性虽然并无直接的明确定义，但是一个浅显的理解可以认为，一个合同依托于某些关键要素的明确化与具体化，根本上一个满足确定性要件的合同适宜于强制履行，即使部分条款不明，亦能够进行适当救济。① 最近的表述仅仅说“合理的确定性”，《美国统一商法典》的评注中解释道，损害不必“达到数学意义上的精确程度”，“最多就是一个近似的数值”，并且“被证明达到了有关事实所允许的确定和准确程度即可”，“由于不确定是不可避免的，因此采取对受害方有利而对违约方不利的态度并非不恰当”。②

（二）我国司法实践对于医疗活动相对的确定性和可预测性的肯认

在“肖某某等诉宁波市医疗中心某医院医疗损害赔偿纠纷再审案”中，③原告认为，被告在抢救治疗因食蕈中毒的黄丙、黄丁、黄甲三名患者过程中违反诊疗规范，导致了黄丙、黄丁死亡、黄甲身体损害的结果。再审法院认为，患者将健康与生命托付给医方是基于对医方的专业能力与职业水平的信赖。医方应当具备与其高度专业化工作内容相符的技能，能力不足不能成为免责事由，发生与其专业水准与职业素养相悖的行为时，即应当认定为存在过失。医方对患者并非为不治之症的食蕈中毒，未遵循明确的诊疗规范进行抢救，应当承担责任。该案再审民事判决书中还写道：本案审理中，被告方一直强调，本案 3 名患者的伤亡，根本原因系蕈中毒所致；医疗行为无法包治百病，具有风险性。本院再审认为，诚然，医学是一门在实践中不断研究和探索的科学，医疗活动中多种因素的不确定性，导致了医疗行为的风险性。但是，随着现代医学科学技术的发展，不同的医疗活动之间存在相对的确定性和可预测性。

三、非以获取财产利益为目的的合同只能赔偿信赖利益

非以获取财产利益为目的的合同，包括两种情形：一是一方以获得身心状态改善而非增进财产利益为目的的服务合同，如旅游合同、医疗合同等；二是财产合同的一方当事人并不以取得财产利益为目的，而是为了取得其他利益。④

1973 年美国马萨诸塞州最高法院审理的“沙利文诉奥康纳案”（Sullivan v. O’Connor）（以下简称“沙利文案”）最经典，该案涉及的是一个以鼻部整形手术

---

① ［美］E. 艾伦·范斯沃思：《美国合同法》，葛云松、丁春艳译，中国政法大学出版社 2004 年版，第 206 页。

② ［美］E. 艾伦·范斯沃思：《美国合同法》，葛云松、丁春艳译，中国政法大学出版社 2004 年版，第 823 页。

③ 浙江省高级人民法院民事判决书，（2009）浙民再字第 126 号。

④ 于韫珩：《违约责任中的信赖利益赔偿》，载《环球法律评论》2015 年第 3 期。

为内容的合同。病人与医生在这一鼻子整容之诉讼中,原告作为一名职业性表演演员,由于对鼻子太长不满意,而至被告医院美容整形以求缩短其鼻子长度。原约定治疗过程系动二次手术,当第二次手术过后,鼻子整形结果非常不理想而必须动第三次手术,第三次手术后,其结果仍使之大为失望,手术后之鼻子尚不如未动手术前好看。① 由于患者鼻部的瑕疵因整形手术而生,后经手术后仍无法恢复,法院判决原告可获得的赔偿包括:第一,手术费,即返还利益;第二,与违约行为直接、自然且可预见的损失,包括因毁容产生的精神痛苦、第三次修正手术所遭受的精神痛苦,但对前两次手术损害则不予赔偿。于韫珩认为,在该案中,依原告鼻部术前、术后状态的差异而为的赔偿是就信赖利益的赔偿,以恢复到术前状态,而非就医疗行为未能如约塑造出更美观的鼻子进行期待利益的赔偿。他认为,从该案可见,无法以医疗合同来保障期待利益,而应转采赔偿"信赖利益+精神损害赔偿"②来进行替代性救济。

笔者并不完全赞同上述观点。医疗合同具有服务合同的基本特征。医疗合同不属于以获取财产利益为目的的合同,其作为一种服务型合同,与物的交易不同。其一,服务具有无形性及识别困难性,以及由此而引起的确定债务内容的困难、客观判断服务品质的困难等。其二,复原、返还已经提供的服务非常困难。其三,服务的提供依赖特定服务人,有高度的人格专属性,同时也依赖服务受领人的协作能力与程度。其四,对于专家服务来说,信息说明义务尤为重要。其五,服务更强调信任义务与忠实义务。其六,服务具有持续性。具体债务内容一般会随着时间推移而发生变化。③ 结合上述特征,医疗行为的确存在客观判断医疗服务质量及效果的困难,但这种困难其实也存在于常见的商业交易合同中。有学者就通过统计得出结论,在我国民商事合同纠纷司法实践中,有的法官存在对于判决赔偿实际损失的偏好。作为可得利益赔偿规则的可预见性规则的适用率极低,而立法没有规定的确定性规则在司法实践中却得以大量适用。④

"沙利文案"属于美容整形,系不以治疗疾病为目的的医疗合同。美容整形,

---

① 363 Mass. 579,296 N. E. 2d 183(1973)。转引自杨桢:《英美契约法论》,北京大学出版社2007年版,第391~392页。

② 于韫珩:《违约责任中的信赖利益赔偿》,载《环球法律评论》2015年第3期。

③ 周江洪:《服务合同研究》,法律出版社2010年版,第17页。

④ 吴行政:《合同法上可得利益赔偿规则的反思与重构——从〈中华人民共和国合同法〉第113条适用的实证考察出发》,载《法商研究》2012年第2期。

是指运用手术、医疗器械、药物以及其他医学技术方法对人的容貌和人体各部位形态进行的修复与再塑，进而以增强人体外在美感为目的的医学科学。前述观点所举案例是讲的鼻子整形失败后的损害赔偿。其实，如同合同如约履行了的结果肯定是有产生可能的。虽然测量医疗行为的损害结果较困难，但就成功做了美容手术后的效果与做整形手术之前的效果之间的差距多大，其实可以通过约定予以量化。也就是说，从常识出发，由于医方并不成功的整形行为，肯定造成了患者的合同目的不能达到。此时，患者应当有要求赔偿期待利益的权利。例如，在我国某整形美容纠纷案中，法院判决患者获赔 85,450.79 元。美容服务前，被告公司书面承诺将原告暗疮包治疗好，痘印消除 70%，毛孔收细 70%。原告林某君接受美容服务后脸部皮肤问题并未得到改善并且出现皮肤发红、丘疹、脓疱等症状，因此，被告公司构成违约，理应退还美容服务费。[①] 该案显示出看似不能量化的美容整形合同，也是可以就服务效果进行约定的。还有更典型的医疗服务合同，即以治疗疾病为目的的医疗合同，这类合同的效果同样可以依托实证医学数据予以约定。

还需注意的是，在该案中，法院否认了医方的过失，也即患者不能追究医方的侵权责任；而是让患者通过合同之诉维护权利，获取损害赔偿，当然这种损害赔偿被认为如果比照商业交易合同赔偿全部期待利益是过分的，不应采全部赔偿法。

四、对“沙利文案”赔偿的进一步分析：名为信赖利益实为履行利益

受害人损失之利润，则较难厘清，争议亦多。例如，在前述的美国“沙利文案”中，整个过程原告支付医药费约 622 美元。于是原告基于双方之约定而控告医生手术失败，要求赔偿。法院斟酌再三，综合考虑原告要求支出之费用及信赖整形后表演生涯所可能得到之收益等，判决如下：(1)原告可自被告收回已支付医药费 622 美元；(2)被告须补偿原告因手术后的鼻子与未动手术前的鼻子形状间之差异，包括原告所从事表演事业因手术失败而失望之损失等；(3)第三次手术所遭受之痛苦及失望应予赔偿；(4)对原告手术成功后所可能增加之表演收入赔偿部分，法院则不允许计算，因此部分很难预计。综上所述，法院判决原告可

---

① 重庆市第一中级人民法院民事判决书，(2016)渝 01 民终 2527 号。

得 1.35 万美元之损害赔偿金额。法院显然系依照双方当事人间契约之"信赖损害赔偿"(reliance damages),计算出原告在此事件中之损失而应得之补偿。①

该案在各种论文及著作中被频繁引用。笔者认为,其核心观点是,在违约损害赔偿中,当期待利益难以确定时,可以信赖利益替代之。即在该案中,患者所得之赔偿为信赖利益赔偿,使患者恢复到没有签订合同时的状态及地位。但从金额来看,患者付出的医药费约为622 美元,而最后法官判决的却为 1.35 万美元之损害赔偿金额。仅从金额上看,患者所得赔偿是患者当初支付的医药费的 21.7 倍之多。如果仅从信赖利益的角度来看,显然不可能有如此悬殊的赔偿比例。因为从传统观点看,信赖利益一般是患者为准备缔结与履行合同而作的准备,包括医药费、交通、食宿等支出。而且一般来说,信赖利益的赔偿是不宜超过期待利益的赔偿的。由于该案发生在美国,而美国在医疗损害案件中往往会规定高额的损害赔偿金。对美国陪审团裁决研究的统计表明,1995 ~ 2001 年医疗过失裁定赔偿金数额的中位数从 50 万美元上升到 100 万美元,翻了 1 倍。② 美国医疗过失诉讼的改革的一个重要目标就是限制损害赔偿的上限,避免无序增长。美国医疗过失诉讼制度的改革以 1975 年的加利福尼亚州的《医疗损伤补偿改革法案》(Medical Injury Compensation Reform Act, MICRA)为代表。其中,对非经济损害赔偿金的限额为 25 万美元。

诚然,在美国,学说上一般认为该案是医疗合同违约损害赔偿仅应以信赖利益为计算方式的典范案例,马萨诸塞州最高法院认为,在上述案件中,"根据期待利益进行赔偿很可能是过高的",该法院注意到,"患者付给医生的费用与根据通常适用的方法计算的期待利益损害赔偿额之间,大多是不成比例的"。③ 但我国学者在引入与评价此案时,却没有结合我国医疗损害赔偿的赔偿处于较低的实际情况来予以分析。一方面,从公共政策层面出发,结合我国经济发展水平,为保障医疗公益事业继续经营而采取保护性的司法态度,尤其是在精神损害赔偿的金额上一般都判赔得比较低;另一方面,由于我国秉持大陆法系传统思想,对

---

① 363 Mass. 579, 296 N. E. 2d 183(1973). 转引自杨桢:《英美契约法论》,北京大学出版社 2007 年版,第 391 ~ 392 页。

② 肖柳珍:《美国医疗过失诉讼制度改革及其借鉴》,载《法商研究》2012 年第 5 期。

③ [美]E. 艾伦·范斯沃思:《美国合同法》,葛云松、丁春艳译,中国政法大学出版社 2004 年版,第 833 页。

于损害赔偿的确定性要求比较高，本身赔偿额度就比较低，而精神损害赔偿则往往判赔得更低。一般来说，赔偿总额与医药费的比例绝不可能达到 20 多倍。由于往往要按照过错参与度进行实质上的比例判决，扣除患者自身过失对应的比例，实际上医方对患者的赔偿金额往往仅是比医药费略多一点。就统计数据而言，再加上伤残赔偿金，赔偿总额一般不会超过医药费的 5 倍；其中，精神损害赔偿金就更少，一般都仅是数千元，几乎可以忽略不计。如在某案中，患者医药费 13,303.7 元，再加上护理费、误工费、伤残赔偿金等共计 169,309.7 元，法院酌定医方过错为 50%，实际患者所得为 84,654.85 元；其中，精神损害赔偿金仅酌定为 6000 元。[①] 按照 2004 年《重庆市高级人民法院审理医疗损害赔偿案件若干问题的意见》，有关精神损害抚慰金的规定是，按照医疗事故发生地居民平均生活费计算，造成患者死亡的，赔偿年限最长不超过 6 年；造成患者残疾的，赔偿年限最长不超过 3 年。计算公式：精神损害抚慰金乘以医方责任程度。我们可以实际作一个计算，2013 年重庆市城镇居民人均消费性支出为 16,573 元，在最严重的情形下即造成患者死亡的，用以上计算公式按最长年限 6 年计算，即 16,573 元 ×6 = 99,438 元，再乘以医方责任程度。举重以明轻，可见在大量伤残等级较低的案件中，患者可期望的精神损害赔偿额将低得可怜。

因此，问题的关键不在于是否明确确定患者通过医疗服务合同所能要求得到的期待利益，而在于获得正当赔偿的实惠。须知一味地压低医方的赔偿金额完全无助于对医方改善管理和医疗服务质量进行正向激励，反而形成逆向激励。由于过低的赔偿，也使构成伤残的患者将来的生活质量受到重大不利影响。

以前引之“林某君与重庆某美容有限公司医疗损害责任纠纷案”为例，可见我国司法实践对此类案件裁判的不足：

其一，精神损害费偏低。二审判决认为，林某君到被告公司进行脸部美容，本是希望改善面部不理想之处，但美容后不但未获得理想效果却对面部造成更大伤害，致使其多次入院治疗，对其精神造成损害，一审综合考虑双方过错、责任大小及现实情况后酌情判决被告公司赔偿林某君精神损害抚慰金 3000 元并无不当。与前引之美国“沙利文案”的 21.7 倍相比，我国同类案件的精神损害赔偿

① 四川省雅安市中级人民法院民事判决书，(2015) 雅民终字第 1130 号。

金额低得可怜。以学者在北京市的调研为例，即使在我国原《侵权责任法》实施后，医疗损害精神损害赔偿仍然存在问题：一是主要简单依据患者伤残等级来进行计算赔偿数额；二是医院责任大小与赔偿数额多少并不形成正相关的关系；三是赔偿的金额并没有随着人均可支配收入的提高而提升。2012～2016 年北京市居民的人均可支配收入处于持续增长状态，其中 2014 年的增速最快，为 8.6%，但北京市实际所得精神损害赔偿数额却未随居民人均可支配收入而增加。这与患者期望值的差距越来越大，过低的赔偿数额不能起到慰抚受害者的作用，对医方形成了负面激励。① 虽然《民法典》已出台，但仍然没有解决这些问题。

其二，医疗费中扣除医保报销的费用。林某君 3 次住院治疗其面部，共产生住院医疗费 36,853.89 元，有住院病历、医疗费票据等证据佐证，法院予以确认，但应当扣除 3 次住院医疗费中由医保统筹报销的费用 11,295.86 元，法院仅判决赔偿住院医疗费 25,558.03 元。② 笔者认为，患者的社保是其应得的国民福利，是其自身交纳医保费用后享受的社会保障政策，不能以患者自身交纳费用来减免作为加害者的医院的侵权责任。

总之，笔者认为，在医疗损害赔偿中如果只能采用信赖利益，再加上我国实际可获得的较低赔偿以及赔偿费用与医保报销抵扣的司法政策将妨碍私人在法实现中的作用。

国内学者如张金海也认为，依据信赖理论，赔偿的目标是置债权人于未订立合同的状态。将此项见解用于实际，有时会产生颇为牵强的结论。比如，在前述之美国的“沙利文案”中，原告做鼻子整形手术失败。法院依信赖利益理论判被告医生赔偿手术费、原告因进行 3 次手术而遭受痛苦的抚慰金，以及因原告的鼻子术后反倒不如从前而发生的损失费。令人疑惑的是，既然审理此案的法官自信能够对鼻子状况的恶化和手术痛苦作金钱估价，何以其不判赔数额无疑会更高的、以期待利益为标准的金钱赔偿，而是固执地帮助原告“回到从前”？③

---

① 于明秀等：《医疗损害诉讼中的精神损害赔偿额度标准研究——以〈侵权责任法〉实施后北京市医疗损害诉讼为例》，载《中国卫生法制》2017 年第 6 期。

② 重庆市第一中级人民法院民事判决书，(2016)渝 01 民终 2527 号。

③ 张金海：《论违约救济中徒然支出的费用的补偿：必要性与路径选择》，载《政治与法律》2012 年第 5 期。

五、"信赖利益赔偿说"在"试管婴儿案"中并不成立

韩世远认为,医疗服务合同无论财产损害还是非财产损害,在违约案件中均应予以赔偿。对于财产损害赔偿的参照标准,在履行利益不易确定的场合,可以信赖利益作为替代标准。[①] 韩世远为证成以上观点而所引用的患者因行试管婴儿治疗术未获成功诉医院这一支撑案例中,医方未经患方同意,擅自更改了治疗方案。[②] 原告主张赔偿医药费和误工费,法院支持了部分金额的诉求。医药费与误工费的确属于医疗服务合同履行中的信赖利益。信赖利益一般应是合同无效、不成立、被解除、被撤销后的赔偿。在该案中合同并无无效、不成立被撤销等情形,而是属于不完全给付的违约形态或给付障碍。而韩世远仅依据法院判决即主观认为,该案法院不采期待利益的赔偿而改采了信赖利益的赔偿,并进而开始论证为何要采信赖利益作为违约损害赔偿的赔偿标准。他的判断明显属于为了论证观点而对法院判决文本的牵强理解,属于削足适履。其实,该案法官的内心意图,可能并不是从区分信赖利益与期待利益来进行的。而仅仅是从定分止争、案结事了的角度,来看待原告的诉讼请求。因为原告的诉讼请求本身仅提出了对医药费、误工费和精神损害赔偿费的诉求,法官应根据不告不理的原则来进行判决。法官在判决中所引用的是原《合同法》第 107 条,即"当事人一方不履行合同义务或者履行合同义务不符合约定的,应当承担继续履行、采取补救措施或者赔偿损失等违约责任"(《民法典》第 577 条完全承继该条)。该条本身也并不涉及改变以期待利益作为违约损害赔偿基本标准的内涵。该条的损害赔偿,主要是毛期待利益。其中应当是包含了返还利益、信赖利益和纯期待利益。《德国民法典》第 284 条赋予了债权人以返还无谓费用来取代替代性损害赔偿的权利。以此来论证该医疗服务合同案件应采信赖利益赔偿而非期待利益赔偿,较牵强。赔偿期待利益并不等于就要赔偿全部期待利益;反之,部分赔偿期待利益并不等于就不是对期待利益的赔偿。

---

① 韩世远:《医疗服务合同的不完全履行及其救济》,载《法学研究》2005 年第 6 期。

② "郑某峰、陈某青诉江苏省人民医院医疗服务合同纠纷案",载《中华人民共和国最高人民法院公报》2004 年第 8 期。

第二节　以信赖利益替代赔偿期待利益并非一个新的理论发明

将信赖与自由意志共同作为合同拘束力的来源,其实质是将合同的拘束力来源从个体层面扩大到了社会层面,违反允诺的受害人不仅是受诺人,还包括抽象的社会公众。在社会化大分工背景下,能黏合社会各阶层的就是信赖精神。合同组织经济的功能必须仰仗信任意识深入人心来完成,毕竟徒法不足以独行,自发生长的法才是最有生命力的,可以减少交易成本、扩张经济联系;国家的社会福利水平、竞争实力需要依靠信赖机制的保障。但必须指出,以信赖利益替代赔偿期待利益并非一个新的理论发明。

一、两大法系均已在合同中纳入对信赖利益的保护

在美国合同法上,学说传统上就有违约损害赔偿限制为信赖费用的立场。有学者指出,产生以信赖利益为基础的损害赔偿的情形包括:(1)推测的期待性损害赔偿或不确定的期待性损害赔偿。损失的利润有时极难证明。(2)以允诺禁反言为依据而提出的损害赔偿的数额可能限于受损一方当事人因信赖被告的允诺而支出的数额。(3)公共政策对损害赔偿的限制。如果承担期待性损害赔偿可能会使社会成员不愿意达成理想的交易,则损害赔偿有时限制为信赖费用。① 而美国《合同法重述》(第2版)第349条(基于信赖利益的损害赔偿)规定,作为该法第347条(该条为关于期待利益赔偿的规定)规定的损害赔偿计算方法的一个替代做法,受害方有权请求基于信赖利益的损害赔偿,包括准备履行或履行时支出的费用,并扣除违约方能以合理的确定性证明如果合同得到履行,受害方本来会遭受的损失。该法第351条(不可预见性以及其他相关情形对赔偿的限制)第3款规定,如果在特殊情况下为获得公平要求法院限制可预见的损害的赔偿范围,避免使受损害方得到不相称的损害赔偿金,法院可以通过不对利润损失进行赔偿,只对基于信赖利益造成的损失进行赔偿或进行其他限制。

---

① [美]杰弗里·费里尔、迈克尔·纳文:《美国合同法精解》,陈彦明译,北京大学出版社2009年版,第582页。

美国合同法上早就主张在违约损害中可适用信赖利益的赔偿。在“沙利文案”中,法院限制了外科医生的责任。不支持期待性损害赔偿,但仍在有限程度上支持损害赔偿。[①] 可见,在“沙利文案”中,学者认为,并非因为损失的利润无法确定才赔偿信赖利益,而是因为公共政策才限制期待性损害赔偿。在“豪金斯诉麦琪案”中,原告豪金斯因在医生移植胸部皮肤到手上试图治好其手上的一个疤痕,但手术结果是手上的疤痕扩大等更加糟糕的后果。患者起诉要求医师对于包治好的承诺的违约责任。医师所作的包治好的承诺就是患者内心的期待利益;而患者的手在没动手术前的状态就是计算患者信赖利益的底线,即恢复到缔约前的状态,如同从未动手术之前的皮肤。法院遵循通常的可预见公式,请陪审团评估一只完好的手与手术后的手的价值差异。鉴于医疗服务合同的特殊性质,医生的许诺具有或然性,病人向医生支付的价金与严格运用违约损害赔偿的一般原则计算出来的价金相差过于悬殊,过重的赔偿会使医生采用防御性治疗等因素,法院应把赔偿额掌握在适中程度。[②] 以上观点就是认为,应根据医疗合同的风险性和结果的不确定性等特征,将医疗服务合同与一般的财货流转的商业合同作出区别,以避免医师因遭受过大的赔偿风险而不敢于探索与冒险。

2002年德国进行了债法改革,在《德国民法典》中新增第284条“有关徒然支出的费用”,规定债权人可以不请求代替给付的损害赔偿,而就因信赖将获得给付而合理支出的费用请求赔偿。这一规定被认为是在违约损害赔偿中允许仅赔偿信赖利益,而非履行利益。[③] 德国法上的“无谓费用的返还”,本规范之请求权就是缔约过失之责任的“后移”,又或者说是后者在订约之后的“继续”。前者,债务人系违背保护义务;而在本规范之请求权情形,债务人系违背给付义务,但也可以是违背保护义务,然则必须是严重地违反保护义务,致使不再能够苛求债权人恪守合同。[④] 其实,《德国民法典》第284条这一条也仅是在说债权人可以以此来替代对损害赔偿的诉求。在损害难于计算无法确定,同时因对债务人履

① [美]杰弗里·费里尔、迈克尔·纳文:《美国合同法精解》,陈彦明译,北京大学出版社2009年版,第584页。

② 王军编著:《美国合同法判例选评》,中国政法大学出版社1995年版,第207页。

③ 韩世远:《医疗服务合同的不完全履行及其救济》,载《法学研究》2005年第6期。

④ 杜景林、卢谌:《〈德国民法典〉——全条文注释》(上),中国政法大学出版社2015年版,第188页。

行承诺的信赖而有很大的支出时,“新法规定债权人并不请求替代给付之损害赔偿,而是可以请求恢复因信赖履行或其他合法原因所发生的任何实际支出或费用,除非即使没有债务人的义务违反,这些实际支出或费用的目的也同样无法实现”。①

我国学者近来也主张,在违约损害赔偿中并不必然只能主张履行利益,也可以退而求其次,仅主张信赖利益赔偿。②

笔者认为,基于医疗合同的特殊性,即权利义务具有总体概括性与具体变动性。当医方并未进行真实有效的告知说明并征得患者同意的情形下进行诊疗行为时,患方可以重大误解为由撤销合同,甚至在理论上可以受欺诈为由撤销合同;如果医方以患者处于生命危急中,若不接受其安排的治疗则对后果不负责,患者应自负其责,患者甚至可以受到胁迫为由撤销合同。这些情形依据合同法原理原本就都可能导致信赖利益的发生,而不会如有学者所说的那样,即当期待利益无法确证时,什么救济也无法得到,从而宣称发现了赔偿信赖利益这一“新大陆”。

二、分配正义不支持期待利益

在“错误怀孕(wrong conception)案”中,过去英国下级法院的大量判决都对此类诉讼请求加以照准。例如,在“撒克诉莫里斯案”中,因为输精管结扎手术存在过失导致一个非意愿婴儿出生,上诉法院判令赔偿原告夫妇抚育费用。在英国高等法院的一份判决中,原告夫妇所获得的赔偿金中甚至包含了孩子将来上私立学校的费用。但在“麦克法兰诉泰德卫生委员会案”中,此类过失诉讼请求被驳回,至少在孩子健康出生的情况下是如此。斯泰恩勋爵在他的判词中就此间的矫正正义与分配正义加以区分:“我们完全可以单纯从矫正正义的角度来审视这一案子。根据矫正正义,应就损害加以赔偿。父母的诉讼请求应得到法律支持……但我们也可以从分配正义的角度来处理这种案件。依分配正义,应将负担与损失在社会成员间合理分配。从这个角度则不应支持父母要求赔偿孩子

① [德]莱因哈德·齐默曼:《德国新债法:历史与比较的视角》,韩光明译,法律出版社2012年版,第92页。

② 于韫珩:《违约责任中的信赖利益赔偿》,载《环球法律评论》2015年第3期。

未成年期间所需的抚养费用。”[①]可以看到，依据以上观点若从矫正正义与从分配正义出发来考察，可能得出赔偿的不同种类与程度、范围。而分配正义更契合社会本位。在社会本位思潮中，医疗服务被认为带有公益色彩，应体现一种强烈的社会责任感，因此医疗服务是不应营业的，或者至少应淡化其商业目的，强调其维护病人健康的社会职责。同时，通过允诺加大财政投入来确保医院经营的可能与持续。在此种情形下，毫无疑问，对于合同的完满履行的状态的要求降低了。因此，既然是公益的、以财政保障为主，就必然涉及分配正义的问题。最佳医疗本身涉及的是分配正义，即成本在社会成员间合理分配。若从这个角度看，就不一定必须要求支持赔偿期待利益。

三、关于专业人士不适用完全的预期损害赔偿

在解决专业人士承担责任的性质的问题上，波维尔（Powell）认为，契约责任应占主导地位，侵权责任只起次要作用。同侵权相比，契约更能解决大多数对专业人士所提起的损害赔偿请求问题，契约性的分析方法最能使当事人之间的明示或默示条款的交易性质得到反映；仅仅在为克服契约性分析方法存在问题的必要范围内始采取侵权性的分析方法。另有观点认为，如果专业人士与其委托人之间所订立的契约对专业人士的过失责任作了免除或限制，则在专业人士违反契约所规定的义务时，法律不允许受托人对专业人士提起侵权诉讼，不允许实行法律责任的竞合，否则侵权责任的提起实际上成为执行契约的法律手段，它会使当事人之间所订立的责任免除或限制条款落空。[②]

阿狄亚认为，关于过失顾问的赔偿问题，或者说是违反了自由职业服务合同的赔偿，在此类合同案件中，预期损害赔偿规则并不充分保护原告期待。对于医生过失治疗诊断等情形，原告并不必然有权全面地保护其期待利益，而只有权使自己处于合同得到适当履行情况下其应处的地位。如医生由于疏忽使病人认为绝育手术是很安全的，但他并不保证该手术结果的确定性。如果该医生没有过失，那么病人就不会做此种手术。病人不能就其手术后生育和抚养孩子的全部

---

① ［英］马克·施陶赫：《英国与德国的医疗过失法比较研究》，唐超译，法律出版社2012年版，第27页。

② 张民安：《过错侵权责任制度研究》，中国政法大学出版社2002年版，第633页。

费用得到赔偿,即其全部期待利益不能得到保障。[①] 阿狄亚指出,在推崇契约自由的古典契约法时代,期待利益的赔偿是处于优越地位;而随着社会本位思潮的大行其道,对期待利益的赔偿逐渐让位于信赖利益。2009 年最高人民法院《关于当前形势下审理民商事合同纠纷案件若干问题的指导意见》第 10 条规定了人民法院在计算和认定可得利益损失时,应当综合运用可预见规则、减损规则、损益相抵规则以及过失相抵规则等。存在原《合同法》第 113 条规定的欺诈经营(该条在《民法典》被删除)、原《合同法》第 114 条(该条体现在《民法典》第 585 条)规定的当事人约定损害赔偿的计算方法以及因违约导致人身伤亡、精神损害等情形的,不宜适用可得利益损失赔偿规则。该指导意见就是在我国司法实践领域,在面对全球金融危机给经济发展带来的巨大压力的背景下,需要减轻市场经济经营主体违约压力与违约损害赔偿支付,以鼓励市场交易与财货流转产生的。因而重在缩限可得利益的数额以及可得利益适用的范围。

第三节 医疗合同期待利益的保护

一、契约自由的复兴决定了期待利益的复兴

从另一角度来看,期待利益的复兴与契约自由的复兴是相生相随的。当代,随着契约自由的复兴,也会迎来对期待利益的重新尊重。从宏观上看,契约自由历史演进的规律是曲折而向前演进的;从微观上看,契约自由并不必然导致议价能力不平等或交易不公平,要理顺契约自由与保护弱势群体权益的关系。

其一,契约自由是多元化社会中力量对比的反映和妥协的合理产物。由于禀赋的差异、运气的不同,人们在自由竞争中的起点与过程、结果都难以平等。我国自改革开放后社会阶层迅速分化并形成多元化格局。“所有制形式多元化、利益主体多元化、社会思想文化多元化,已经成为社会的一种常态。”[②]从对社会资源的占有、分配这一核心问题来看,即使如我国这样一个公有制为主体的国家,仍然存在层级化。不同阶层的人对于经济资源、教育资源、文化资源、政治资源等各种社会资源的占有是不同的,“不患寡而患不均”的平均主义受到批判,并

---

① [英]P. S. 阿狄亚:《合同法导论》,赵旭东译,法律出版社 2002 年版,第 478 ~ 479 页。

② 张嘉国:《中国社会多元化走势》,载《企业文明》2009 年第 12 期。

且绝对的社会公平涉及复杂的分配正义的争辩,常被认为导致政府权能的无限扩大,严重涉嫌侵犯个体私权。而处于可控与"和谐"范围内的社会分层却可能产生积极的社会激励效应。社会分层使人们形成了阶层意识,脱离单位的人身依附关系,得以更独立与自由地表达自身意愿,并更多地求助于契约与法律来维护自身利益,而不是依赖单位。而绝对平等所需的物质条件极大丰富了,但却面临客观条件的局限,即环境的不可再生与不可承受。摆脱危机的出路肯定包括大大减少人们现在的物质消费的总量。① 另外,当效率一定从而社会财富一定时,社会财富在社会成员之间的分配越均等,整个社会的福利就越大,当公平达到一定程度后,公平增加带来的社会福利的提高存在一个递减趋势。同理,当公平程度一定,效率越高,社会福利水平就越大,效率与社会福利之间同样存在正相关的关系。效率提高、社会福利增加;当效率提高到一定程度后,社会福利的增加同样出现递减趋势。② 诺齐克指出,广泛的不平等甚至来自平等的分配。因此,不能单纯考虑分配正义,要思考效率、公平、社会福利的比例关系。在此,我们赞同罗尔斯提出的:社会的和经济的不平等应这样安排,使它们在与正义的储存原则一致的情况下,适合最少受惠者的最大利益。当然,这一原则从属于自由优先原则及机会平等原则。而契约自由理念有机的契合了这种多元化与力量不对等,促进了社会平等。"此种力量不对等的情况以及对此的批评,自从有了市民社会甚至就存在。这不是不合理的社会政策的后果,而是结构性的必然。"③ "各种合同法规范反映了多元化社会中主要的社会、经济以及制度上的力量对比……在很大程度上,合同法的繁荣是法律制度对多元化的社会中存在的冲突的价值和利益所进行合理的、务实的妥协的产物。"④

其二,人们更加信仰个人自主选择的权利。契约自由精神复苏与扩展的重要原因,即它应合了人们更加信仰个人自主选择的权利的潮流。在英国,阿狄亚的结论是,合同自由的衰落已经终止,合同自由再次受到欢迎。这也反映在医疗领域,更多地倡导从基本医疗服务向健康促进的观点的变革,即更尊重患者个人

---

① 段忠桥:《科亨的政治哲学转向及其启示》,载《哲学研究》2006 年第 11 期。

② 任太增:《公平、效率与社会福利》,载《河南师范大学学报(哲学社会科学版)》2000 年第 2 期。

③ [德]罗尔夫·克尼佩尔:《法律与历史》,朱岩译,法律出版社 2003 年版,第 191 页。

④ [美]罗伯特·A. 希尔曼:《合同法的丰富性:当代合同法理论的分析与批判》,郑云瑞译,北京大学出版社 2005 年版,第 267 页。

价值观以及对于个人生活方式的选择,满足患者差异化医疗需求。特别是在告知说明采具体患者标准以及患者临终自决权问题上的探讨与实践方兴未艾。

其三,对契约自由的直接立法干涉通常有可悲的、无效的结果。实际上,以探求难以捉摸的"公正"为名对契约条款进行的介入与修改,使法官享有巨大的自由裁量权,可以任意改变当事人自行约定的风险分配规则,反过来还可能剥夺了被保护当事人的未来选择。比如,分级诊疗制度,原意是推动基层医疗服务,减少患者看病支出,但是却实质上限制了患者的择医自由,出于对更好医疗质量的需求,患者宁可多花费用也要去大医院就诊。

其四,我国深化改革借力于契约自由的复兴。在我国有契约自由精神贯彻适用的广阔舞台,这有力推动"刚性法治"向"软性法治"转变,契约自由将在国家与社会间塑造公共领域,这将使我国社会治理从政府的单中心向多中心、参与治理转变,有力促进政府与民众的沟通与合作。使立法能更具开放性和灵活性来应对日益复杂的社会。更具时代意义的是契约自由与国家大政方针不断深入融合。根据2011年《国务院关于建立全科医生制度的指导意见》,政府鼓励全科医生与居民建立契约服务关系。基层医疗卫生机构或全科医生要与居民签订一定期限的服务协议,建立相对稳定的契约服务关系,可对不同人群实行不同的服务费标准。这是我国实践中重视构建医患契约关系、发挥医疗合同功能和扩大私法自治的有力表现。笔者认为,在医疗损害赔偿中,对于期待利益的完全赔偿可能较困难,但对期待利益的部分赔偿则在现实中通过比例原则和过错参与度得到实现。

二、医疗合同中期待利益的确定

我们的探讨其实存在明显的误区:将基于信赖原理确定的损害赔偿等同于信赖利益的损害赔偿。信赖概念的两种不同用法:一是作为义务或责任的基础,称为信赖原理;二是作为赔偿责任的计算标准,称为信赖利益赔偿标准。作为责任基础的信赖原理与作为责任标准的信赖利益并无必然关联,基于信赖原理的损害赔偿既可以信赖利益为对象,也可以期待利益为对象。①

① 张家勇:《论前合同损害赔偿中的期待利益——基于动态缔约过程观的分析》,载《中外法学》2016年第3期。

第一,医疗合同并非一定要保证疾病的完全治愈,实际上往往可能是取得了病状的改善,这也是可合理期待的后果。所以,认为医疗合同根本无法保证期待利益,从而只能退而求其次要求信赖利益,这是错误的观点。信赖利益只能解决缔约上的损害赔偿问题。即病人看病所花费的支出,远不能弥补病人的损失。因此,即使存在不易于精确确定期待利益的难题,也不能因噎废食,损及患者的正当利益。

第二,医疗合同中期待利益的确定必须认识实证医学数据对于期待利益损害赔偿的计算的重大功能与价值。吴志正认为,其一,当治疗没有成功时,应将存活率或治愈率等数据之减损作为反映病患身体权与健康权受损害程度的参考。在责任范围上损害之数额算定时再予以参酌。其二,实证医学数据中有关评估病患病况之统计数据(如存活率),在某种程度上系反映出病患就医时"原有"或就契约法而言系就医后"应有"之身体健康状态(损害发生前之"原状"一词所指),倘医患双方并非缔结保证治愈之医疗契约,则负赔偿义务之医方应恢复病患至无医疗疏失之情形下"应有"之身体健康状态,并非指恢复完全健康或机能毫无障碍之状态。①

三、如何判断期待利益的范围

其一,判断期待利益范围非常关键的途径就是告知说明与知情同意。如果有效、充分、善意地进行了告知说明,并保障了具体患者的知情同意,则期待利益的确定是完全可以建构的。反之,若不进行告知说明,或以敷衍甚至恶意的主观故意进行告知说明,则医方主张的期待利益的确定当然是与患者的期待目的背道而驰的。如果出现医方过失违反告知说明义务的情形,则应结合医疗水准、医疗常规及患者个体情形来判定期待利益;如果是医方故意违反告知说明义务,则应主要依据患者个体的具体资讯需求来判定期待利益范围,以示对医方故意不告知行为的惩罚。

就医疗案件的赔偿而言,患者的返还利益是首先应当予以保护的。患者交纳的治疗费用,手术费用应当予以返还。在"李某诉重庆某医院'白挨一刀'医疗

---

① 吴志正:《实证医学数据于医疗事故损害赔偿上之意义》,载《台大法学论丛》2011 年第 1 期。

损害纠纷案”中,这体现得最明显。[①] 患者主张其治疗方案被医方擅自更改了,从胰十二指肠切除术变为胰十二指肠探查术,医方并没有告知患者病灶没有被切除的事实,相反却欺骗患者手术成功。结果患者出院后不久又疼痛,在其他医院才得到手术成功切除病灶从而得以解除痛苦、保全生命。在该案中,医方擅自更改治疗方案并隐瞒病情,使患者延误了重大病情的治疗,仅是万幸的情况才在其他医院得以成功治疗,否则后果不堪设想。医方不但侵犯了患者的知情同意权,实质上还侵犯了患者的身体权与健康权,构成债务履行不完全给付。在计算赔偿额时,如何确定赔偿金额?在该案中,法院并没有像很多判决一般只是按侵犯知情同意权为由判决酌情赔偿精神损失,而是按照伤残等级及过错参与度来确定医院的赔偿额度。

从医疗契约的路径来思考,即医患间的合意是切除患者的胰十二指肠这一病灶,这就是该合同的给付目的。对患者治疗合同的履行利益即是成功切除患者的胰十二指肠之病灶。患方按照医方的要求预交了手术费用,这笔费用作为返还利益应予返还给患者。而信赖利益包括患者的交通费、误工费、护理费等。履行利益,是指患者的成功切除病灶与消除或缓解疼痛,应参酌此类手术的成功率的实证医学数据,在该案中还可考虑以在其他医院治疗所需费用为履行利益的参考金额,乘以司法鉴定中心判定的医方的过错参与度,来确定医方应予承担的履行利益(期待利益)的金额。

其二,根据诊疗病种是否有较成熟、可靠的诊疗规范或路径来判断是赔偿期待利益抑或信赖利益。这种在期待利益不能确定时,退而求其次赔偿信赖利益的思路也是值得赞同的。在医疗纠纷中,如果关于结果或效果的确定确实存在困难,比如,在医学界针对特定病种本身就存在多种不相上下的治疗方案,就何种方案治疗效果更佳争议不断的情况,这种情形若有医疗损害发生,赔偿患者信赖利益将是可行的思路。但若相关诊疗指南、诊疗规范已相当明确,则应优先适用期待利益。

其三,在非医源性损害中,如果将因为信赖而“未获得的利润”即因放弃签订其他合同而发生的损失考虑进来,保护期待的规则被当作赔偿致害信赖的最有效的方法加以采用的观念看起来毫不牵强。比如,业务繁忙的医生会向违反了

① 重庆市第五中级人民法院民事判决书,(2017)渝05民终2345号。

诊约的病人索要全部的就诊费。富勒对此种情形的解读是，这种费用表面上看起来是对所允诺的费用的请求，并以“期待利益”为基础，但医生完全有理由将该笔费用当作对丧失从另外一个病人那里赚得相似费用的机会之损失的赔偿。在某种程度上，丧失其他机会在签订大多数合同时都存在。①

第四节 恢复原状是医疗损害赔偿的首要方式

王枫认为，恢复原状在民事救济中有两个层面的意义。第一层次，作为救济标准的恢复原状，在合同法中表现为无效合同和合同解除中的恢复原状；第二层次，将恢复原状作为法定的民事救济形式之一，如大陆法系中最先确立恢复原状制度的《德国民法典》，将恢复原状与金钱赔偿作为两种并列的债的救济予以看待。② 按照陆青等的观点，根据原《合同法》第97条的规定，即恢复原状在违约解除时，其实际是采“合同解除效果清算关系说”，合同关系并不因合同解除而溯及消灭，认为此时应按期待利益予以赔偿；而并非理解为合同关系溯及消灭、自始不生效，从而仅能按信赖利益予以赔偿。③ 值得注意的是，《民法典》第566条第2款规定，“合同因违约解除的，解除权人可以请求违约方承担违约责任，但是当事人另有约定的除外”，明确了违约解除与违约责任可以并存，解除权人可以向违约方主张违约责任。

一、我国应在医疗损害方面适用恢复原状

“恢复原状原则意味着恢复原状是损害赔偿的首要方式。而在人身特别是健康受到侵害时，恢复原状通常是各种各样的治疗手段。返还原物、修理、重置和治疗构成了侵权损害赔偿中几种最常见的恢复原状。”④德国关于损害赔偿以恢复原状为原则，金钱赔偿为例外。而在我国，赔偿损失被公认是最重要的和主要的侵权责任方式。恢复原状的次要地位主要是由以下原因造成的。

---

① 张金海：《论违约救济中徒然支出的费用的补偿：必要性与路径选择》，载《政治与法律》2012年第5期。

② 王枫：《民事救济中恢复原状之辩》，载《武汉大学学报（哲学社会科学版）》2012年第4期。

③ 陆青：《合同解除效果与违约责任——以请求权基础为视角之检讨》，载《北方法学》2012年第6期。

④ 李承亮：《损害赔偿与民事责任》，载《法学研究》2009年第3期。

首先,我国学者一般将恢复原状解释为"恢复到原有状态",与《德国民法典》第249条第1款规定的恢复到致损事实未发生时的应有状态相比,恢复原有状态是将计算损害所参照的时间点往前移了,意味着不能包括可得利益等因素。

其次,广义的恢复原状是使受损的财产和人身恢复到受损之前的原有状态,以《德国民法典》第249条第1款的规定为代表;狭义的恢复原状则不包括受损人身的恢复而仅仅是恢复财产至原有状态,以我国原《民法通则》第134条第1款为代表。而在人身受到侵害的情形,最典型的恢复原状则是治疗。我国原《民法通则》第134条第1款所列举的主要侵权责任方式也不包括治疗,这意味着治疗要么不是侵权责任方式,要么是次要的侵权责任方式。[①] 在原《民法通则》之后,先后出台的原《侵权责任法》《民法总则》,以及《民法典》也都没有规定"治疗"是一种侵权责任方式。

最后,金钱赔偿的弊端。金钱赔偿,是指给付金钱以填补赔偿权利人权利法益所蒙受之损害,如同损害事故未曾发生者然。金钱赔偿有其弊亦有其利。金钱赔偿之弊在于:(1)与损害赔偿之最高指导原则有相当之距离。金钱赔偿所发生之效果与损害赔偿之最高指导原则所揭示,使赔偿权利人处于如同损害事故未曾发生之状态中者,距离不小。(2)抑贬正义形象。正义与财富系两回事。以金钱赔偿行为造成之损害,隐含表示:用财富以匡扶正义,以金钱解决是非项。[②] 曾世雄第一个理由颇值赞同。在医疗损害中,由于定型化赔偿的模式及在司法实践中有意地限制医方过失,使金钱赔偿的数额普遍较低,使患者往往在必然需要支出的继续治疗、护理的过程中倾其所有,迅速返贫。特别是那些出现残疾、丧失劳动能力、生活不能自理的患者,其基本不可能恢复到原有的身体健康状态,更不可能恢复到医疗行为如约履行的应有身体健康状态,更是难以倚仗这些金钱赔偿恢复原有的有尊严的生活。当然,关于金钱损害将会抑贬正义形象这一提法我们并不赞同。正义不是海市蜃楼,正如以金钱赔偿形式体现的精神损害赔偿的功能一般,既可以抚慰受害人的心灵,使其有经济能力恢复受到创伤的心灵,同时又可使加害人丧失一部分经济能力,达到制裁加害人,使其真切感受到惩罚的目的。

---

① 李承亮:《损害赔偿与民事责任》,载《法学研究》2009年第3期。

② 曾世雄:《损害赔偿法原理》,中国政法大学出版社2001年版,第151页。

二、恢复原状与履行利益的估算

恢复原状与医疗损害的“履行利益”紧密相关。由于医学并非万能,倘若医患双方并非缔结保证治愈之医疗契约,则负赔偿义务之医方应恢复病患至无医疗疏失之情形下“应有”之身体健康状态,并非指恢复完全健康或机能毫无障碍之状态,盖任何医疗方式皆有其成功率而身体机能亦有其复原率之故。因此,成功率或复原率等实证医学之数据于估算病患应有之身体健康状态时即属重要。[①]这一观点实则就是借鉴德国式的广义的“恢复原状说”,即身体健康恢复到未有医疗损害的“应有”状态,而非恢复到未有医疗损害的“原有”状态。这就等于将履行利益包括于其中,即如同医疗合同如约履行完毕后患者的身体健康恢复状况,而这一恢复并非指百分百完全康复,而是指按实证数据进行的估算。

三、恢复原状的重要形式——治疗之于医疗合同的重要意义

《德国民法典》第 251 条第 1 款规定只宜以价值赔偿的两种情形。在恢复原状事实上或者法律上不可能的情形,赔偿义务人至少要赔偿受害人财产上的损失。与《德国民法典》第 251 条第 1 款不同,该条第 2 款第 1 句的着眼点则是赔偿义务人的利益,即规定如果技术上可以实现的恢复原状所需费用过高,赔偿义务人有权选择价值赔偿。它是法律在恢复原状费用过高时赋予赔偿义务人决定损害赔偿方式的权能。德国联邦最高法院认为,恢复原状所需的费用是否过高,不能仅凭恢复原状的费用高于重置费用的事实来判断,还应当考虑恢复原状的费用与受害人通过恢复原状所实现的利益之间的对比关系,只有二者的对比关系超出了经济理性的要求时,赔偿义务人才能主张恢复原状费用过高。[②]《德国民法典》第 253 条规定了“非物质损害”,该条规定:“(1)对于非为财产损害的损害,仅在法律有规定的情形,始可以请求以金钱赔偿。(2)因侵害身体、健康、自由或者性自决而应当给付损害赔偿的,亦可以因非为财产损害的损害而请求相当的金钱赔偿。”并不排除恢复原状的请求。以非财产损害赔偿可以通过恢复原状为限,仍然存在恢复原状的请求权。最重要的情形为,在身体和健康受到侵害

---

① 吴志正:《实证医学数据于医疗事故损害赔偿上之意义》,载《台大法学论丛》2011 年第 1 期。

② 李承亮:《损害赔偿与民事责任》,载《法学研究》2009 年第 3 期。

的情形,实施治疗并且赔偿治疗费用等。①

在医疗合同纠纷中,要解决损害赔偿的问题就必须首先考虑恢复原状。在我国解决人身损害赔偿问题时,原《民法通则》《侵权责任法》《民法总则》,以及《民法典》等都采取了狭义的恢复原状,即认为只有在财产损害领域才存在恢复原状。而在人身损害赔偿领域,则直接适用金钱赔偿(价值赔偿)。由于我国学者认为人身损害不适用恢复原状,也就不承认恢复原状包括治疗等形式。当自然人受到医疗损害时,医方并没有恢复原状的义务,即没有治疗的义务,而仅有支付金钱赔偿的义务。医方赔偿的并不是医疗损害的损失,而是患者受到医疗人身损害后进行治疗耗费金钱所导致的财产总额的减少。治疗没有得到应有的重视的后果有:

其一,在我国法律中,治疗并非恢复原状的一种方式,恢复原状也不适用于医疗损害赔偿,这造成患者受到医疗损害时,无权要求医方以治疗的方式恢复原状,而只能要求金钱赔偿。从理论上讲,患者可以拿着赔偿的费用自行治疗。但正如上文分析,这可能远不足以医疗行为所需。特别是当患者所受损害较大时医疗,公共政策的相关规定就会限制治疗的金钱赔偿的数额,从而使患者缺乏足够的医疗费用以恢复至医疗损害之前的健康水平。而如果采取恢复原状的责任方式,则当患者就在作为损害方的医院继续进行治疗时,医方原则上不应再收取费用,从而使患者得到更全面、持续的治疗服务;当患者有必要转诊去其他更有水平、更适宜的医院进行治疗时,费用仍应由原来的医院承担。

其二,关于患者如因治疗恢复原状,所需费用过巨,作为赔偿义务人的医方是否可以用金钱赔偿患者以代替治疗,还需进一步研究。《德国民法典》第251条第2款明确规定,恢复原状需费过巨始为可能的,赔偿义务人可以用金钱赔偿债权人。因医治受伤动物而发生的费用不仅因为它们显著超过动物的价值而为过巨。"人与动物之间,体现在主客二分的法律架构上,人是动物保护法律关系的主体,动物则只能是动物保护法律关系的客体而非主体。人类把对同类的情感关怀延伸到非人的动物身上,体现了人类的高尚情操。这种情操不仅维护了动物的内在价值,更重要的是,维护了人的体面和尊严。"②细读以上条文,作为非

---

① 杜景林、卢谌:《〈德国民法典〉——全条文注释》(上),中国政法大学出版社2015年版,第168页。

② 常纪文:《动物权利的法律保护》,载《法学研究》2009年第4期。

人的动物，以及处于被支配者地位的动物，其医治费用不能因为显著超过动物的价值而认定为过巨。其意在将对生命的伦理关系发展到对动物的法律保护，实则仍是体现寄托人类精神情感与精神利益的对其他生命应予尊重的内涵。

那么，举重以明轻，在医方造成的人身损害赔偿上，是否更不应因为费用过巨而不恢复原状而只能转而采取金钱赔偿？症结点在于：如若我们将治疗作为恢复原状的基本方法，则当患者的治疗所需过巨方有治愈之较大可能时，医方不得径行要求采取定型化损害赔偿方式，而应采取全部损害赔偿方式。比如，当医方的过错造成患者严重损害须更换心脏等脏器器官方可有存活可能时，所需过巨，此刻医方不得抗辩，而应予以治疗，直至恢复至医方未有医疗过错等违约行为之前的状态；按违约责任，还有要求继续履行、追究履行利益或部分履行利益的可能。这对于保障患者的利益来说是十分必要的。

四、将子女的抚养费作为恢复原状来对待

德国实务见解认为，父母由于“错误出生”而产生的经济上的支出是可以被当作损害来请求医方赔偿。为了支持此项诉请，德国法上避开侵权之诉，而扩大解释《德国民法典》第 278 条中合同的保护范围，认为这是违反医患合同的必然损害后果，患者可以向医方主张赔偿。① 由于合同法各异，在有的国家，合同之诉可能更有利于维护原告利益。如在德国，很多此类判决都是依合同之诉作出的，比如，将子女的抚养费作为《德国民法典》第 249 条中因违反合同造成损失赔偿措施中的恢复原状来对待。② 在错误出生的案件中，子女的抚养费等支出本身是纯粹经济损失，正如有学者所说，在医疗损害救济中，与纯粹经济损失相关的合同诉求很重要，因为对遗传学问题的错误建议或者因为在产前护理中的错误而引发为某人提供护理的义务时，尤为如此。③ 这一损失当然不可能是信赖利益的损失。

---

① 张红：《错误出生的损害赔偿责任》，载《法学家》2011 年第 6 期。

② 张红：《错误出生的损害赔偿责任》，载《法学家》2011 年第 6 期。

③ [荷]米夏埃尔·富尔、[奥]赫尔穆特·考茨欧主编：《医疗事故侵权案例比较研究》，丁道勤、杨秀英译，中国法制出版社 2012 年版，第 169 页。

第七章　论错误出生及错误生命制度厘清的合同路径

错误出生（wrongful birth）的损害赔偿，是指缺陷婴儿的父母，由于医院孕前产检过错，未检查出胎儿患有先天缺陷，而如果检查出胎儿患有疾病或缺陷，父母将决定堕胎。错误生命（wrongful life）的损害赔偿则是指在错误出生的情形下，由残障婴儿自己作为原告，向医方提出损害赔偿之诉。①

第一节　错误出生案件中何为"损害"

在错误出生案件中，首先争论较大的就是，从损害赔偿的角度观察，到底有没有损害，什么是损害？

一、婴儿的出生或缺陷都不能视为损害

在缺陷婴儿的出生的问题上，婴儿的缺陷是损害，还是婴儿的出生是损害，抑或是其父母丧失选择不生育缺陷婴儿的机会是损害？由于人们往往习惯从侵权路径来探讨，因而在何为损害的问题上争论不休。确实，将婴儿的出生或婴儿的缺陷作为一种损害，在人们的观念中都

---

①　张红：《错误出生的损害赔偿责任》，载《法学家》2011 年第 6 期。

可能难以接受。毕竟生命是平等的,身残志坚是社会推崇的高尚品格。而且婴儿的缺陷也并非医疗过失造成的,而是父母的基因存在缺陷或因结合而产生缺陷等先天原因造成的。仅因婴儿的出生或缺陷就让医方来承担赔偿责任,确实违背人们的朴素的法观念与正义感。

二、缺陷胎儿的父母并无终止妊娠的必然义务

缺陷胎儿的父母不一定必然会在得知胎儿有缺陷可能性时终止妊娠,也没有这样做的应然义务。在"陈某欣、许某与泗洪县分金亭医院医疗损害赔偿纠纷案"中,法院判决:考虑到陈某欣的缺陷系先天造成,而作为权利公民也可以放弃行使,因此存在即使医方诊断出胎儿缺陷,患方仍选择生育的情形,况且并无证据证明分金亭医院已经诊断出胎儿畸形而不告知许某的侵害患方知情权事实,因此许某为陈某欣安装残疾辅助器具费用的损失系由陈某欣自身、分金亭医院过错诊疗行为等原因共同造成,综合造成损失的介入因素,原审确定分金亭医院承担该项损失的20%责任是正确的。①

从这个判例可见,从侵权路径出发,来界定原告是否受到损害,其实从前提上就存有很大疑问。因为我们无法肯定,当父母得知胎儿有缺陷时就一定会作出终止妊娠的选择,正因为医学科技水平无法做到100%明确肯定,因此有的父母会选择"碰运气"生下来。现有的诉讼实际上是父母面对已出生的婴儿存在缺陷的既成事实,从时间上倒推至怀孕时的主观意图,表示自己若面临缺陷信息的告知,会选择终止妊娠,这有些空口无凭的意味。因为从侵权法角度看,此时被损害的不是有形的物、生命体,而是无形的知情同意的利益及自由决定的意志这样的抽象利益。其实,原告的确难以充分证明,假设自己当时知情就一定会选择终止妊娠。我们更不能从公共政策、公共利益等层面来非人性化地推定作为原告的父母应当有此种终止的意图。而如果是从合同路径出发,则首先根据合同约定,明确约定当得到缺陷信息时是否选择终止妊娠,则将来发生纠纷时有据可依,对当事人真意的查明便不再成为难题。因而如果我们从侵权路径出发,在论述医方是否有过错、何为损害(是否有损害)、是否具有因果关系等问题上困难重重,争议极大。

---

① 江苏省宿迁市中级人民法院民事判决书,(2014)宿中民终字第1055号。

第二节 抚育费用的赔偿是纯粹经济损失的赔偿

《德国民法典》第 823 条第 1 款①规定，不得侵犯“他人生命、身体、健康、自由、所有权或者其他权利”。学界认为，这就是德国民法的一般人格权之基本条款。而其中的“自由”仅限于《德国民法典》第 823 条第 1 款的“自由”法益，仅限于身体的活动自由，而不及意志自由，否则一切利益均可纳入侵权法保护的范围，形同法国侵权法不区分权利与利益的最广泛涵摄范围。因此，在德国法上，所谓知情选择权、婚姻自主权、生育自主权之类权利，皆不成立。② 在侵权路径下的典型的错误怀孕和错误出生诉讼中，纯粹经济损失得不到救济，中国法院应于“医疗服务合同纠纷”案由下基于原告就医目的处理此类诉讼请求。③

一、医疗损害的纯粹经济损失依赖合同诉求解决

纯经济损失是作为一种期待利益，其法律保护应建立在契约责任基础之上。一般而言，人们并不承担避免对他人造成无形经济损失的合理注意的一般义务。④ 有学者认为，“纯粹经济利益是合同法的主要调整对象，侵权法必须退出这个领域。如果侵权法竟合适用于该情形，当事人达成的协议和合同法中违约责任规则确立的风险分配机制将遭到破坏”。⑤ 在医疗损害救济中，与纯粹经济损失相关的合同诉求很重要，因为对遗传学问题的错误建议或者因为在产前护理中的错误而引发为某人提供护理的义务时，尤为如此。⑥ 合同救济手段还防止了打开侵权诉讼闸门、造成无限赔偿的危险。⑦

---

① 《德国民法典》第 823 条第 1 款规定，因故意或者过失不法侵害他人生命、身体、健康、自由、所有权或者其他权利者，对他人因此而产生的损害负赔偿义务。

② 唐超：《德国错误怀孕和错误出生诉讼的判例法述评》，载《河北法学》2017 年第 12 期。

③ 唐超：《德国错误怀孕和错误出生诉讼的判例法述评》，载《河北法学》2017 年第 12 期。

④ 张民安：《过错侵权责任制度研究》，中国政法大学出版社 2002 年版，第 175 页。

⑤ [德]格哈特·瓦格纳：《当代侵权法比较研究》，高圣平、熊丙万译，载《法学家》2010 年第 2 期。

⑥ [荷]米夏埃尔·富尔、[奥]赫尔穆特·考茨欧主编：《医疗事故侵权案例比较研究》，丁道勤、杨秀英译，中国法制出版社 2012 年版，第 169 页。

⑦ [德]克里斯蒂安·冯·巴尔、[德]乌里希·德罗布尼希：《欧洲合同法与侵权法及财产法的互动》，吴越等译，法律出版社 2007 年版，第 117 页。

二、为什么错误出生造成的损害属于纯粹经济损失

德国宪法法院曾判决认为，不应将孩子的出生视为一种损失；而联邦最高法院却在判决书中回应，任何法律都尊重孩子作为人的尊严与价值；需要医方赔偿的不是孩子的出生，而是其父母由此增加的经济支出这样纯粹的经济损失。民法上的损害概念以及差额计算方法是“价值无涉的”，并不包含任何负面价值判断。判决书最后指出，“依损害赔偿金的填补目的，不得将赔偿额度限于孩子残疾导致的额外费用”。从父母的意图看，父母咨询医生是为了防止残疾孩子出生，那么花在这个严重残疾孩子身上的财务开支永远都在咨询契约保护范围之内。这些抚养费用不能分割为两部分：一部分是法律期待（假设健康孩子的）父母承担的；另一部分是孩子残疾造成的额外费用。为了维护这个严重残疾孩子的生存所需要的开销，是不可分割的。①

从主体看，直接与医方发生法律关系的是胎儿的父母，而非缺陷胎儿（婴儿）。就缺陷婴儿显然较之健康婴儿需承受的超额的生活费、抚育费、护理费等费用而言，不属于医方侵犯产妇的人身权或财产权的结果，而是一种纯粹经济上的损失。要解决纯粹经济上损失的赔偿，必须通过合同路径进行。这也是其父母据之可以向医方主张的赔偿请求权基础。换言之，医方由于违反对父母的告知说明义务，应赔偿（缺陷婴儿）护理费、受害人的被扶养人（缺陷婴儿）的生活费等。正因为在错误出生问题上，发生损害的是人身损害直接受害人之外的其他人，其受侵害的利益形态是纯粹经济利益。而这种纯粹经济利益只宜通过合同路径进行调整。各种专业服务机构因过错对利害关系人的赔偿责任已有一些立法例。② 学界一般将医师等医务人员归入专家范畴。基于专家负有的高度注意义务，专家应对自己过失行为造成的纯粹经济损失承担赔偿责任。利害关系

---

① 唐超：《德国错误怀孕和错误出生诉讼的判例法述评》，载《河北法学》2017 年第 12 期。

② 葛云松：《纯粹经济损失的赔偿与一般侵权行为条款》，载《中外法学》2009 年第 5 期。例如，《注册会计师法》第 42 条规定：“会计师事务所违反本法规定，给委托人、其他利害关系人造成损失的，应当依法承担赔偿责任。”《公证法》第 43 条第 1 款规定：“公证机构及其公证员因过错给当事人、公证事项的利害关系人造成损失的，由公证机构承担相应的赔偿责任；公证机构赔偿后，可以向有故意或者重大过失的公证员追偿。”《公司法》第 207 条第 3 款规定：“承担资产评估、验资或者验证的机构因其出具的评估结果、验资或者验证证明不实，给公司债权人造成损失的，除能够证明自己没有过错的外，在其评估或者证明不实的金额范围内承担赔偿责任。”

人的纯粹经济损失是予以保护的。[1] 损失背后的被损害利益之位阶，直接影响赔偿的范围。合同领域主要涉及纯粹经济上利益的保护，而在法律体系中，对纯粹经济上利益保护的力度相对较弱，故在合同领域要求更高的预见程度。[2] 这就对医疗合同中医方的预见程度提出了更高要求。

第三节　从合同路径判断错误出生案件的优势

一、法院裁判观点及评析

案例一：宜昌市中级人民法院审理认为，虽然上诉人杜某提出三医院在对其进行产前检查时，存在违反《保健手册》的约定属实，但三医院未按《保健手册》中规定的项目对杜某进行全面检查与其产下先天愚型的患儿没有因果关系。然而，三医院没有书面对杜某进行产前诊断的有关指导和建议，对于杜某产下21三体综合征的姚某存在一定过错，应承担相应的责任。但杜某疏于阅读、了解《保健手册》中所附筛查先天愚型的宣传资料和进行产前诊断咨询，亦有责任。[3]

笔者认为，在案例一中，《保健手册》本身即是医疗合同的一部分，对双方的权利义务应有相关约定。医方应尽到主给付义务和告知说明义务，患者方应尽到配合协助义务。如果保健手册中的约定医方没有尽到，使患方丧失了是否就缺陷婴儿终止妊娠的机会，则应承担赔偿责任。且《保健手册》为医方单方面制订和发放的格式合同文本，其中赋予患方的义务并未经双方协商，因而对于其中损害患方主要权利、免除医方主要责任的条款约定应认定为无效。

案例二：未能诊断或者及时告知胎儿的异常症状从而丧失终止妊娠的机会。2004年原告李女士在被告北京市昌平区回龙观镇医院接受产前检查。被告虽然在B超中发现“胎儿颜面部不清”，但未作进一步检查和诊断，致使李女士产下一个患有先天性唇腭裂3度的重残儿。一审法院认为，“原告作为完全民事行为能力人，对被告所作出的胎儿颜面部不清、欠清或不显示的检查结果，应考虑到其

---

① 满洪杰：《论纯粹经济利益损失保护——兼评〈侵权责任法〉第2条》，载《法学论坛》2011年第2期。

② 叶金强：《可预见性之判断标准的具体化——〈合同法〉第113条第1款但书之解释路径》，载《法律科学》2013年第3期。

③ 湖北省宜昌市三峡坝区人民法院民事判决书，(2005)三民初字第171号；湖北省宜昌市中级人民法院民事判决书，(2006)宜中民一终字第118号。

中包含的不确定性。原告未进行更进一步的检查、诊断，其对所造成的后果应承担一定责任”。有学者认为，法官以“完全民事行为能力人”为由，要求一个“不具备医学专业技能”的原告自行理解医学检查结果，自行判断是否需要作进一步的确诊，否则原告将会承担有过失的责任。显然，法官对原告的这种要求，已经超过了法律要求原告承担的对其自身利益的合理注意义务。①

笔者认为，针对案例二，正是由于草率抛却了合同路径，才导致在实务中难以公平确定双方权利义务与责任。如果依照合同路径，那就要考察患者是否有此种义务，即对被告所作的检查结果，是否有自行“更进一步检查、诊断”的义务。因为对于B超检查这样的高度专业的医疗行为，患者显然不可能有这种自行审查与判断的能力。如果医方尽到了要求患者到上一级或更专业、技术更先进的医院检查的告知义务和转诊义务，而患者却拒绝或放弃依照医方告知转诊，则就是违反了合同的配合与协助义务，应有过失适用之余地，则法官才可认为患者也应承担一定责任。否则，就等于在一个合同框架内将风险分配给显然不具有承担防范风险发生能力的一方，也等于将一个本应由医方承担的给付义务悄然替换成患者自行对自身进行诊疗的“义务”。

二、观念检讨：合同目的与合同解释

我们在实践中要认识到，对于合同义务的理解属于法官对于合同解释的范畴。要依靠目的解释，即法官需要结合医疗合同目的来综合考量双方的权利义务。此种有偿付费的产前检查，合同目的显系患者对于健康婴儿的期望，对医方专业技术有合理的期待与信赖。因此，可以合理判断，既然患者来签订并履行该合同，说明患者并不希望生育缺陷婴儿，且当医方发现有缺陷可能，作出告知说明，同时又建议向条件更好的医院转诊作进一步检查时，患者一般会接受此种建议。结合以上合同目的，即使没有明确的合同约定，也应认为患者没有自行检查与判断是否还应继续到上一级医院检查的义务。反观在错误怀孕案件中，父母之所以与医生订立契约，若目的就在于防止负担抚育费用，而恰恰因为医生违约，这负担还是落在了他们头上，那么根据契约保护目的以及赔偿金作为负担平衡机制的目的，应将抚育费用看作经济损失……不能因为这种对损失的平衡，就

---

① 丁春艳：《“错误出生案件”之损害赔偿责任研究》，载《中外法学》2007年第6期。

对生而为人的孩子作出消极价值判断。① 值得思考的是,我们也可以借鉴错误怀孕案件的逻辑:在错误出生案件中,父母之所以与医生订立产前检查契约,若目的就在于防止负担缺陷婴儿出生所带来的完全可以预想得到的,沉重的、超额的抚育费用和精神负担。因此,为何不可认为对于这笔大大超额的抚育费用也应予以赔偿?

其实,这是因为我们陷入了定式思维,主观上忽略或放弃了合同路径。从合同路径出发我们发现,产前检查合同是一种典型的医疗合同,其合同的内容是医方提供仪器设备和医务人员,依据医疗伦理、产前检查诊疗规范等伦理及法律、法规、行业规则对孕妇进行产前的专业检查,为孕妇提供有关胎儿成长发育的各种医学专业意见,孕妇的义务是配合与协助。该合同的目的是保障孕妇及胎儿的健康、及时发现胎儿缺陷,为孕妇及其家人作出优生优育选择提供科学决策的依据。

首先,从产前检查合同来看,不以直接治疗疾病为目的,仪器检查是主要内容,告知说明就成为主给付义务。不同于以治疗疾病为目的的合同,诊疗护理是一种主给付义务,告知说明就是一种附随义务,或者最多是一种从给付义务。

其次,"任何完整的法律规范都是以实现特定的价值观为目的,并评价特定的法意和行为方式"。② 如果选择合同路径,则基于产前检查合同目的和所承载的价值观,人们可以事前约定缺陷婴儿的出生、丧失优生优育机会是一种合同违约行为。也可以约定,若产检的信息有疑问应当如何进行处理,比如,是否应当予以告知,如何告知,应告知哪些情况,由谁来告知,以何种方式告知;现有医院的医疗设备条件如何,医师技术水平如何,过去有何种成功经验;在何种情况下应予以转诊,未建议转诊的责任;哪些缺陷可能发生,判断成功的概率有多大,哪些缺陷可准确判断,哪些缺陷不能准确判断但能作出多大比例的评估;是否应予以会诊,哪些情况下可进行会诊或建议会诊,会诊的费用是多少等。这一系列的约定将有效改变当前完全依赖产前检查诊疗规范进行判案的司法困境。

---

① [英]马克·施陶赫:《英国与德国的医疗过失法比较研究》,唐超译,法律出版社2012年版,第36页。

② [德]伯恩·魏德士:《法理学》,丁小春、吴越译,法律出版社2003年版,第55页。

三、法院通过解释医疗契约目的对规范保护目的加以限制

德国运用规范保护目的的考量，一般来讲，患者所受损害总是不偏不倚地落入被认为是医生应该保护患者免遭的风险之内。① 德国法院为防止导致过宽的责任面，遂以另一套限制装置作为辅翼：考察原告所受损害是否落入对被告行为加以禁止的法律规则的保护目的之内（规范保护目的）。对规范保护目的所加之限制，在很大程度上取决于法院解释医疗契约目的的方式：如果契约目的被概括地解释为“对患者健康的保护”，那么责任面相应地就会比较宽。但有时从相关背景情势可以明显看出，患者之所以延聘医生，不过是出于特定原因。此时，就其他过错行为的结果，自然可以比较容易地将责任排除。② 关于“错误出生”案件，考察的出发点是未来父母与医生所订立的契约的目的。只要所涉及的只是一般治疗，而不是刻意防止孩子出生的医疗措施，医生即不会承担责任。在 2004 年的一份判决中，由于未能诊断出母亲患有风疹，导致一个有严重残疾的孩子出生，联邦最高法院拒绝判令医生承担抚育费用的赔偿责任。在该案中，母亲曾就风疹的治疗咨询过医生，尽管她曾提及自己怀孕一事，但这还不足以将契约的范围扩张到将因抚养残疾孩子所生的费用也包括进来。③

这个案例留给我们的思考是：并非患者缔结医疗合同只要是在怀孕期间则合同主义务就是产前检查。上述案例合同主义务并非进行产前检查，而是就风疹本身进行咨询和诊断。尽管医生在风疹的诊断治疗中出现了过失，但是对于残障婴儿的出生，医生不承担抚育费用的赔偿。因为这个医疗合同的目的并非进行产前检查与诊断。否则，将给医方带来太大的风险与不确定性，并施加过重的责任。当然，由于违反了附随义务，医方应当为此承担一定责任，而这种责任并非对残疾孩子的赔偿，而是对违反告知说明义务的赔偿。

---

① ［英］马克·施陶赫：《英国与德国的医疗过失法比较研究》，唐超译，法律出版社 2012 年版，第 99 页。

② ［英］马克·施陶赫：《英国与德国的医疗过失法比较研究》，唐超译，法律出版社 2012 年版，第 95 页。

③ ［英］马克·施陶赫：《英国与德国的医疗过失法比较研究》，唐超译，法律出版社 2012 年版，第 37 页。

四、医疗合同给付目的解释标准——“理性病人说”抑或是“具体病人说”

有学者认为，判断医疗合同给付目的应以病人主诉病情为基础，避免“具体病人说”给医方造成的漫无边际的责任。如林萍章认为，对医师告知说明义务之范围限缩为病人“主诉”之病情，而非“虽不常发生，但可能发生严重后果之风险”之漫无范围，将说明内容自“具体病人说”拉回“理性病人说”或“折中说”，以免给医师造成过重负担。[①] 但不同的观点认为，医疗合同给付目的应以“具体病人说”为基础，“理性病人说”体现的是侵权法的理念。曾品杰认为，医师基于侵权行为法上交易安全义务所为之告知说明，与医疗院所本于契约法上给付义务或附随义务所作之告知说明，两者的主要差别在于前者告知义务的范围，以对于一般理性病患来说客观上重要的资讯为已足，且以通常病患可理解之方式告知即可；反观后者之说明义务的范围，则尚须针对特定病患提供对其而言主观上重要的资讯，说明方式必须考量该病患之教育程度、知虑状态等因素，以其可具体理解的途径为之，始属适法。

在产前检查这样的医疗合同中，义务的违反主要就是告知说明义务的违反。侵权路径从理性患者出发判断说明义务；合同路径从具体患者出发判断说明义务。前述案例二中，法官要求当事人承担自行判断是否就产检B超报告进一步寻求明确判断的义务，正是由于不是从双方约定的角度探讨权利义务的衡平、风险的合理分配、当事人的内心真意，而是从理性患者角度判断患者自身的义务，从而忘却了患者知识与能力的欠缺是不足以承担那种自行判断的注意义务的。换言之，在合同路径下，法官的判断思路应当是，寻求具体患者的内心真意，其不可能给自己设定这样的判断B超报告的义务；而在侵权路径下，法官的判断思路则是，在医患关系中，从理性患者的角度出发，患者应承担对其自身利益的合理注意义务。若其中明文规定的项目医方未尽告知义务，则法院一般认为医方有过失，可予以精神损害赔偿；若未规定于其中，则法院就认为医方无过失。即完全将诊疗规范等同于“理性病人说”这一判断标准，而放弃了从“具体病人说”出发去判断是否在超声检查中还存在的各种疑点。

---

① 林萍章：《知情同意法则之“见山不是山”——法院近来裁判评释》，载《月旦法学杂志》2008年第11期。

第四节　权利与利益之分：优生选择权并不属于民事权利

如果认为优生选择权是一种绝对权，则无疑可以侵权路径保护；但如果认为其不是一种绝对权，而仅是一种人格利益，则是否应由侵权法保护就存有疑问。笔者认为，优生选择权并非绝对权，同时其更宜定位为一种人格利益，以合同路径保护这种人格利益优于侵权路径。

一、法院裁判观点及学者评析

案例一："云南省平安中西医结合医院与陈某凤医疗损害赔偿纠纷上诉案"。在该案中，医方因产检失误，导致原告产下左掌缺失的婴儿。平安中西医结合医院在医疗服务过程中的过错行为侵犯了被上诉人陈某凤、刘某的生育知情权和优生优育权。①

案例二："杨某等与彭州市妇幼保健院医疗侵权赔偿纠纷案"。我国《母婴保健法》规定，经产前检查及诊断，如胎儿存在严重缺陷等情况，医生应提出终止妊娠，此时夫妻双方有决定是否终止妊娠的权利。可见，优生优育权并非绝对权，权利的行使是受到一定限制的，杨某、李某城主张的优生优育权不属于侵权行为法所指的权利，因此不能认定其主张的侵权事实成立。② 笔者赞同此裁判理由。《母婴保健法》的立法意图是，父母不可以随心所欲地选择终止妊娠，而必须是经产前检查及诊断胎儿存在严重缺陷等情况，才允许终止妊娠。因此，这不符合侵权法所保护的绝对权的特征。作为基本权利的生育权内涵为优生优育权，是反映国家和个人间权利义务关系的一种基本权利，将之作为裁判依据而直接在判决书中加以引用，确不恰当。③

① 云南省昆明市中级人民法院民事判决书，(2007)昆民三终字第854号。

② 四川省彭州市人民法院民事判决书，(2006)彭州民初字第505号；四川省成都市中级人民法院民事判决书，(2008)成民终字第296号。

③ 朱晓峰：《民法典编纂视野下胎儿利益的民法规范——兼评五部民法典建议稿胎儿利益保护条款》，载《法学评论》2016年第1期。

二、对取消权利与利益区分保护之观点的反对

对于陈忠五的观点，笔者并不赞同。他一方面承认合同对于保护特殊信赖与合理期待的重要性，认为“以契约责任相关规定解决个别契约当事人间的损害赔偿问题，政策上是比较好的选择”。[①] 另一方面又认为此一选择与被侵害客体为“权利”或“利益”的问题无关，经由行为是否具有“不法性”此一要件的筛选控制，仍然可以排除侵权责任成立的可能性，维护契约关系特有的规范计划。[②] 因而认为，无论在合同路径还是侵权路径，对权利与利益都应予以平等保护，不应再区分保护，更不应以保护客体是权利还是利益来区分侵权责任与合同责任。实质上，由于利益的成熟度不同，有些利益已经上升为法定权利，有些利益正处于向权利流动的过程中，新的利益层出不穷。以契约法来看待，在特定相对人之间自然可以合意予以平等保护；然则在侵权法领域，缺乏明显外观的利益如何能与权利平等保护，这显然将使一般公众动辄得咎，处于随时可能成为“加害者”的惴惴不安中，严重影响了一般人的行为自由。

侵权法对权益的保护并非越宽越好、越高越好，法定义务也不能无限扩张。这有害于私法自治。侵权法对于医患双方的可预见性、风险分配因为要给更多的空间来让群众满足差异需求。比如，医疗水平的确定、知情同意权的确定、患者自主决定权的确定等。患者自主决定权在我国《民法典》上还不是一个典型的被列举的权利，更多是归属于一种利益的范畴。错误出生、错误怀孕等纯粹经济利益上的损害以及其他利益，都要更多地寻求契约法的规制。我们要警惕侵权法的不当扩张。有学者就20世纪侵权法的扩张指出，侵权法所保护的权利范围越来越大，侵权法对合法利益的保护范围不断拓宽，使侵权法的保护对象推进至各种尚未由法律确定权利的利益，从而将一些期待利益也纳入侵权法的保护范围。然而，侵权法的极度扩张也会导致社会生活与法律生活的摩擦增大。“人便有可能产生对法律的逆反，进而否定侵权行为法的介入，反而要求遵守固有的社

---

① 陈忠五：《契约责任与侵权责任的保护客体：“权利”与“利益”区别正当性的再反省》，北京大学出版社2013年版，第33页。

② 陈忠五：《契约责任与侵权责任的保护客体：“权利”与“利益”区别正当性的再反省》，北京大学出版社2013年版，第134页。

会和生活伦理。”此种现象被学者称为“反侵权行为法化”。[①]

三、德国法上的观点:限缩保护

德国秉承西方传统,在刑法上禁止堕胎,只有在特定情形下,如发现胎儿有不可治疗的畸形或缺陷时,方可基于医学、社会等原因堕胎,因而在侵权法上并不承认诸如生育选择权之类的权利。德国实务见解认为,父母由于生育一个不想被生育的小孩而产生的经济支出是可以被当作损害来请求医方赔偿的。德国法扩大解释《德国民法典》第 278 条中合同的保护范围,认为这是违反医患合同的必然损害后果,患者可以向医方主张赔偿。[②]

德国法将权利与利益区分保护,是为了保护法的安定性与确定性。葛云松认为,关于人格利益的保护,可参考我国台湾地区“民法”第 195 条之规定。[③] 也即其他人格利益受到侵害时,必须“情节重大”才应承担侵权责任。这就要求法官斟酌各种情形而综合判断。所以,就具体人格权以外的其他人格利益的保护而言,我国原《侵权责任法》第 6 条第 1 款(结合第 2 条第 2 款)的文义解释将导致过分严厉的效果,过分妨碍行为自由,并不妥当。[④] 我国原《侵权责任法》第 6 条第 1 款[⑤](与之对应的是《民法典》第 1165 条第 1 款)应进行限缩解释,其中就包括:因故意或过失侵害他人具体人格权以外的人格利益,但情节并非重大,[⑥]则不应纳入侵权法保护的范围。

如果按照葛云松以上的观点,则在不当出生或不当怀孕这样的案件中应适用侵权法,对于婴儿缺陷未被查知的情形,如果说这是医方侵害婴儿的人格利益,还须考查医方过错的情节是否重大。满洪杰在论述是否在错误生命之诉中适用惩罚性赔偿时指出,虽然医方因在孕妇产前检查中未能发现胎儿具有先天性缺陷而有过失,但此种过失只是一种专业上的过失,医方没有侵害他人的主观

---

① 张铁薇:《侵权法的自负与贫困》,载《比较法研究》2009 年第 6 期。

② 张红:《错误出生的损害赔偿责任》,载《法学家》2011 年第 6 期。

③ 该条规定,不法侵害他人之身体、健康、名誉、自由、信用、隐私、贞操,或不法侵害其他人格法益而情节重大者,被害人虽非财产上之损害,亦得请求赔偿相当之金额。

④ 葛云松:《〈侵权责任法〉保护的民事权益》,载《中国法学》2010 年第 3 期。

⑤ 原《侵权责任法》第 6 条规定,行为人因过错侵害他人民事权益,应当承担侵权责任。根据法律规定推定行为人有过错,行为人不能证明自己没有过错的,应当承担侵权责任。

⑥ 葛云松:《〈侵权责任法〉保护的民事权益》,载《中国法学》2010 年第 3 期。

恶意,也并非有意无视他人权益而实施严重不法行为,不具有应当承担惩罚性赔偿责任的可非难性,与“明知产品存在缺陷而生产销售”、“提供商品或服务有欺诈行为”及“生产不符合食品安全标准食品或者经营明知是不符合食品安全标准的食品”等行为不具有可类比性。① 因而,应区分产前检查出现差错或遗漏而未进行关于婴儿缺陷告知的情节是否严重来断定是否属于应纳入侵权法予以保护。如果违反医疗水平的情形十分严重,如在现实案例中超声检查已然反复多次提及有缺陷的高度可能,但医方仍未引起重视并怠于对患者予以通知说明,这种情形就属于十分严重的情节。且医方也不应以现有的产前检查诊疗规范来作为何种项目应告知的唯一有力依据。

四、医务人员实质侵害了患者的知情同意利益

笔者认为,既然不认为有堕胎自主权及优生优育权这样的请求权基础存在,自无使用侵权法之可能;同时,由于我国不存在如德国一般的以保护他人为目的的法律,则侵权法更加局限于绝对权,而不能通过其他途径来保护利益。

从规范目的看,虽然我国《人口与计划生育法》《母婴保健法》等都认为,国家可采取措施控制人口,推行婚前检查,鼓励优生优育,但这些规定更多的是从减少社会负担、减少人口数量过多等国家视角、公共政策的角度提出的。至于丁春艳所说的,不保护优生优育权,将姑息放纵医务人员的懈怠与过失一说,笔者也不赞同。不追究医务人员的过失当然会形成负面效应,但这并不能直接得出“优生优育权”的成立。因为医务人员并没有因过失造成出生婴儿的缺陷,同时对医务人员勤勉的正向激励也可以通过医疗机构内部的行政管理来部分实现。与其说医务人员侵害了患者的优生优育权,不如说侵害了患者的知情同意利益。正因为患者没有得到来自医学专业的判断,才导致其没有机会作出终止妊娠的抉择。

五、意思决定自由应属于其他人格法益而非一般人格权

陈忠五认为,应尽可能保持“权利”此一概念的弹性、开放性与可塑性,随时将各种新兴的、正当的、值得保护的利益予以权利化,纳入保护范围。不当出生

---

① 满洪杰:《不当生命之诉与人格利益保护》,载《法学》2017 年第 2 期。

中孕妇被侵犯的是，被害妇女本身得决定施行人工流产的“权利”。[①] 张红认为，错误出生的自由权毕竟是对于一个已经存在生命体的支配，客观上是将生命体作为权利的对象，与一般将物或精神作为权利对象不同，生命不能被当作客体来对待，自由权不包括处置他人生命的自由。因此，此种权利不能归为一般人格权的保护范围，只能归为我国原《民法通则》第 106 条第 2 款与原《侵权责任法》第 2 条第 2 款中的其他人身、财产权益（与之对应的是《民法典》第 110 条、第 112 条、第 114 条、第 118 条等）。该种人身、财产权益与社会公共利益和善良风俗相契合。[②] 我们通常所提及的患者知情权也并非一般人格权。《德国民法典》第 823 条第 1 款[③]规定不得侵犯“他人生命、身体、健康、自由、所有权或者其他权利”。被学界认为这就是德国民法的一般人格权之基本条款。而其中的“自由”仅限于《德国民法典》第 823 条第 1 款的“自由”法益，仅限于身体的活动自由，而不及意志自由，否则一切利益均可纳入侵权法保护范围，形同《法国民法典》第 1382 条不区分权利与利益的最广泛涵摄范围。因此，在德国法上，所谓知情选择权、婚姻自主权、生育自主权之类权利，皆不成立。[④]

关于意思决定自由，杨立新认为，生育选择权是孕妇获得适当产前保健服务的权益，其不是侵权法上的民事权利而是一种民事利益。在错误出生案件中，这种获得服务的权益受到侵害；缺陷孩子的出生造成患者的精神痛苦和额外的养育负担，受害人的人格利益和财产利益都受到了损害。[⑤]

《民法典》第 990 条规定，“人格权是民事主体享有的生命权、身体权、健康权、姓名权、名称权、肖像权、名誉权、荣誉权、隐私权等权利。除前款规定的人格权外，自然人享有基于人身自由、人格尊严产生的其他人格权益”。原告就生育事务意志自主的人格利益，属于其他人格法益。也就是上述《民法典》第 990 条中的“其他人格权益”。

---

① 陈忠五：《契约责任与侵权责任的保护客体：“权利”与“利益”区别正当性的再反省》，北京大学出版社 2013 年版，第 160 ~ 161 页。

② 张红：《错误出生的损害赔偿责任》，载《法学家》2011 年第 6 期。

③ 《德国民法典》第 823 条第 1 款规定，因故意或者过失不法侵害他人生命、身体、健康、自由、所有权或者其他权利者，对他人因此而产生的损害负赔偿义务。

④ 唐超：《德国错误怀孕和错误出生诉讼的判例法述评》，载《河北法学》2017 年第 12 期。

⑤ 杨立新：《错误出生的损害赔偿责任及适当限制》，载《北方法学》2011 年第 2 期。

第五节 从合同路径确定产前检查的告知说明义务

一、产前检查告知说明义务的性质与基础

德国从不同责任体系分别加以规范与加强医师之说明义务，在侵权行为法中有“病人自主决定权说明义务”，而在契约法中则是从缔约过失与积极侵害债权中之保护义务导出医师对病人有说明义务，而此说明义务之范围比病人自主决定权之说明义务更广，对于病人之保护更完善，其理论基础则以诚实信用原则导出医患之间有说明义务。[①] 随着债法现代化，违约责任可以要求精神损害赔偿，以及医疗合同在《德国民法典》中实现有名化和类型化，德国在医疗纠纷中更倾向采契约路径。采契约路径有较大灵活性，能根据医方与患者接触的程度、广度来判断是否需要扩展说明义务，给医患关系的和谐增添了很多柔性的调整可能；而侵权路径从自主权出发，为维护行为自由，并不宜过分扩大法定义务，不利于灵活调整医患关系。若医患之间不存在“以信赖关系为基础之契约关系”，则医师可能仅是健康保险公司之债务履行辅助人，健康保险公司与被保险人之间的法律关系通说多认定为公法关系，从而医师之说明义务将会被严重减轻，医师对于病人之说明义务至多只是病人自主决定权说明义务，即可能仅是告知后同意之范围，如此对于病人之保障则会明显降低。[②] 德国、荷兰等国通常对错误出生这样的案件以合同路径调整，即缺陷婴儿父母得以契约上的请求权来在错误出生案件中主张诉求。父母“可以依契约的不完全给付获得赔偿”。[③]

二、在产前检查协议中作出明确约定的必要性和可能性

尽管缺陷婴儿的残疾并非医疗过失造成的，但医方未尽到相应的注意义务、未能作出准确判断，因而未能向患者提供相应的信息和建议，患者失去了根据产前诊断信息作出是否保留胎儿的选择机会。对于医方是否遵循了医疗常规，所作检查与诊断是否符合当时的医疗水平，是否尽到了合理的注意义务，是否具有

① 侯英泠：《从德国法论医师之契约上说明义务》，载《月旦法学杂志》2004 年第 9 期。

② 侯英泠：《从德国法论医师之契约上说明义务》，载《月旦法学杂志》2004 年第 9 期。

③ ［德］马克西米利安·福克斯：《侵权行为法》，齐晓琨译，法律出版社 2006 年版，第 20 页。

作出相应诊断的能力,往往引发较大争议。笔者认为,如果从合同路径出发,在医疗消费主义时代,医患双方成立了一个以进行产前检查为基本内容,通过对于孕妇和胎儿的监护,意在及早发现胎儿的畸形和缺陷,防范减少其不良影响的医疗合同。鉴于个体的差异性和医学的局限性,医方往往提出,未作出的判断不在产前检查规定的项目范围内,并不违反现有诊疗规范,现有医学水平不能作出相应判断等。而各鉴定机构或医疗专家往往又各执一词,使医疗判断的权威性受到影响。如果在产前检查的合同或协议中作出明确约定:一是明确规定相关项目,说明该医疗机构的现有仪器设备、医务人员技术水平所能作出的准确判断的项目、预测成功的百分比、不能准确预测的项目。二是作出替代方案告知,即鉴于该医疗机构的条件,建议有特殊需求和更细化要求的患者到条件更好的医疗机构进行产前检查的方案。三是建立独立的具有法人资格的医学咨询中心,以独立和中立的身份与地位为患者作出医疗决策辅导,使患者得以摆脱信息劣势,得以掌握主动权。四是在协议中明确赔偿条款,约定和细化双方的权利义务关系。通过以上几方面的个性化约定,势必能为患者及其家属提供医疗结果的合理期待,有利于医患关系的和谐,避免事后发生各种纠纷。

第六节　错误生命之诉的损害界定及计算方式

我国自 1995 年《母婴保健法》实施后,因产前检查涉及胎儿出生畸形相关的民事纠纷也呈逐年上升之势。错误生命之诉,即由缺陷婴儿自身来提起损害赔偿之诉,但缺陷婴儿当时还在母体内,根本不具有独立的意识与能力,还不能称为一个完全的、完整的人,其人格与人格权还有待于进一步形成,其不存在被侵犯知情同意利益和自主决策权的问题。我国民法对于胎儿的保护也停留在对于继承权的保护范围内。有学者就缺陷婴儿独立提起的错误生命之诉的正当性证成追溯至"对时代需要的感知、流行的道德和政治理论","将现代民法所坚持的基本伦理价值即人之尊严的充分实现考虑进来"。[①] 这些似是而非、悬而又悬的论据其实并不能在司法实践中支撑起错误生命之诉这样一种独立的损害赔偿之

① 朱晓峰:《民法典编纂视野下胎儿利益的民法规范——兼评五部民法典建议稿胎儿利益保护条款》,载《法学评论》2016 年第 1 期。

诉。而错误生命之诉又客观存在必要性与合理性。在错误生命案件中,如果不允许缺陷婴儿以自己名义起诉获赔,则其决定权完全掌握在其父母手中。如果其父母不愿提起诉讼,或其父母死亡,则婴儿的正当权益将无从主张。而在我国司法实务中,其父母的起诉即使获得法院支持,也仅限于一定数量的精神损害赔偿。"被抚养子女的生活费"一般是难以得到支持的。在司法实践中也仅有少量案例予以支持。如 2004 年"文女士就其所生孩子所患先天耳聋症诉漳州医院案",二审法院判决赔偿精神抚慰金、医疗费、残疾人生活补助费、残疾用具费等合计 55 万元;2007 年 3 月宋某就产前检查失误而生下一左臂缺如的男婴诉上海某医院,该案以调解结案,协议由医院赔偿原告合计 12 万元。[①] 因此,笔者认为,为避开种种关于胎儿的权利能力、行为能力以及利益保护的复杂争议,不如直接选择以德国民法的附保护第三人作用合同的既有成熟路径来进行规制。

一、附保护第三人作用合同

胎儿可以成为为第三人利益合同的"第三人"。按照《德国民法典》第 331 条第 2 款的规定,在为第三人利益合同中,当事人可以将未出生的人约定为第三人,使其取得一项给付请求权。[②] 合同的效力向第三人扩张在大陆法系和英美法系均有体现。如《美国统一商法典》第 2 - 318 条设置了利益第三人担保合同。[③] 德国则是通过判例创设了附保护第三人作用合同(Der Ver trag mit schutzwirkung Dritte),用以保护合同外第三人。2002 年《德国民法典》正式承认了该制度,主要是通过第 241 条第 2 款、第 311 条第 3 款对附随义务法定化且从立法上肯定了附保护第三人作用合同。[④] 德国法院先后肯定在雇佣合同、医疗合同和承揽合同等典型合同中,因一方合同当事人的过错,招致人身损害且与另一方合同当事人有特殊关系的第三人得以主张合同上的损害赔偿请求权。关键点在于:第三人承担有如合同当事人相同范围或方式的加害给付的风险,为防止不当扩张合同效

---

① 张健、向婧:《"不当出生"侵权诉讼民事审判实证研究》,载《法律适用》2009 年第 5 期。

② 杨代雄:《出生前生命体的民法保护——以"限制权利能力"为基点》,载《东方法学》2013 年第 3 期。

③ 邱雪梅:《论附保护第三人作用合同——兼谈我国民法典编纂中民事责任体系的构建》,载《甘肃社会科学》2006 年第 1 期。

④ 邱雪梅:《论附保护第三人作用合同——兼谈我国民法典编纂中民事责任体系的构建》,载《甘肃社会科学》2006 年第 1 期。

力及避免随意突破合同相对性,必须要求享受这一特殊待遇的第三人与合同当事人具有人格法上的特殊关系。[①] 附保护第三人作用合同应满足3项要件:第一,第三人对于债务人的给付行为具有利害关系;第二,债权人对第三人的保护具有利益,即债权人对于第三人的福祸负有责任;第三,债务人必须同时对前述两种情况得以预见。[②] 产前检查医疗合同可以称得上是完美适用附保护第三人作用的合同,其具备以下几个特征。

其一,产前检查的医疗合同的债务人(医方)可预见到履行该债务时第三人(胎儿)的存在。实际上,产前检查合同的主给付目的本身就是围绕胎儿是否正常健康发育这一孕育进程而展开的,要不是由于胎儿是否具有民事主体地位及民事权利能力尚存争议,则即应明确认定其为合同当事人,不必通过扩大合同附随义务来予以保护。因此,医方当然确切明知第三人(胎儿)的存在。相反,其他的合同,如运输合同、雇佣合同,则有时在确认第三人是否为附保护第三人作用合同的适格当事人时都可能会发生较大争议。

其二,合同的债权人一方(父母)必须对第三人(胎儿)具有密切照顾、保护的义务。而且,在产前检查合同这一特定的医疗合同中,母亲还与胎儿具有一体的生命特征,母亲对于无助脆弱的胎儿的保护是其他合同中债权人与第三人的关系所完全不可比拟的,其首先是出于自然法的天性,其次才是人定法的保护责任层面。两者祸福相依、休戚与共。

其三,第三人(胎儿)与债务人的债务履行具有密切关系,而且第三人也会和债权人一样承受债务履行不当的不利后果。[③] 正如上文所述,产前检查合同的主给付目的决定了不但孕妇本身的身体状况监测是债务履行行为的重要部分,如测量身高体重、血压、宫高与腹围、肝肾功能检查、妊娠期糖尿病筛查等,而且第三人(胎儿)本身正是债务履行行为(产前检查)的重要对象,如胎心监测、超声检查等。因而胎儿的健康情形直接受产前检查合同债务履行行为的影响。

① 邱雪梅:《论附保护第三人作用合同——兼谈我国民法典编纂中民事责任体系的构建》,载《甘肃社会科学》2006年第1期。

② [德]迪特尔·梅迪库斯:《德国债法总论》,邵建东译,法律出版社2004年版,第345页。

③ 赵清新:《论附保护第三人作用的合同》,载《法律适用》2013年第3期。

二、采用附保护第三人作用合同具有制度上的优势

与合同有关系的受害第三人该如何保护？我国立法具有后发优势，如我国原《合同法》第42条、第43条（与之对应的是《民法典》第500条、第501条）规定了缔约过失责任，第60条（与之对应的是《民法典》第509条）规定了合同履行过程中的附随义务，第92条（与之基本对应的是《民法典》第558条）规定了后合同义务。虽然合同法总则缺乏承认效力涉及第三人的一般规则，但仍不乏效力涉及第三人的规定。例如，原《合同法》第272条第2款（与之对应的是《民法典》第791条第2款）关于建设工程合同部分规定："第三人就其完成的工作成果与总承包人或者勘察、设计、施工承包人向发包人承担连带责任。"发包人对第三人享有直接给付请求权和损害赔偿请求权。[①] 引入附保护第三人作用合同与我国合同责任并无体系上的冲突。另外，附保护第三人作用合同的难题在于如何控制"第三人"的范围。在人身损害类情形中，第三人与债权人应具有人格法上的关系；在纯经济损失情形中，第三人与债权人应具有信赖关系，并以债权人是否知道第三人存在为判断标准。[②]

2005年荷兰最高法院作出著名的"克利（Kelly）案"的判决。从荷兰最高法院的判决来看，[③]其实合同路径是有其明显优越性的。如果将胎儿受到保护即视为已出生，则胎儿在有限范围内可以享受民事主体的地位，其虽无民事行为能力，无法正式缔结合同，但至少可以享受法定代理人的代理，也可纳入附保护第三人作用合同的保护范围。如果不采取这样的路径，而采取侵权路径，则将会出现复杂的局面，即父母及缺陷婴儿分别起诉医方。有的法院会支持缺陷婴儿的起诉，有的则不支持，从而造成法律适用的不统一，影响法律权威。

从以上的构成要件来看，缺陷婴儿其实是最适用附保护第三人作用合同来予以保护的。这是因为，医方在产前检查合同缔结时即明知胎儿的存在，且有关胎儿的生长状况监测与照护是这份产前检查合同的主要内容，因此胎儿的健康

---

① 2005年最高人民法院《关于审理建设工程施工合同纠纷案件适用法律问题的解释》第26条规定，实际施工人可以起诉与其没有合同关系的发包人。

② 邱雪梅：《论附保护第三人作用合同——兼谈我国民法典编纂中民事责任体系的构建》，载《甘肃社会科学》2006年第1期。

③ 满洪杰：《不当生命之诉与人格利益保护》，载《法学》2017年第2期。

及生长发育理应受到医方的保护与照顾。至于说在合同缔结时及合同履行中胎儿还在母体内,还没有取得民事权利能力,这当然是一个有关人类生命尊严与延续的伦理问题,胎儿一旦活着出生,则其在出生前的利益如何维护?其是否有权以自己的名义要求损害赔偿?从侵权法以保护权利的角度出发,上述问题都难以很好解决。而如果以传统的合同关系来讨论,则胎儿尚未出生,也无民事权利能力与行为能力来与医方签订合同,其母甚至都不能作为法定代理人代理其与医方签订合同。即当胎儿出生后,也难以理所当然地直接适用其母与医方签订的合同。侵权法主要规制的是偶然间碰撞在一起的关系;但医方在与其母建立医疗关系时,又明知该胎儿存在,且该医疗关系的主要目的与指向就是该胎儿的健康发育与出生,并非偶然间发生的关系。因此,引入德国的附保护第三人作用的合同制度来涵摄及调整,就具有很大的合理性与正当性。如大力推行医疗合同制度的荷兰,就认为医方基于其与未出生婴儿的母亲的医疗合同负有对未出生婴儿的权利保障的义务,这是一种"对未出生孩子的潜在义务"。

蒋云蔚在研究专家民事责任的性质时认为,侵权法扩张源于私人生活的公共化趋势,使专家责任从合同本位逐渐演变为以侵权为本位,旨在以侵权法的方式强制规定专家尽到对社会公众的信托与忠诚义务。① 但笔者并不赞同他的观点。原因在于,所谓专家责任对社会公众的义务,是由于会计师等专业人士的职业行为不但可能对作为合同相对方的委托人的利益造成重大影响,而且由于其所作的评估报告等资料具有一定的公信力,因而信赖其中的不实的或有其他瑕疵的专家意见、专家报告的第三人可能因此而利益受损。第三人与会计师等专业人士本身又没有合同关系,已无法为附保护第三人作用合同理论所涵盖,因而不得不以侵权的方式予以维权。从而使有的学者认为专家责任只能用侵权路径解决。

针对医疗给付中实质第三人遭受损失的情况,德国法采用附保护第三人作用的契约理论,认为缔约方的配偶或子女,在医患关系中虽不享有主要的给付请求权,但有要求债务人注意债之关系所产生的特定保护及照顾义务的权利。妊娠手术中的初生婴儿就被视为真正利益第三人契约中的第三人而受到保护。甚至当第三人与委托人有相反的利益期待,此第三人也被解释为专家

① 蒋云蔚:《从合同到侵权:专家民事责任的性质》,载《甘肃政法学院学报》2008 年第 7 期。

注意义务应予保护的范围。由此,被该合同保护的第三人不仅包括与委托人有共同利益的第三人,也包括与委托人有交易关系或其他相对关系的第三人。①

王泽鉴先生指出,将第三人纳入契约责任范围之内,并不会因此加重债务人责任。契约责任有利于被害人的主要原因在于,契约系特定人间之信赖关系,债务人对债权人利益有特别加以照顾维护之义务。债务人与债权人有特殊密切关系,且为债务人所能预见之人,亦有特别照顾保护义务。盖基于诚信原则及契约上信赖性,第三人范围特定并得以预见,对其责任亦有合理限制,不致漫无边际。② 侵权法所规定的是普通一般人之间的关系而非特定当事人之间的关系,故其保护第三人的规定,远不如契约法有力。包括雇主替代责任、举证责任、归责原则等几方面的优点。③ 以我国《产品质量法》为例,在侵权法框架内,根据该法第 41 条、第 43 条④仅在因产品存在缺陷造成人身、缺陷产品以外的其他财产损害时,生产者应当承担赔偿责任。在销售者售出的产品不合格的情况下,用户和消费者只能直接向与其有合同的销售者提出请求,而不能向与其无合同关系的生产者、供货者提出请求。只有依靠附保护第三人作用的合同理论才能使买主向与其无合同关系的卖主及生产者提起诉讼。

依拉伦茨教授的见解,此项制度乃是基于诚信原则而发生的注意、保护等附随义务的延伸,原则上应当延伸及于因债权人的关系以致与债务人的给付发生接触,且债权人是对之负有照顾及保护义务的人。债权人对于此等人的祸福负有共同责任,从而就此等受其保护之人不应因契约相对人的欠缺注意而遭受损害,也具有利益。⑤

附保护第三人作用之合同,较适宜适用于“纯经济损失”的赔偿。在我国,对当事人遭受的“纯经济损失”一般不被算作侵权之诉的损失进而被害人不能获得

---

① 蒋云蔚:《从合同到侵权:专家民事责任的性质》,载《甘肃政法学院学报》2008 年第 7 期。

② 王泽鉴:《民法学说与判例研究》(第 2 册),中国政法大学出版社 1998 年版,第 51 页。

③ 李永军:《合同法》,法律出版社 2000 年版,第 355 页。

④ 《产品质量法》第 41 条第 1 款规定:“因产品存在缺陷造成人身、缺陷产品以外的其他财产(以下简称他人财产)损害的,生产者应当承担赔偿责任”。第 43 条规定:“因产品存在缺陷造成人身、他人财产损害的,受害人可以向产品的生产者要求赔偿,也可以向产品的销售者要求赔偿。属于产品的生产者的责任,产品的销售者赔偿的,产品的销售者有权向产品的生产者追偿。属于产品的销售者的责任,产品的生产者赔偿的,产品的生产者有权向产品的销售者追偿。”

⑤ 马强:《附保护第三人作用之合同研究》,载《政治与法律》2005 年第 1 期。

赔偿,但在违约之诉中,“纯经济损失”是可以获得赔偿的。因此,债务人于履行中,在加害债权人或第三人的情况下,如果仅允许第三人提起侵权之诉,那么对第三人的保护是不周全的,甚至会造成不合理的结果。可见,将特定范围之第三人纳入合同法保护范围实有必要。① 如果母亲受到伤害,导致出生婴儿的抚养费受到损失,则这种损失属于纯粹经济损失。

王泽鉴认为,在错误生命之诉中,德国通说认为,关于子女应否承担父母(法定代理人)之过失,应分两种情形决定:(1)被害人与加害人有债之关系时,关于其法定代理人之故意或过失,被害人应与自己之故意或过失,负同一责任。(2)被害人与加害人无债之关系时,无类推适用《德国民法典》第278条规定之余地,子女不必承担其法定代理人之与有过失。关于出生前之侵害,是否适用此原则,德国判例及学说多未特别论及,有学者认为被害人虽尚未出生,但应以其母为法定代理人,认为形成中及未来之生命得为德国法上所谓“附保护第三人作用契约”所保护之对象。例如,租赁房屋楼梯具有瑕疵,孕妇因而堕落受伤者,胎儿于出生后就其所受之损害,亦得依其母亲与出租人间之租赁契约,向出租人请求损害赔偿,唯应承担其母之与有过失。②

关于在错误生命之诉中是否适用与有过失?即使按照上述学者的观点,也需考虑医方是否为加害人,以及胎儿是否为被害人。因为不同于一般的人身损害中,加害人直接损害了胎儿的健康孕育;产前检查中医方并未对胎儿予以加害,仅违反了告知说明义务,因而似乎不能适用与有过失。

三、荷兰对错误生命案件采取医疗合同路径

在2005年荷兰最高法院对“克利(Kelly)案”的判决中,荷兰最高法院不仅支持了父母提出的财产损害与精神损害赔偿请求,而且支持了子女克利(Kelly)提出的财产损害与精神损害赔偿请求。法院认为,当女性就其怀孕接受医学照顾时,即为其及胎儿与医方形成了医疗合同关系,胎儿自其利益受到保护时应视为已经出生。荷兰最高法院在“克利(Kelly)案”中从医疗合同的角度出发,认为医方对于孕妇所负的合同义务决定了其对胎儿也负有义务。孕妇有权在充分知

① 马强:《附保护第三人作用之合同研究》,载《政治与法律》2005年第1期。

② 王泽鉴:《民法学说与判例研究》(第4册),中国政法大学出版社1998年版,第284页。

情的情况下考虑未出生孩子的利益,作出继续或者终止妊娠的决定。当医方未对孕妇履行该义务时,同时违反了对未出生孩子的潜在义务。[①] 荷兰最高法院在"克利(Kelly)案"中的做法是根据父母抚养义务的范围加以确定。在父母负有抚养义务的期限内,应由父母主张不当出生的赔偿。超出父母抚养义务的部分,应通过不当生命之诉获得赔偿。[②]

综观各处文献、各国判例及学说可以发现,真正有力地坚持以合同路径进行不当生命之诉的还是荷兰。这种关于赔偿主体的区分与赔偿范围的区分才真正契合错误出生和错误生命两个问题的本质。须知错误出生案件造成了父母的经济损害,增加了父母抚育子女的经济成本和精神负担,因此由父母作为主体提起诉讼,赔偿范围在父母抚育子女的法定期限和范围内。[③] 按我国法律及相关司法解释,如若已成年的残疾子女确实丧失劳动能力或不具备独立生活的能力和条件,则有支付能力的父母应当担负子女的必要抚育费。后者,即错误生命案件,从合同义务上的债务不履行构成违约责任。进一步的思考是,错误生命可得的赔偿是不是在父母抚养义务之外的子女的各种费用,如生活费、医疗费、护理费?笔者认为,由于错误生命是基于对产前检查告知说明的合同义务的违反,而非一种违约损害赔偿,因而基于错误生命之诉,如若合同并没有明确约定违约责任的计算方法,则应按保护力度较弱的利益予以适度救济、补偿,即最多予以信赖利益而绝不可予以期待利益赔偿。毕竟医生的未告知义务客观上促使了这个生命来到人世间;如果医生尽到了告知义务,可能这个生命就不会降临人世,因而在错误生命中对医方苛以较重责任有违公序良俗和诚实信用。在我国现行司法实践中,有的案例直接驳回婴儿的起诉;有的则仅象征性予以精神损害赔偿,这些都反映了上述基于社会生活共识的思想内核与价值判断。

四、胎儿的法律地位:人格、权利能力等问题辨析

"权利能力始于出生"既是法律保持完整统一体系之需要,也使法律具有可

---

① 满洪杰:《不当生命之诉与人格利益保护》,载《法学》2017年第2期。

② 满洪杰:《不当生命之诉与人格利益保护》,载《法学》2017年第2期。

③ 最高人民法院《关于人民法院审理离婚案件处理子女抚养问题的若干具体意见》第12条规定,尚未独立生活的成年子女有下列情形之一,父母又有给付能力的,仍应负担必要的抚育费:(1)丧失劳动能力或虽未完全丧失劳动能力,但其收入不足以维持生活的;(2)尚在校就读的;(3)确无独立生活能力和条件的。

操作性。但对于“权利能力”的理解,应更加注重对其实质内容的考察——其本质内涵即体现法律对人性的尊重与肯定。而“尚未出生者享有人格尊严权”已成为欧洲的共同观点。例如,法国宪法保障“从生命之初就尊重每个人的人格”。又如,德国联邦宪法法院在判决中说道:“人性尊严已存于尚未出生之人生命上,并不必等到出生或人格形成后才拥有。胎儿的生命权也不必直到孕妇接受方得成立。”①德国1949年《基本法》第2条第1款规定:“人人有自由发展其人格之权利,但以不侵害他人之权利、不违反宪政秩序或道德规范者为限。”

按照我国原《合同法》第9条的规定,当事人订立合同,应当具有相应的民事权利能力和民事行为能力。当事人依法可以委托代理人订立合同。如果将胎儿的保护纳入附保护第三人的合同中,我们还得追问,胎儿是不是民事主体?有民事权利能力吗?我国《民法典》第16条则明确规定,关于胎儿利益的特殊保护,“涉及遗产继承、接受赠与等胎儿利益保护的,胎儿视为具有民事权利能力。但是,胎儿娩出时为死体的,其民事权利能力自始不存在”。

五、在人格利益之民法保护问题上不赞同一般人格权的构建

有学者认为,人格利益可以分为内涵外延相对清晰与相对不清晰两类,前者以胎儿人格利益与死者人格利益为代表,后者以“一般人格权”为代表。就前者而言,该种人格利益与纯粹财产利益的不确定性不同,其具有较典型的“绝对性”,能普遍为他人所预见,故其虽名为人格利益,但可类比绝对权予以处理。对于后者,在德国法上体现为第823条第1款“其他权利”中解释出来的“一般人格权”。一般人格权,名为权利,实为法益。② 笔者不赞同以上观点。德国民法的一般人格权理论忽视了人格利益的特性,损害了法律适用的确定性和可预测性。薛军认为,只能通过判例和类型化方式来确立人格保护的法律原则,以应对人格法益保护漏洞。因为生活中层出不穷的各种利益没有事先确定的相对清晰的保护范围。因此,一个一元化的、涵盖所有类型的人格权,在事实上很难具有一种

---

① 张莉:《胎儿的准人格地位及其人格利益保护》,载《政法论坛》2007年第4期。

② 曹险峰:《我国侵权责任法的侵权构成模式——以“民事权益”的定位与功能分析为中心》,载《法学研究》2013年第6期。

真正的行为规范和指引的功能。①

第七节 本章小结

其一,在一般人身损害中,由于被害人受伤致残或死亡,导致其承担的对未成年人或其父母的抚养费的损失、其亲属或聘请人员的护理费的损失等。在错误出生案件中,由于父母的知情利益受损,导致对其子女的额外的抚育费用增加。在错误生命案件中,由于医方违反债务履行之约定,应承担信赖利益或履行利益的违约责任。其中,履行利益应当是子女成年后额外增加的生活费用、护理费用等,而子女未成年前的额外增加的抚育费用、护理费用一般是由其父母通过错误出生之诉索赔的。

其二,在缺陷子女提起的错误生命之诉,则应纳入附保护第三人作用的合同之诉中予以调整。虽然,王泽鉴先生认为,民法对胎儿权利能力的范围采概括原则,凡关于胎儿利益之保护,均视为既已出生,但不及于义务的负担。但该子女在签订医疗合同时,尚处于母亲腹中,事实上不具有签订合同的完整主体地位与权利能力。因此,宜以附保护第三人作用合同来进行保护。医方并没有造成缺陷胎儿损害,只能从违反合同义务角度来论证方能符合法理及逻辑。面对错误生命之诉中的困境,满洪杰提出了将不当生命之诉作为保护"人格利益"的途径。即被损害的不是权利,也不是缺陷本身,也并非出生,而是"人格利益"。笔者认为,在错误生命之诉中,从侵权法上看,婴儿并没有什么人格利益被医方损害,因此根本不能构成侵权责任。还必须指出,学者们希望用侵权法规则将德国民法中用附保护第三人作用的合同、附随义务、缔约过失等合同法规则处理的问题,特别"指定"以原《侵权责任法》第6条第1款(与该条对应的是《民法典》第1165条)这样的"一般侵权行为条款"来处理。这种努力似乎只是源于对侵权法的偏好,只是出于对"名"的偏好而非对"实"的探究。②

---

① 薛军:《非典型人格利益的民法保护模式研究》,载《暨南学报(哲学社会科学版)》2012年第3期。

② 葛云松:《〈侵权责任法〉保护的民事权益》,载《中国法学》2010年第3期。

第八章　医疗消费者合同研究

第一节　为什么要在有医疗合同的前提下进一步强调医疗消费者合同

对消费者基本权利，即消费自由和合同自由权利的保护，[①]德国政府关于消费者保护的报告里这样明确指出。这反映出消费者保护的意义正是要保障消费者的合同自由。而一些观点却将消费者保护与合同自由对立起来。有观点认为，消费者保护正是为了对抗合同自由。认为由于不完全契约和显失公平，合同自由不可能实现，并且成为雇主和企业家欺凌消费者的理论工具和制度帮手。认为社会在授予合同自由时，并不保证社会所有成员都能在同等程度上使用它；相反，法律通过保护不平等的财产分配，并没有阻止合同自由成为单方面的特权。社会通过宣布契约自由，保证它不干涉合同行使权力。标准合同可以成为强大的工业和商业霸主的有效工具。这种观点可能激发公众的恐惧，使公众反对医疗合同。而消费者保护正是为了实现实质公平而产生。《消费者权益保护法》第2条规定，消费者是为生活消费需要购

---

① 张学哲：《德国当代私法体系变迁中的消费者法——以欧盟法为背景》，载《比较法研究》2006年第6期。

买、使用商品或者接受服务的人。在医疗损害领域,有学者认为,建立在合同基础上的医疗消费者保护更注重的是购买医疗服务中的自主决定及自主选择。

一、两法的相互影响与相互转化

首先,《消费者权益保护法》立法时间先于原《合同法》。《消费者权益保护法》将利益上升为权利,将约定义务上升为法定义务。有学者认为,消费者法定的知情权几乎包含了所有原债法中作为经营者附随义务的告知权。从性质上看,经营者的告知义务在很大程度上已由附随义务向从给付义务和法定义务转化,发展成为消费者的法定权利。

其次,原《合同法》对《消费者权益保护法》的进一步发展与细化。1999 年原《合同法》在第 39 ~41 条中,对 1993 年《消费者权益保护法》第 24 条对格式合同的规制进一步明细化。主要体现了以下原则:一是合理提请注意原则;二是不合理免责条款无效原则;三是作有利于格式条款相对人解释原则。① 2020 年《民法典》第 496 条是在原《合同法》第 39 条的基础上修订而成的。《民法典》第 496 条第 2 款部分规定,"提供格式条款的一方未履行提示或者说明义务,致使对方没有注意或者理解与其有重大利害关系的条款的,对方可以主张该条款不成为合同的内容"。《民法典》将格式条款的可撤销变为"可以主张该条款不成为合同的内容"。如前所述,这种调整在医疗合同中是有利于患者的。消费者可以结合原《合同法》及《民法典》的上述规定,有效应对医疗消费领域中存在的加重医疗消费者责任、排除医疗消费者主要权利的显失公平的格式条款和行业惯例,积极维护自身的正当权益。总之,消费者合同的告知义务规定重于原《合同法》对于一般合同中告知义务的相关规定,但消费者合同的后果与责任仍要依托合同法的相关规定作为实践的管道与途径。②

二、为什么一定要在医患关系中适用《消费者权益保护法》

(一)医患关系的法律性质——"消费关系说"

关于医患关系的法律性质,学说上有认为是公法关系的,也有认为是私法关

① 方明:《论消费者权益保护在合同法中的发展》,载《江苏商论》2005 年第 9 期。

② 陆青:《论消费者保护法上的告知义务——兼评最高人民法院第 17 号指导性案例》,载《清华法学》2014 年第 4 期。

系的。认为是公法关系的,又可以区分为行政法与医事法两种学说;认为是私法关系的,又可区分为合同法律关系、侵权法律关系、消费法律关系。笔者认为,医患关系是平等主体间的法律关系,不应列入公法调整范畴。同时,多数情况下医患间是一种契约关系,而非侵权关系。而建立在合同关系基础之上的医患关系是否应纳入消费关系争议很大。在《消费者权益保护法》通过后,有20个省份如浙江省、福建省等明确在《消费者权益保护法》的实施条例中将患者界定为消费者。[①] "消费关系说"认为:首先,寻医问药乃是日常生活的范畴;其次,医疗机构的性质早已不是过去计划经济年代基本全由财政保障与供给的福利机构了。广大患者和群众早已通过生活实践达成了一种共识,即现在的医疗服务已然高度商业化。但是,我们也要正视这种医疗服务的市场化与商业化的发展必然性,并不能武断地进行道德上的抨击与否定,而是必须认识到过去计划经济年代的福利医疗的特征是高覆盖和低水平,即福利医疗基本解决了医疗服务的有无问题,但却没有解决医疗服务的品质问题。由于计划式供给的固有顽疾,人们不得不忍受医疗服务的低效率;由于供给缺乏活力、技术进步停滞或迟缓,各种疑难重症的诊治处于缺医少药的状况。在技术层面之外也没有更符合医学伦理的人性化关怀与服务。就医历来首先在患者心理上是一种恐惧与折磨。因而,我们不必纠结于医院从法律性质上是否为公立或民营医院,以及医院应当是营利性的或非营利性的;而应当从正视当前医疗高度市场化与商业化的现状出发,来判断医患关系的性质实质上就是一种消费与服务的关系。尽管由于医疗服务事关人的生命健康的特殊性,使其具有明显的要素特征区别于其他服务类合同。但患者正是需要强调其医疗消费者地位与身份,方可在高度商业化的医疗市场中名正言顺地享受"顾客即为上帝"的待遇。否则,患者一方面支付着高昂的医疗费用;另一方面医院却在公益化与非营利性的招牌下提供傲慢、冷漠、混乱无序、差错频发的服务,并且以医疗风险与结果的不确定性为名来推卸医疗过失造成的医疗损害责任。欧美国家以及日本等国,在学理中及实践中均将患者视为消费者,并将医疗消费者合同适用于医疗行为中。在消费者合同中,医方有收取报酬及社会地位的权利与利益,承担合同施予的可预见医疗行为的风险性;患者有享

---

① 强美英:《关于医疗服务选择适用〈消费者权益保护法〉的思考》,载《法律适用》2010年第5期。

受良好医疗服务品质、收取健康或功能恢复或者取得符合个人生活观念的功能、结构改变的合理期待,同时承受相应的医疗风险。①

(二)《消费者权益保护法》对原《合同法》的补强

医疗机构提供的是一种典型的与生活消费紧密相关的服务。这种服务与人类的基本生活紧密结合,是支撑人类生命延续与健康保障的基本途径。其根据合同给付目的的不同,可能包含劳务、委托、承揽的一种或多种特征。在医疗合同中,医患间的力量明显不平等地位是适用《消费者权益保护法》的根本原因,医院的优势地位损害了患者的合同自由。医院作为经营者,无论是否为营利性质的医疗机构,都存在需要以服务收费所得利益来适当激励服务提供者的客观需要,其经营仍必须有依托市场合理有效配置资源的必要性。

《消费者权益保护法》在格式条款的不公平性控制上,告知说明义务以及惩罚性赔偿等方面,都有优于原《合同法》的地方。陆青就原《合同法》与《消费者权益保护法》在告知义务上的关联互动进行了分析。从告知义务的内容来看,原《合同法》仅从诚信原则基础上对告知义务的内容作一般规定,而作为民事特别法的《消费者权益保护法》,因侧重解决消费者的信息不对称问题,对告知义务的规范内容更具体、详细和有针对性。在告知义务的程度上,原《合同法》对告知义务的要求程度并未达到一般义务的程度。单纯的沉默一般不能构成欺诈。根据原《合同法》第42条第2项(《民法典》第500条完全承袭了该条规定)的规定,当事人在订立合同过程中故意隐瞒与订立合同有关的重要事实给对方造成损失的,应当承担损害赔偿责任。贯彻的是传统商品经济关系中允许一方自利行为的买者自负原则;而《消费者权益保护法》对告知义务的程度要求显然更严格。②原《合同法》第60条虽然规定在合同履行阶段当事人应当遵循诚实信用原则,根据合同的性质、目的和交易习惯履行通知、协助、保密等义务。但这一高度概括的规定也难以与《消费者权益保护法》大量有关告知说明、知情同意的条款相比。《消费者权益保护法》第8条明确规定,消费者享有知悉其购买、使用的商品或者接受的服务的真实情况的权利,并详细列举了这一知情权的内容。根据该法第8条第2款的规定,根据商品或者服务的不同情况,“商品的价格、产地、生产者、用

① 田土城:《从法律关系视角论患者权利体系化》,载《河北法学》2017年第12期。

② 陆青:《论消费者保护法上的告知义务——兼评最高人民法院第17号指导性案例》,载《清华法学》2014年第4期。

途、性能、规格、等级、主要成份、生产日期、有效期限、检验合格证明、使用方法说明书、售后服务，或者服务的内容、规格、费用等”信息都属于法定的告知义务的范畴。该法第9条规定了自主选择与决定权。该法第13条规定的接受教育权（获取知识权），是从第8条知情权引申出来的一种消费者权利，它是消费者所享有的获得有关消费和消费者权益保护方面知识的权利。[①] 在经营者义务的方面，该法第20条规定了真实、全面，不得作虚假或者引人误解宣传的告知义务。

上述对比可以清晰地说明，医疗合同必须结合《消费者权益保护法》来构建双方的权利义务，以维护契约公平。就医疗合同而言，患者最欠缺的就是医疗资讯，即关于病情的了解、治疗的风险及副作用、各种治疗方案的利弊及成功率比较等。如适用现有合同法的告知义务原则，则医方仅需承担一般的告知说明义务，如果医方保持沉默则不构成欺诈。但医方的不告知、不说明本身就潜伏深重的危机，因为患者将于莫名其妙中承受过度医疗，如过度检查、开大处方、使用完全不必要、不对症的治疗及药品器械，上述行为本身就涉嫌医疗欺诈。但医方即使进行了这些行为，并且因此被患者起诉，医方也并不会因此被认定为欺诈，最多被认定为过度医疗或者防御性医疗、保护性医疗，有时会被判决退给患者相关多支付的费用。[②]

我国《消费者权益保护法》第26条第1款将使用格式条款的经营者的提请注意义务不局限于免责条款，而是扩张为与消费者有重大利害关系的内容。[③] 而且《消费者权益保护法》第26条则表述为“应当以显著方式提请消费者注意”，这里的显著方式用语重于合同法的“合理的方式”。两相对比，医疗合同的履行除在缔约阶段的告知说明义务外，更重要的还有在合同履行中的告知说明义务。这是由医疗合同债务给付内容本身的总体概括性与阶段性的特点决定的。

在合同订立阶段，在缔约过失的认定上，原《合同法》第42条第2项仅约束当事人告知与合同订立有关的“重要事实”。原《合同法》第39条的提请注意也只能部分解决对免责条款的规制问题。在说明上，还得需要“按照对方的要求，

---

① 杨紫烜主编：《经济法》，北京大学出版社1999年版，第200页。

② 2015年最高人民法院发布“张某春与泰安市中心医院医疗服务合同纠纷案”就是关于医方过度医疗的案例。该案医方开出了适应证与患者现有病史、既往病史均无关的药品，也就是与患者治疗无关的药品，被泰安市泰山区人民法院认定为不合理用药，判决退还该药品费用。

③ 韩世远：《中国法中的不公平合同条款规制》，载《财经法学》2017年第4期。

对该条款予以说明”。上述告知范围狭窄，只提请注意、十分被动的说明义务规定完全不适用医方告知义务急剧扩展时代的全面、主动积极告知说明的要求。《民法典》第496条是在原《合同法》第39条的基础上修订而成的。这种修改在一定意义上弥补了之前立法上的不足，但仍然达不到前引《消费者权益保护法》第8条、第9条、第13条、第20条等规定的详细程度。

（三）惩罚性赔偿与医疗消费者合同

消费者要求经营者承担惩罚性赔偿责任的基础法律关系为合同关系。原因在于：一是我国目前并无侵权案件中适用惩罚性赔偿的相关法律规定。二是原《合同法》第113条明确规定经营者对消费者的合同欺诈按《消费者权益保护法》惩罚性赔偿条款规定承担损害赔偿，使之成为承担违约责任的一种特殊方式。三是欺诈行为属于法律行为中意思表示瑕疵的一种类型。侵权行为属事实行为，无须意思表示，因而无欺诈行为可言，自然不符合《消费者权益保护法》惩罚性赔偿之构成要件的规定。四是消费者要求惩罚性赔偿的前提是合同有效存在；如果消费者申请撤销合同，合同被撤销的后果是恢复原状、赔偿信赖利益的损失，经营者承担的是缔约过失责任而非违约责任，此时反而没有适用惩罚性赔偿的余地。① 医疗欺诈可以定义为：在医疗合同中，医方以获取非法利益为目的，故意采取虚构事实或者隐瞒真相等方式，使患者产生错误的认识而作出与其本意相违的意思表示，接受其医疗服务而致使人身或财产权益遭受侵犯的行为。其主观为故意而非过失，也不属于医疗过失或者医疗事故。医疗欺诈可分为治疗欺诈与告知欺诈；治疗欺诈又可分为过度治疗与虚假治疗，具体表现表式为虚假宣传、广告，虚假诊疗护理等。②

在前文提及的“张某春与泰安市中心医院医疗服务合同纠纷案”中，法院认定，医方开出了适应证与患者现有病史、既往病史均无关的药品，也就是与患者治疗无关的药品，属于不合理用药，判决医方退还该药品费用。从表面看，患者是取得了胜诉判决，但这一判决却没有发挥正向激励的功效。因为医方作为专业人员，明显是追逐经济利益，开出与病症完全无关的昂贵药品，却只是被判决退还该药品已缴费用，没有受到任何惩罚。对患者来说，取得这一“胜诉”判决，

---

① 杨丽珍、杨学仁：《从“苏丹红”案看惩罚性赔偿与责任竞合》，载《西北大学学报（哲学社会科学版）》2006年第6期。

② 王宏军、刘伟：《医疗欺诈的法律分析》，载《云南财经大学学报》2009年第2期。

却还不得不依靠司法鉴定的不合理用药的结论，通过诉讼、鉴定，维权周期漫长、劳民伤财、事倍功半，可谓“惨胜”。从这一案例就可以看出，在医疗合同中适用《消费者权益保护法》规定的惩罚性赔偿遏制医疗欺诈的必要性、紧迫性等重要意义。

总之，在《民法典》医疗合同部分正式立法有名化之前，我们要还得依托《消费者权益保护法》中的知情权、自主选择决定权、告知说明义务、惩罚性赔偿等各项规定，以法定之债来弥补意定之债，缓解合同法现有立法在调整医疗合同时不足的问题。

第二节　《消费者权益保护法》上“经营者”与“消费者”的重新界定

一、《消费者权益保护法》上的“经营者”并不必须以营利为目的

（一）比较法上的分析

认为医方不属于《消费者权益保护法》所规定的经营者，是否定医疗行为适用《消费者权益保护法》的基本论据。但这一论据早已过时。《消费者权益保护法》第2条规定，消费者为生活消费需要购买、使用商品或者接受服务，其权益受本法保护；本法未作规定的，受其他有关法律、法规保护。我国学者认为，医疗服务是否适用《消费者权益保护法》，医疗服务合同是否为消费者合同，关键是医院能否作为经营者。梁慧星等学者认为医院不是经营者，而王利明等学者则认为医院具有经营者身份。1993年欧共体理事会《关于消费者合同中的不公平条款的指令》（93/13/EEC）第2条第3款规定：“销售者（seller）或者提供者（supplier）（以下简称经营者）是指在其职业或经营范围内缔结交易的自然人或法人，也包括公共性质的活动的自然人或法人。”①该指令已被2008年欧洲议会和欧盟理事会发布的《消费者权益法案》所吸收。在研究《日本消费者合同法》时，有学者指出，关于经营者，不问公益、私益的区别和非营利、营利的区别。② 德国债法现代化中，将消费者与经营者都纳入民法主体中。《德国民法典》第14条规定，经营

---

① 《欧盟债法条例与指令全集》，吴越等译，法律出版社2004年版，第69页。

② 韩世远：《合同法总论》，法律出版社2008年版，第658页。

者,是指在缔结法律行为时,在从事营利活动或独立的职业活动中实施行为的自然人或法人或有权利能力的合伙。所谓“独立的职业活动”就包含医生、律师、会计师等的事业。经营者的外延比商人的外延要广得多。① 因此,笔者认为,我国《消费者权益保护法》上所谓的“经营者”并非必须完全以营利为目的。

(二)法律及公共政策对市场经济条件下医院经济激励的认可

关于医院是否适用《消费者权益保护法》,焦点争议在于医院是不是营利性。有部分学者认为,从医院的性质来判断,《消费者权益保护法》于公立医院不适用,于民营医院可以适用。从医院的收入利润来判断,若以对患者仅收到成本而非牟利,所得利润不向举办人分配,则为非营利性,不应适用《消费者权益保护法》;反之,有营利目的,所得利润要向举办人分配,则为营利性。如果医疗机构是非营利性的,则认为该医院不应适用《消费者权益保护法》。

笔者认为,由于我国的医疗服务高度市场化,在此前提下,不宜困守于是否为营利性法人或非营利性法人。第一,应认为医院属于私法人,而非公法人;第二,医院属于社团法人,而非财团法人;第三,医院既可以是营利性法人,也可以是非营利性法人。根据2011年3月发布的中共中央、国务院《关于分类推进事业单位改革的指导意见》,我国现有的事业单位的改革,将按照社会功能转为行政机构、企业等;对从事公益服务的,继续将其保留在事业单位序列、强化其公益属性。原《民法总则》将事业单位作为非营利法人固定下来,会为其进一步改革造成障碍。②《民法典》第87条仍然规定,事业单位属于非营利法人。公益性本身并不就等于没有营利性,公益性本身也同样可以由市场配置资源。学者也指出,医院本身并非实施医疗卫生服务公益性政策的主体,而是公益性的载体。公益性的实施主体是政府,其应有足够的财政投入和合理的资源配置。将医院作为公益性主体,实属本末倒置。

还要认识到,医疗单位已逐渐具有经营者的特点。市场经济对于医疗资源的基础性配置作用难以回避,“医改”使大部分公立医院从纯粹福利性急速向市场化、企业化转轨,在医疗活动中追逐利润已成为无可置疑的常态。国家支持社会办医以弥补公立资源不足和配置不均,并期待以民营医院来满足患者的差异

① 《德国民法典》(第4版),陈卫佐译注,法律出版社2015年版,第8页。

② 谭启平:《中国民法典法人分类和非法人组织的立法构建》,载《现代法学》2017年第1期。

化需求。就民营医院而言,无论是以非营利性医疗机构还是以营利性医疗机构的形式存在,都存在追求经济回报的终极目的。在医疗体制改革中,完全以患者利益至上的道义论来一味否定对追求正当经济利益的功利论,表面上是高尚的,但却是不切实际的。所以,在市场经济条件下,医院具有经营者身份是不容置疑的。医患消费关系必须得到直面与正视。

从我国的历史沿革来看,即使是非营利性医疗机构,现在也允许其遵循市场经济规律,建立经济激励机制。卫生部等多部委在2000年出台《关于城镇医疗机构分类管理的实施意见》(卫医发〔2000〕233号),明确将医疗机构分为营利性医疗机构和非营利性医疗机构两大类。划分的主要依据是医疗机构的经营目的、服务任务,以及执行不同的财政、税收、价格政策和财务会计制度。非营利性医疗机构被定性为以服务社会公共利益为主而设立和运营的医疗机构,主要向公众提供基本医疗服务,不以营利为目的,不得向举办人进行利润分配,只能用于弥补医疗服务的成本以及自身的发展。非营利性医疗机构有明显的政策倾斜与优惠支持,多以民办非企业单位的形式存在。营利性医疗机构,主要以有限责任公司形式存在。其是指投资者可分配医疗服务所得利润的医疗机构。从《关于城镇医疗机构分类管理的实施意见》规定非营利性医疗机构的结余不得分配给举办人,到逐渐重视对举办人激励,2015年6月11日国务院办公厅颁布的《关于促进社会办医加快发展若干政策措施》(国办发〔2015〕45号)第5条明确规定:“鼓励地方探索建立对社会办非营利性医疗机构举办者的激励机制。”根据上述国务院的政策,云南、福建、江西、河南、河北、安徽、辽宁等省市先后出台地方性法规、规章,同意非营利性医院给予举办人一定的回报。①

二、《消费者权益保护法》上的“消费者”的反向界定

《德国民法典》对格式条款内容控制的“灰名单”规定在第308条(有评价可能,即相对无效),“黑名单”(无评价可能,即绝对无效)规定在第309条,列举了

① 例如,安徽省人民政府办公厅《关于加快推进社会力量举办医疗机构的实施意见》(皖政办〔2015〕56号)规定,社会办非营利性医疗机构在扣除办医成本、预留医疗机构发展基金以及提留其他有关费用后,可以从收支结余中提取一定比例用于奖励举办者,具体政策由各市、县(市、区)依据有关法规制定。

13 种无效条款。[①] 1994 年欧盟《不公平消费合同条款指令》规定，消费者是出于非职业目的缔结合同的自然人。2002 年《德国民法典》第 13 条规定，消费者，是指既非主要以其营利活动为目的，亦非主要以其独立的职业活动为目的而缔结法律行为的任何自然人。还有学者认为，任何人只要其购买商品和接受服务不是为了将商品或者服务再次转手，不是为了专门从事某种商品交易活动，其购买行为便是为了“生活消费”，其就是消费者。[②] 对消费者界定早已超越了传统意义上的理解。例如，现在在金融交易领域引入消费者保护理念也已有较多支持者。争议在于，投资是不是一种生活需要，投资者是不是传统的消费者。欧盟《金融工具市场指令》对于何为金融消费者采取了反向界定，即避开生活消费的范畴将金融消费者的投资目的直接规定为“非贸易、非职业或非商业的目的”。人们对金融的需求变得越来越强烈，几乎可以与人们的衣食住行相提并论。[③] 金融行业如此，医疗领域又何尝不可如此理解？即只要患者就医是出于非贸易、非职业、非商业的目的，就可以理解为医疗消费者。

第三节　本 章 小 结

首先，笔者认为，以医疗行为的不确定性和风险性来对抗患者正当权益保护是不正确的。因为这种不确定性几乎是任何民商事合同都存在的。如果结果必然可以达致，则民商事合同还需要规定违约责任条款吗？其次，笔者认为，在医疗行为中适用《消费者权益保护法》，是为了在原《合同法》与《消费者权益保护法》之间相互引证，互为补强。结合医疗行为本身的特性，若径自采取无过失责任，将可能给医方附加过重的责任与义务，这也与医疗行为本身具有的探索性不相符。因而，在医疗合同中适用《消费者权益保护法》的若干原则与精神，并不意味着要全盘引入《消费者权益保护法》的所有规定。因而，我国台湾地区学者才指出，可以在不引入无过失责任原则的前提下，在医疗合同中适用台湾地区“消保法”的其他规定，特别是针对格式条款等不公平条款的规制。最后，关于医疗

---

① 张良：《论消费者合同中格式条款的内容控制》，载《河南大学学报(社会科学版)》2016 年第 4 期。

② 王利明：《消费者的概念及消费者权益保护法的调整范围》，载《政治与法律》2002 年第 2 期。

③ 彭真明、殷鑫：《论金融消费者知情权的法律保护》，载《法商研究》2011 年第 5 期。

行为适用《消费者权益保护法》从而应采无过失侵权责任，是在医疗侵权法框架内进行的探讨。而在医疗契约法路径下，适用《消费者权益保护法》则主要是从对格式条款的效力评价及限制入手的。适用与否，由于路径不同，两者各行其道，并不冲突。

我们具体对几种片面观点进行反驳：(1)关于无过失责任可能导致防御性治疗的问题。有学者认为，预防成本大于赔偿成本，潜在加害者并不会采取任何预防措施。进而为规避高风险导致防御性医疗。笔者认为，在医疗领域，过失责任制下已然存在防御性治疗。这与归责原则没有关系，可能更多的是给医方一种进行“反抗行为”的理由。医疗行为的高风险性和探索性都可能使医师在面对现有医疗路径有限的情形下为避免医疗纠纷而知难而退，这与实行什么归责原则关联得并不明显。当然在医疗领域适用《消费者权益保护法》，并非一定要适用无过失责任。因为《消费者权益保护法》是否采取了无过失责任的归责原则本身就存在较大争议，在我国，往往认为适用的是过错推定原则，医方据此仍有证明自己无过失的机会。(2)有观点认为，过失责任下，患者会提升自己的注意义务来配合医疗行为；无过失责任下，患者不太注意提升自己的注意义务来降低风险。这种观点也有问题。首先，夸大了法律制度在患者中的影响力。患者来自普通群众，此生可能并未经历过诉讼，并不了解法律的专业规定，也不明白专业的所谓归责原则的详细内容和实际影响。其次，患者最关心的是疾病的治疗、痛苦的解除，一般不可能故意促成医疗事故或医疗损害发生来换取赔偿。毕竟这不是商业保险，要取得医疗损害赔偿的成本是极高的，类似“骗保”一样的道德风险在医疗领域是较低的。(3)有观点认为，在全民健康保险制度下，医疗服务不具备转嫁危险于价格的功能，则借由价格选择排除危险的市场机能，能否发生于医疗市场，显有疑问。笔者认为，即使推行了全民医保，但限于生产力水平及其他复杂原因，这种保障的确是可以在较短时间内做到全民覆盖的，但保障的水平不一定高；同时，从国际经验来看，医疗市场化不可逆转，医方会以各种方式和策略来获取利润，并将运营压力转嫁到医疗消费者身上。问题的关键并非不许医方获取利润，而是如何通过公共政策、私法制度等方式使这种利润保持在合理水平，使患者避免不合理的支出。

第九章　实现患者自主权的合同式治理路径

2009 年中共中央、国务院发布了《关于深化医药卫生体制改革的意见》，坚持“政府主导”和公益性方向，目标是建立覆盖全民的基本医疗保障体系，扩大医疗服务供给，解决“以药养医”等顽疾，拉开了新“医改”的序幕。当前，我国正处于“十四五”的开局，医疗改革加速。关于患者自主决定权的实现路径，学界的研究，多集中于就事论事的，将患者自主权与告知说明、知情同意等问题联系在一起。主要讨论的是依靠促使医方履行告知说明义务，尔后患者可行使知情同意权，从而实现自主决定权，以及患者自主决定权与医方特殊干预权、生命健康权在紧急情形下的冲突问题，甚至还涉及患者自主权与医生刑事责任的问题。[①] 当前，患者自主决定权处于虚位的状态，并没有真正充分的享有和行使。笔者认为，要充分保障医疗服务公正、厘清各种争议，需研究患者自主决定权的合同式治理路径。

---

① 刘建利：《刑法视野下医疗中止行为的容许范围》，载《法学评论》2013 年第 6 期。

第一节　患者自主决定权的实现必须破除医疗服务市场的垄断性

一、何为患者自主决定权

所谓患者的自主决定权(或称自我决定权),是指具有行为能力的患者,就关于自己疾病和健康问题所作出的合乎理性和价值观的决定和行动。[①] 这里的理性应当是合乎具体患者自身意志的理性与价值观。有学者认为,自我决定权是宪法所规定的各种自由的上位概念,只有在其将要“危害他人”或“毁灭本人的自律生存可能性”这两种情况之下,才能限制自我决定权。[②] 从民法上看,自我决定权是一种抽象人格权,是权利人针对自己具体人格要素进行自我决定和塑造的权利。具体内容包括对于生命、身体、健康和姓名的塑造与决定。[③] “人及人之尊严是整个法律秩序的最高原则”,[④]个人乃是自己身心的最高主权者。保证个人自主决定实现的制度是符合人性的制度,也是最有生命力的制度。[⑤] 从政治哲学上看,罗尔斯的正义原则即个人自由中蕴含的契约自由,是自由选择自己生活计划的权利,属于基本自由,具有优先性。[⑥] 从国家治理出发,国民的基本自由包括国民在国家状态下正当占有物质财富、思想观念、发展机会、幸福等社会资源的自由。[⑦] 新“医改”语境下,患者自主决定权的主要要素有:以人权保障[⑧]为基本价值立场;以人格尊严、人文关怀为核心伦理品格;以义务论与目的论相结合为理论前提;以有限理性为认识论;以公平公正竞争、透明公开的医疗服务市场竞争为制度基础;以自主选择或拒绝医疗行为并最终决定医疗合同权利义务为实

---

① 杨慧艳:《患者权利立法研究》,载《法学杂志》2009 年第 5 期。

② 刘建利:《死亡的自我决定权与社会决定权——中日安乐死问题的比较研究》,载《法律科学(西北政法大学学报)》2013 年第 5 期。

③ 杨立新、刘召成:《论作为抽象人格权的自我决定权》,载《学海》2010 年第 5 期。

④ 张铁薇:《侵权法危机的伦理诊断》,载《法学家》2012 年第 1 期。

⑤ 王轶:《民法价值判断问题的实体性论证规则——以中国民法学的学术实践为背景》,载《中国社会科学》2004 年第 6 期。

⑥ 资琳:《契约法基本制度的正当性论证——一种以主体为基点的研究》,载《环球法律评论》2009 年第 6 期。

⑦ 向玉乔:《国家治理的伦理意蕴》,载《中国社会科学》2016 年第 5 期。

⑧ 我国 2004 年《宪法》第 33 条明确规定了人权入宪,即“国家尊重和保障人权”。

体内容;以知情同意权、隐私权、生命健康权、身体所有权、平等医疗权、医疗服务治理参与权等为权利谱系。患者自主决定权的实现路线图是:只有新“医改”在法治引领下破除旧的体制弊端,打破垄断,加强政府补偿,给医方以压力与动力,才能使其真正以病人为中心。只有患者权利意识觉醒,组建患者组织、参与“医改”治理,掌握话语权,才能真正实现患者的自我决定权。

二、选择合同相对人的自由

医疗服务治理,是指在医疗服务利益相关人之间建立长期合作与实现共赢的契约机制。① 新“医改”语境下的患者自主决定权可以通过医疗服务合同这一微观平台转介成患者所享有的合同自由这一分析工具,包括是否缔结合同的自由;选择合同相对人的自由,即选择与谁缔结合同的自由;决定合同内容的自由;选择合同形式的自由;终止或解除合同的自由等。其中,最重要的是选择权以及决定权。如果没有决定权,仅有知情权和选择权是没有意义的。

其一,就医选择权即决定与谁缔结医疗服务契约的自由。在当事人有缔约意愿时,选择相对人的自由也就是自由选择交易伙伴的权利。没有自由竞争,就没有市场经济,也就不可能有选择相对人的自由。鉴于医疗服务的不同于一般商品交易的特殊性,国家深化“医改”战略仍坚持政府主导与公益性,但这并不等于否认医疗改革已有成果,因为没有医疗服务市场的有序竞争,就不可能有高效、优质、公平的医疗服务,就不可能有真正的就医选择权与决定权,患者将无从自主。坚持政府主导,并不是要坚持公立医疗机构主导,更不是要退回计划体制。

2005 年 7 月国务院发展研究中心《中国医疗卫生体制改革》课题组研究报告得出“我国医改基本不成功”的结论,并把原因归之于医疗卫生体制出现的商业化、市场化倾向。还有观点认为,在医疗服务供给层面,基本形成了商业化、市场化的服务提供模式。各种医疗服务机构之间则逐步走向全面竞争;医疗服务的价格形成机制也主要依靠市场供求关系来决定。② 这并没有反映真实的情形。

---

① 杨燕绥等:《医疗保障与经济发展相适应的治理机制》,载《国家行政学院学报》2016 年第 2 期。

② 邓国文:《从当前医疗改革之争谈功利主义与道义论的冲突》,载《湖南社会科学》2007 年第 1 期。

实际是,上一轮"医改"医疗,我国的公立医院处于牢牢的垄断地位,民营医院与公立医院的竞争是"伪竞争",公立医院之间的竞争更多的是在体制内常见的扩院区、买设备和评级等方面,而在医疗质量、医疗服务价格、医疗服务效率方面其实并没有开展真正意义上的竞争。[①] 从主体看,公立医院依靠行政强制与国家资源占据了医疗服务中绝大部分的份额。民营医院处于不平等的竞争格局,不仅不能形成与公立医院的有效竞争,而且由于体制外身份而不得不对卫生行政部门有更强的服从与依赖,从而在事实上处于虚弱的地位。就公立医院阵营而言,是一种等级化的医疗卫生服务递送体系,按不同行政级获取财政、人力、政策支持的力度完全不可同日而语。这就直接造成了医疗质量的重大差异,优质资源严重不均衡,进而造成了患者就医选择权的困境。即若稍有复杂的疾病,在基层医疗卫生服务机构甚或区县级人民医院都无法解决,而必须到大城市三甲医院就医。

其二,定点医保的限制患者就医自由与选择权的弊端。定点医保不是通过公平的市场竞争,而是通过行政决定的方式来确定患者要享受医保支付必须选择的医疗机构,影响了医疗资源的合理配置;而只有成为定点医院,才能享受患者医保这 巨大市场。这种人为制造的市场准入门槛并不会形成对定点医院的正向激励。[②] 不同医院的专长并不一样,定点并不能满足不同患者的差异化需求。

其三,当前"医改"大力推进的分级转诊制度,也使群众产生了就医选择权受到限制的担忧与顾虑。"医改"政策的目标是通过这种转诊使基层卫生服务机构发挥健康"守门人"的作用,进而减轻大医院的就医压力。典型的事例如上海等地试点医疗联合体,但民意调查显示,群众也担忧这样会侵害他们的就医选择权,使他们不能去医疗质量更好的医院就医。[③]

其四,高昂的信息核实成本以及有限的时间精力迫使人们运用决策成本相对低廉的统计性思维来处理信息。单向的信息透明化催生了一种新的社会歧视

① 陈小嫦:《就医选择权研究》,载《中国卫生事业管理》2014 年第 3 期。
② 张利刚:《医保定点"存废"》,载《中国卫生产业》2008 年第 5 期。
③ 陈小嫦:《就医选择权研究》,载《中国卫生事业管理》2014 年第 3 期。

形式——人格性歧视。[①] 在医疗服务市场，医方通过掌握的患者个体信息制定差别化策略，以实现自身利益的最大化。医疗机构损害患者就医选择权的表现形式，包括对无医保的患者的就医歧视，基于代际竞争与代际冲突的老年人就医歧视，对多元性别取向者的就医歧视，以及对艾滋病、乙肝等特定疾病的患者的就医歧视等。

三、决定医疗合同内容的权利

（一）医疗垄断使患者无从参与价格等医疗合同主要内容的协商医疗

合同内容的协商，患者要行使自主权就应有能力在价格、服务质量等方面有决定的权利。由于医疗行业垄断性，医疗服务价格是作为医疗消费者的患者难以参与协商确定的。制定医药服务价格的决策者，为维护部门利益，不是控制而实际上是在扩大医疗服务费用支出；医疗服务的消费者没有“定价权”“还价权”。在“医改”中，即使行政强制降低某部分医药产品价格，但医方仍可以找到高价的替代品弥补差价维持利润。[②] 价格生成的市场竞争无法形成。在医疗体制改革中，控费是一个关键问题。如果由处于弱势的患者直接与医院形成支付关系，必将导致医疗服务消费者的真正缺位，成为“供方诱导的过度消费”。[③] 不仅如此，有学者已指出，在我国，医保中心、医院、医生都没有控费的动机与积极性。[④] 其实，患者也存在主动过度消费的问题，这就等于花费了其他人交的医保费，使分配正义更受指责。由于国家财政补偿不足，医院追求过度医疗来维持和扩大医院经营；医生过度医疗来弥补与其劳动力价值不相称的收入差距；而如果一个医保中心的年度额度没有用完，则可能会导致下年度在做预算时削减，所以出现用足、用超等行动。应引起注意的是，英国全民免费医疗自 1979 年撒切尔夫人上台开始推进市场化，推动从以疾病为中心到以病人为中心，力主病人成为

---

① 杨彪：《信息治理与社会歧视——中国隐私立法的策略与实践》，载《社会学研究》2015 年第 6 期。

② 王浩：《“政府失灵”是过度医疗的根本原因——基于公共选择理论的经济学分析》，载《劳动保障世界（理论版）》2012 年第 3 期。

③ 杜仕林：《医改的抉择：政府主导还是市场化——基于医疗卫生服务及其市场特殊性的分析》，载《河北法学》2007 年第 5 期。

④ 姚宇：《控费机制与我国公立医院的运行逻辑》，载《中国社会科学》2014 年第 12 期。

卫生服务的主动选择者;[①]而2011年的英国新“医改”是将公立机构购买医疗服务的权力转交民间组织。[②] 德国“医改”则是建立具有独立法人地位的医保基金会。[③] 中国当前新“医改”的核心仍是想通过公立医保机构代表民众团购医疗服务。

虽然在其他消费服务市场,消费者在许多方面,比在过去合同自由常受到限制时期有更多选择。一是因为充分的价格竞争;二是在许多种类的交易中,向消费者提供的合同条款之间也存在竞争。这就使旧的关于消费合同是被那些有强大议价能力的一方强加于消费者之上的合同的观点受到强烈冲击。[④] 但是,这一转机并没有发生在医疗服务领域,患者作为医疗服务的消费者并没有机会去享受这种竞争带来的议价能力。人们的健康选择越来越多地受医疗卫生机构和医保机构的控制,还可能受到医疗消费的过度性和医疗行为的无效性的损害。[⑤] 有学者甚至认为,在现有垄断体制下,由于实质上没有竞争,消费者无权参与价格协商,导致医院越多,就医费用越贵。[⑥]

(二)医者执业不自由是患者自主决定权丧失的重要外因

在医疗服务合同中,医患双方均处于不自由的境地。患者处于医疗垄断体制末端的被动接受地位;而医师亦处于“执业不自由”的地位。他们从自由职业人变为单位人,对国家和医疗单位有高度依附性,由于丧失法团自主性进而也丧失了职业自主性,医生职业成为国家现代治理和社会控制的工具。一方面,其处于单位受庇护者的地位,福利、收入等稳定有保障;另一方面,医生也由此获得对病患与医药厂商的“双向支配”的科层制权力,通过诱导需求和过度医疗获取“改革红利”。但医生也因此成为现行医疗体制的“替罪羊”和患者与政府之间的“缓冲器”。医生更无控费动力与责任意识,更多的是职业伦理缺失。另外,在以

---

① 张春梅、刘成:《论英国国民健康服务体系中病人地位的改变》,载《郑州大学学报(哲学社会科学版)》2016年第4期。

② 顾昕:《全民免费医疗的市场化之路:英国经验对中国医改的启示》,载《东岳论丛》2011年第10期。

③ 娄宇:《“管办分离”与“有序竞争”——德国社会医保经办机构法律改革述评与对中国的借鉴意义》,载《比较法研究》2013年第5期。

④ [英]P. S. 阿狄亚:《合同法导论》,赵旭东等译,法律出版社2002年版,第355页。

⑤ 胡宏伟等:《过度医疗行为研究述评》,载《社会保障研究》2013年第1期。

⑥ 杜仕林:《医改的抉择:政府主导还是市场化——基于医疗卫生服务及其市场特殊性的分析》,载《河北法学》2007年第5期。

医院为中心的医师管聘体制下,医院为了保障经济利益,规避、限制对外责任,会限制医师雇用规模,并妨碍医师的独立执业和多点执业,影响医疗服务的受众面与普及度。①

(三)患者医疗合同内容决定权的丧失是医患矛盾的重要内因

医疗服务的流水作业形式,使患者处于被治疗的"物化"地位。患方无法通过不同服务提供者的价格竞争和服务质量竞争来取得更好的患者福利。医生没有时间也没有精力详细了解病情,过多依赖仪器检查,这实际上造成了医患沟通交流缺失,以及医生诊断水平的下降。病患也没有机会按照"叙事医学"的要求充分表达自己的病情,也不利于医生的精准诊断。

第二节 我国新"医改"保障患者自主决定权的应然路径

我国新"医改"启程至今,基层医疗卫生服务体系已初步健全。但要实现医疗领域国家治理的内在善性这一核心伦理内涵,基于国家与国民的双向伦理关系,②还必须朝患者权利本位目标迈进,推动患者自决权的实现。

一、唤醒患者权利意识,以法治推动人权保障

患者自主决定权是以人权保障为基本价值立场;以人格尊严、人文关怀为核心伦理品格,它是伴随人权运动和消费者权利运动而蓬勃发展起来的。例如,《欧洲患者权利宣言》《欧洲理事会关于人权与生物医学的公约》是以法治推动患者人权保障的具有代表性的法律文件。又如,英国全国健康服务系统虽实现全民免费医疗,但病患的权利及个性化与多样化的需求不被尊重。为了克服这一难题,英国通过2006年《国民健康服务法》,规定了病人以病人论坛、参与咨询等方式对医疗服务的监督、参与权。2009年《国民健康服务体系宪法》又以法律形式确立了病人的一系列权利。③ 王利明认为,将医院与患者之间的关系认定为

---

① 杨彪:《公共政策、医疗行为与责任配置——关于医疗损害责任制度绩效的观察和评论》,载《现代法学》2011年第5期。

② 向玉乔:《国家治理的伦理意蕴》,载《中国社会科学》2016年第5期。

③ 张春梅、刘成:《论英国国民健康服务体系中病人地位的改变》,载《郑州大学学报(哲学社会科学版)》2016年第4期。

消费关系的意义在于：明确患者作为消费者所应当享有的基本权利，如消费者的安全权、知悉权、选择权、索赔权、接受服务时其人格尊严受到尊重的权利等，①表达“尊严有价”的思想。我国没有一部如2013年生效的《德国患者权益改善法》这样较高位阶的法律来对患者权利进行更具权威性、更精细化的全面规定，原《侵权责任法》的11个条文并不足以明确及保障患者的各种权利，《民法典》“医疗损害责任”部分同样也只有11个条文。我们还缺乏类似国外的《患者自我决定法》《患者参与患者安全法》《医疗差错强制公开法》等一系列保障患者权利的法律、法规。通过立法明确患者作为医疗消费者的地位是历史潮流。司法层面应改革现有的医疗损害赔偿法律制度，有针对性地解决医疗损害诉讼成功率明显较低、诉讼程序漫长而昂贵、诉讼成本过高等问题。在我国，由于“规定动作依赖司法体制外的资源”，纠纷处理的经济成本过高，②在美国，医疗过错赔偿责任将近60%的赔付被用于法律服务费。③

二、构建患者参与治理权，使内部创议模式转向社会动员模式

法治着眼改革的过程控制，而不仅只是目标或结果控制。④ 新“医改”的过程是患者对于“医改”这样的公共领域摆脱自上而下的“被改革者”地位。法治对新“医改”过程的规范，通过患者参与医疗服务治理权来实现。从类型上可具体化为患者的如下公共领域权力（有别于私人领域的知情权、同意权、隐私权等具体权利）：患者权利保障组织权、医疗服务管理参与权、医事立法参与权、患者权利保障中长期发展规划参议权。通过分享权力，使“医改”公共政策基于传统威权体制形成的内部创议模式转变为现代文明法治体制下形成的社会动员模式；使患者仅基于信任、包容、妥协的“散布性支持”转变为患者基于获得真实改革红利的“特定支持”，以避免“医改”公共政策的合法性危机。⑤ 应有切实措施

---

① 王利明：《消费者的概念及消费者权益保护法的调整范围》，载《政治与法律》2002年第2期。

② 项延永：《“医闹入刑”后完善医患纠纷解决机制的思考——医疗过错的自我评价与告知机制的构建》，载《法律适用》2016年第1期。

③ 黄清华：《医疗过失责任法的局限性与病人安全立法》，载《中山大学法律评论》2012年第1期。

④ 陈甦：《构建法治引领和规范改革的新常态》，载《法学研究》2014年第6期。

⑤ 马长山：《公共政策合法性供给机制与走向——以医改进程为中心的考察》，载《法学研究》2012年第2期。

保障患者代表参与公立医院管理委员会、参与医疗卫生立法、医保用药目录及临床诊疗规范的制定与修改、参与医疗纠纷的调解与处理、参与重大医疗服务财政支出与采购的监督等。而患者有能力参与新“医改”治理的一个重要基础条件就是对医学专业知识垄断的打破。知识与权力是共生体，是“一对同谋”，[①]技术革命总是推动社会制度的进步。要重视医疗知识溢出的重要价值，通过互联网等途径加强医学普及教育，提升市民的医学知识水平，使患者获得各种疾病具体的诊疗知识和相关药品的使用常识，有利于预防、配合治疗或自觉选择治疗方法。[②]从而在根本上打破公共政策制定者及医方的知识垄断，使患者取得对话的资格，促进医疗消费者团体的组成与发挥作用，甚至实现知识超越和对医学权力话语的后现代解构。

三、“政府主导”与“公益性”的功能与作用

患者自主决定权以义务论与目的论相结合为理论前提。既然我国社会生产力发展水平是 GDP 总量全球第二，物质条件已到了十分丰富的程度，那就要将道义论与目的论结合起来，真正履行国家主义民生义务，投入足够资源来支撑对个体患者的权利的最大保障，兼顾整体医疗福利水平的提升，提升民众的国家认同。

第一，国家民生义务的履行。要保障患者的自主决定权首先要突出“政府主导”的最重要作用，即解决我国卫生资源总体不足的问题。中国卫生总费用全球占有份额 2010 年增至 4.50%，而中国人口数量、GDP 占全球的比重在 2010 年分别是 19.45% 和 9.39%。[③] 各类医保的补偿占比仍不高，医疗收入的绝对值仍在增加，居民人均个人卫生支出绝对水平仍不断增加，从 2008 年的 442.45 元增加到 2014 年的 825.80 元。[④] 2017 年 1 月 9 日，国务院正式印发了《“十三五”深化医药卫生体制改革规划》，该规划的目标是个人卫生支出占卫生总费用的比重下

---

① 张洪根：《论技术主义时代的道德恐慌策略及其悖论》，载《自然辩证法研究》2004 年第 7 期。

② 徐文：《医疗知识溢出与中国医疗难题——一个初步的研究框架与研究结果》，山东大学 2012 年博士学位论文，第 12 页。

③ 王倩、雷海潮：《中国卫生总费用占全球卫生总费用比重研究》，载《医学与社会》2013 年第 5 期。

④ 张毓辉等：《2009～2014 年中国卫生总费用分析》，载《中国卫生经济》2016 年第 3 期。

降到28%左右。导致“以药养医”的根本原因是政府补偿不足。① 2021年第十三届全国人大四次会议通过的《中华人民共和国国民经济和社会发展第十四个五年规划和2035年远景目标纲要》在第四十四章详细规定全面推进健康中国建设的内容,把保障人民健康放在优先发展的战略位置。其中就要构建强大的公共卫生体系,深化医药卫生体制改革。

第二,国家保障医疗服务公平竞争的义务。“政府主导”的第二个重要作用是提供保障公平竞争的制度供给,打破垄断格局,提高医疗资源配置效率,解决结构不合理的问题。公权行使坚持法无授权不可为,努力减少行政许可与身份限制。不但要推进医师多点执业,而且应逐步恢复过去医师的独立职业者身份,②使医疗卫生人才资源合同化,使医生的劳动价值得到充分体现,还应改变限制就医选择权的观念和政策。如英国卡梅伦政府提出,在医疗体制改革中,打破原有的注册医生分区就诊制,即人们可以自由选择全科医生。③

第三,国家不使改革倒退的义务。改革必然要求公立医院去行政化。要取消行政级别,扩大医院经营自主权,实现政事分开、管办分开;建立现代法人企业制度。在财政投入上,改变按行政级别投入资源的办法,变补“供方”为补“需方”,让患者主动选择医疗服务质量好的医院。社区医院患者门可罗雀充分证明了重返计划体制的社区卫生服务体系并不成功,行政等级化的医疗卫生体系与市场经济大环境渐行渐远。④

第四,国家保障最少受惠者的最大利益的义务。关于医疗服务的公益性,从宏观来看:一方面,普通医疗服务属于私人消费品属性,也称为公益性私人产品,政府应鼓励市场竞争;另一方面,在公共卫生领域,政府有绝对的民生义务为欠发达地区以及低收入人群提供必要的基本医疗服务。⑤ 可借鉴采取先看病后收费的制度,即针对低收入人群患者的“欠费服务”。⑥

---

① 黄峻:《解决“以药养医”要做好四件事》,载《红旗文稿》2006年第8期。

② 姚泽麟:《近代以来中国医生职业与国家关系的演变——一种职业社会学的解释》,载《社会学研究》2015年第3期。

③ 陈小嫦:《就医选择权研究》,载《中国卫生事业管理》2014年第3期。

④ 杜创、朱恒鹏:《中国城市医疗卫生体制的演变逻辑》,载《中国社会科学》2016年第8期。

⑤ 佟珺:《政府规制与医疗卫生服务供给的有效性——基于中国医疗体制改革的研究》,复旦大学2009年博士学位论文,第55页。

⑥ 顾昕、潘捷:《公立医院中的政府投入政策:美国经验对中国医改的启示》,载《学习与探索》2012年第2期。

第五，国家加强信息公开、医疗诚信和病人安全机制建设的义务。由于监管部门对于医疗差错信息讳莫如深，公众仅依靠网络媒体了解医疗纠纷、医疗过失热点案件。[①] 因此，要通过推进医疗信息公开工作，改变不透明状况，有效应对卫生主管部门和医方利用信息优势的不报告、掩盖错误或舞弊的隐藏行为。[②] 应建立医疗声望制度，公开服务质量、医德医风等内容；建立医疗差错信息强制报告法律制度等。

第三节　本章小结

总之，权利的实现存在差序格局，计划经济医疗只有名义普惠、广泛覆盖和实质上的低水平。必须通过法治引领与多元化合同式治理以破除医疗服务市场的垄断性、去行政化，才能推动患者自主决定权在私权和基本权利两个层面上的实现。如此才能保障患者参与价格等医疗服务内容协商以及医疗服务治理，患者作为消费者的权利与地位才能得到承认与尊重。企图依靠形而上道德说教不能解决患者自主权的法治保障，改革中法治价值不应减损。良法之治要求我们不仅考虑科学标准，还应考虑现实标准——民俗、人们长期养成的生活习惯、文化内涵、价值偏好。要警惕科学的天平向利益集团倾斜。只注重科学标准的法律甚至会被称为恶法。[③] 患者的所谓不符合医学科学标准的“非理性”考虑，如放弃抢救、放弃治疗，或放弃疗效更好的治疗方案及药物而选择副作用更大的方案，往往出于医疗费用这一“理性”考虑。

国家应履行对人民的政治承诺与社会契约。“民之于仁也，甚于水火”，为全民提供健康与医疗保障，是国家与人民的社会契约，也是国家对人民的民生方面的政治承诺。保障患者自主决定权的实现，要求政府充分履行补偿义务。我国公有制下生产资料全民所有制以国家所有权的法律形式保障国家对总量巨大的医疗公共资源的绝对控制，这就要求必须防止国家所有权被行使主体

① 张博源：《我国医疗风险治理模式转型与制度构建——兼评〈医疗纠纷预防与处理条例〉（送审稿）》，载《河北法学》2016 年第 11 期。

② 黄清华：《医疗过失责任法的局限性与病人安全立法》，载《中山大学法律评论》2012 年第 1 期。

③ 朱景文：《论法治评估的类型化》，载《中国社会科学》2015 年第 7 期。

滥用,努力维持公益性目的,完成公共财产剩余利益返还于民的宪法任务。[①]特别是要破除官员“公费医疗”“特权医疗”等侵占医疗资源、引发严重医疗不公的问题。

① 张力:《国家所有权遁入私法:路径与实质》,载《法学研究》2016年第4期。

结　论

第一,在公共政策的宏观层面维护和扩大私法自治。要重视医疗体制改革的进程中贯彻合同式治理路径来破除行政垄断,保障患者的自主决定权与选择权。对于医疗服务的公益性,要改变医院的纯公益服务者地位的认识。医院不是公益责任的主体,而是载体。这就决定了医疗服务本身的合同本质应予重新肯定与强调。要以合同方式来配置医疗资源,并且预防及化解医疗纠纷。当我国医疗服务本身的现状就是高度市场化与商业化时,我们更要正视以合同来配置医疗资源的重要意义。

正如拉伦茨所说,合同自由需要合同公平来修正,合同公平又是以合同自由为前提的。否则,公平就会转变为专横。正因为个人越来越严重地依赖社会而没有人能够逃避这种关系,因此,维护私法自治原则并不断扩大其范围,也是社会政策方面的一项重大的任务。① 在医疗领域切不可过度市场化以维护合同公平,须知合同模式意在引入市场竞争,有利于扩大医疗服务供给、提高服务效率。② 只有将公共政策与有序竞争结合起来才能最终有利于实质公平。根据2011年国务院《关于建立全科医

---

① [德]卡尔·拉伦茨:《德国民法通论》(上),王晓晔等译,法律出版社2003年版,第64页。

② 从荣刚:《中国公共医疗体制改革的回顾与反思》,载《当代经济管理》2012年第7期。

生制度的指导意见》,政府鼓励全科医生与居民建立契约服务关系。基层医疗卫生机构或全科医生要与居民签订一定期限的服务协议,建立相对稳定的契约服务关系,可对不同人群实行不同的服务费标准。这是我国实践中重视构建医患契约关系、发挥医疗合同功能和扩大私法自治的有力表现。

第二,从私法微观制度层面对比两种路径不同的法律效果。医疗损害的规制,合同路径较之侵权路径,具有明显的优越性。其一,医疗合同应采过错推定责任为基本归责原则。就举证责任而言,现在是结果责任倾向,医疗合同义务并非仅是一种手段性债务,而是手段性与结果性的统一。对手段性义务的过度强调,与医患关系中患者对于诊疗护理效果的合理期待不相符合,也不利于债务的正常履行和医疗合同目的的实现。不可否认已有各种相对规范、有效的诊治路径及可供选择的治疗方案共识,因而在各种"医患沟通记录"中都会预设某种治疗目标与某种治疗结果。有学者认为,"医疗行为虽具有不确定性,但一般处置原则及注意事项却并无差异,而由医学经验累积的这些处置原则及注意事项就是为了避免病人的病情恶化发展"。其二,通过合同责任破除司法鉴定依赖。其三,实现赔偿范围的可控性。其四,实现免责条款的成立。其五,对未上升为权利的病人利益的保护。其六,在医疗损害救济中,与纯粹经济损失相关的合同诉求很重要,因为对遗传学问题的错误建议或者因为在产前护理中的错误而引发为某人提供护理的义务时,尤为如此。① 其七,告知说明义务更易于通过合同关系实现。

第三,医患关系的核心内容是患者知情同意与医方告知说明。医疗合同是实现患者自主权与医患利益衡平的价值载体与最佳表达形式,这就决定了在医疗合同义务中最重要的就是患者的知情同意权与医方的告知后同意义务。其一,知情同意是患者自主权的制度载体与实现途径,因为即使从医学上看来不合理,医方也不得在未得到患者同意的前提下擅自进行治疗;而且如果未经充分告知说明,仅通过签署一纸知情同意书的形式并不能证明患者同意的有效。其二,虽然存在激烈争议,但当前的医方说明义务的判断标准已从"理性患者说"向"具体患者说"转变,这是大势所趋。我国台湾地区学者甚至得出结论认为,虽然台

① [荷]米夏埃尔·富尔、[奥]赫尔穆特·考茨欧主编:《医疗事故侵权案例比较研究》,丁道勤、杨秀英译,中国法制出版社2012年版,第169页。

湾地区“医疗法”和司法判决排除无过失责任在医疗行为的适用，而当医师的告知义务范围扩张到某种程度时，在民事责任上已经与我国台湾地区“消费者保护法”的无过失责任没有太大的差异。[①] 其三，人们往往认为，告知说明义务是法定义务，并且立法者应尽量扩大强制告知说明的范围与深度。似乎这样就可以迫使医方更积极地进行告知，以确保实现患者的知情同意权利，但是人们必须能够预测所披露的事实对他们满意度的影响。这样的预测不仅棘手，而且令人满意要依赖其他因素和各种权衡。此外，人们利用信息的能力也各不相同。正是由于依靠强制力的信息披露面临失灵，我们才要改变以往的看法，即患者的自主权据信是依靠法律强制下的信息披露来实现的。[②]

第四，就比较法角度而言，要论证从合同路径解决医疗损害赔偿的必要性，就必须要进行比较法上的观察。“我们缺乏对患者关系契约基础的一般性法律或历史分析。”[③]世界各国对于医疗损害规制采取何种路径各有不同。英国秉承福利国家思想推行全国健康服务系统，在世界各国中率先实现全民免费医疗。在英国，法院只认可患者与私人医院或医疗人员间的合同关系，而否定患者与处于英国全国健康服务系统的医疗机构存在合同关系。在这种医疗体系和文化中，医生具有绝对的主导性，病人是医疗服务的被动接受者，病患的权利及个性化与多样化的需求不被尊重。这也是英国政府“医改”所要克服的难题。在当下医学模式从“治疗”向“预防”转变的医护大背景下，以病人为中心，满足病患的个性化、多样化、人性化需求成为英国医疗服务的大趋势。这恰恰吻合了合同模式的本质及功能。

美国在医疗过失等问题的处理上一直是依托信赖义务（fiduciary relationship/fiduciary duty），学者们多数认为可通过侵权路径来解决医疗损害问题。这一路径依赖在美国也受到较多质疑，认为医方承担的仅是有限的信赖义

---

① 吴俊颖：《医师告知义务急速扩张的时代——法界的期待与医界的临床实务之间的鸿沟》，载《法学新论》2009 年第 9 期。

② Omri Ben-Shahar and Carl E. Schneider, *The Failure of Mandated Disclosure*, University of Pennsylvania Law Review 159, p. 647 – 749 (2011).

③ Mark A. Hall, Carl E. Schneider, *Patients as Consumers: Courts, Contracts, and the New Medical Marketplace*, Michigan Law Review 106, p. 671 – 672 (2007).

务,[①]应当重视和恢复医疗领域的契约自由。

其一,美国处理医疗事故的同行评审已由侵权原则转向合同原则,其采取"履行预期"或"效果期待"这样的术语,使医疗事故中医生是否违反注意义务的判断标准更清晰明确。而这样对医疗效果的合理期待的确定是十分正当与必要的。因为传统意义上的医疗过失学说,在判断中由于过于强调诊疗效果的不确定性,为医务人员推卸责任提供了借口与托词。同行评审新标准所倚重的正是"临床实践指南",其基于对大数据的重视与发展。毫无疑问,我国诊疗护理和诊疗规范制度的建构与大力推广也正是基于上述考虑,即有利于落实医疗合同履行结果的相对确定性。

其二,美国学者已指出,法院是可以保护医疗合同关系中患者的,以阻止医方滥用合同权力。令人高兴的是,法院掌握了几种学说以监督合同。法院可以:(1)填写缺失的合同条款或宣告模糊性合同的无效;(2)修改或拒绝执行显失公平的合同;(3)对受托人行为的公平性。当然,法院谨慎地部署这些监督理论是因为他们不愿意扰乱合同。一是合同法假定,人们可以为自己讨价还价,而且比法庭更了解他们所做的事情以及需求。二是法院通常怀疑他们评估契约交换是否公平的能力。三是如果法院经常变更合同,合同将失去其可预测性,因而失去其价值。[②]

在大陆法系国家,继荷兰之后,德国也于2013年在民法典中实现了医疗合同有名化,从诚实信用等契约路径来规制医疗合同。这也充分说明了医疗合同有名化本身是一种立法潮流。与德国法系不同,有学者认为,法国2002年《患者权利与健康体系质量法》的实施宣告了医疗损害责任从合同责任走向了法定责任。原因是法国学者认为医疗合同责任理论存在忽略医患关系的伦理性等问题。[③] 但我国一贯以来更多的是吸收德国法系的立法经验,学者们都更为推崇对于医疗契约的研究。因此,我国可以借鉴德国而非法国,走医疗契约有名化的道路,将保障患者自主权与维护医患利益衡平结合起来。

---

① Marc A. Rodwind, *Strains in the Fiduciary Metaphor Divided Physician Loyalties and Obligations in a Changing Health Care System*, American Journal of Law & Medicine 21, p. 241 - 251(1993).

② Mark A. Hall, Carl E. Schneider, *Patients as Consumers: Courts, Contracts, and the New Medical Marketplace*, Michigan Law Review 106, p. 671 - 672(2007).

③ 叶名怡:《医疗合同责任理论的衰落——以法国法的演变为分析对象》,载《甘肃政法学院学报》2012年第6期。

第五,我们可以借鉴美国、德国等从侵权模式向合同模式转变的做法,充分发挥医疗合同在平衡医患利益和实践人文关怀方面的优势功能,维护有机连带,防止社会分裂,促进医患间形成利益共同体,建立价值共同体。要认识到通过医疗合同来规范双方的行为意义重大:

一是可以充分保障患者的自我决定权和"行动者"地位,贯彻其意思自治。通过在合同框架内明确合同的目的与效果,事前合理分担医疗风险,避免事后就双方权利义务发生重大分歧。

二是可以将纠纷引入对话协商式的合同框架,而不是使医疗行为异化成侵权行为,有利于医患双方理性解决纠纷,塑造"理解医疗"。指导思想是在纠纷发生后,"通过真诚对话,使争议双方能更了解其自身实际利益及真正需求为何,不过分拘泥于其法律或经济上之立场,磨合出争议当事人均可接受之协议方案解决争议"。①

三是通过可预见性规则、事先约定的权利义务,适当限制医疗机构的赔偿责任,避免在侵权诉讼中无限制扩大医方责任的危险,保护医疗行为的探索性。杨秀仪指出,美国20世纪70年代后契约理论重新抬头的主要焦点也在于以契约限制医疗纠纷之责任。②

四是可以在相当大程度上消解以鉴代审的顽疾。

五是通过重视诚实信用原则在医疗合同中的运用保障实质正义。

---

① 吴光平:《医疗纠纷民事调解之方式与展望》,载《治未指录:健康政策与法律论丛》2016年第4期。

② 杨秀仪:《美国告知后同意法则之考察分析》,载《月旦法学杂志》2005年第6期。

参考文献

一、中文类参考文献

(一)著作类

1. 王泽鉴:《侵权行为》,北京大学出版社2009年版。

2. 朱柏松、詹森林:《医疗过失举证责任之比较》,华中科技大学出版社2010年版。

3. 杨立新:《医疗损害责任研究》,法律出版社2009年版。

4. 张新宝:《侵权责任法》(第3版),中国人民大学出版社2013年版。

5. 韩世远:《合同法总论》,法律出版社2008年版。

6. 赵西巨:《医事法研究》,法律出版社2008年版。

7. 黄丁全:《医事法新论》,法律出版社2013年版。

8. 最高人民法院民法典贯彻实施工作领导小组主编:《中华人民共和国民法典侵权责任编理解与适用》,人民法院出版社2020年版。

9. 王胜明主编:《中华人民共和国侵权责任法释义》,法律出版社2010年版。

10. [德]克里斯蒂安·冯·巴尔、[德]乌里希·德罗布尼希:《欧洲合同法与侵权法及财产法的互动》,吴越等译,法律出版社2007年版。

11. 夏芸:《医疗事故赔偿法——来自日本法的启示》,法律出版社2007年版。

12. [美]E. 艾伦·范斯沃斯:《美国合同法》,葛云松、丁春艳译,中国政法大学出版社 2004 年版。

13. [德]迪特尔·梅迪库斯:《德国民法总论》,邵建东译,法律出版社 2000 年版。

14. [德]莱因哈德·齐默曼、[英]西蒙·惠特克主编:《欧洲合同法中的诚信原则》,丁广宇等译,法律出版社 2005 年版。

15. [英]彼得·凯恩:《阿蒂亚论事故、赔偿及法律》,王仰光等译,中国人民大学出版社 2008 年版。

16. [荷]米夏埃尔·富尔、[奥]赫尔穆特·考茨欧主编:《医疗事故侵权案例比较研究》,丁道勤、杨秀英译,中国法制出版社 2012 年版。

17. [英]马克·施陶赫:《英国与德国的医疗过失法比较研究》,唐超译,法律出版社 2012 年版。

18. 段厚省:《请求权竞合要论》,中国法制出版社 2013 年版。

19. 姜凤武:《医疗损害责任制度比较研究》,法律出版社 2013 年版。

20. 胡凤滨:《医疗损害赔偿纠纷裁判规则与适用标准》,法律出版社 2015 年版。

21. 马辉:《医疗损害责任因果关系研究》,中国政法大学出版社 2015 年版。

22. 冯珏:《英美侵权法中的因果关系》,中国社会科学出版社 2009 年版。

23. 欧洲侵权法小组编著:《欧洲侵权法原则文本与评注》,于敏、谢鸿飞译,法律出版社 2009 年版。

24. 全国人大常委会法制工作委员会民法室编:《侵权责任法立法背景与观点全集》,法律出版社 2010 年版。

25. [美]小詹姆斯·A. 亨德森等:《美国侵权法:实体与程序》(第 7 版),王竹等译,北京大学出版社 2014 年版。

26. [德]克雷斯蒂安·冯·巴尔:《欧洲比较侵权行为法》(下),张新宝、焦美华译,法律出版社 2004 年版。

27. [英]P. S. 阿狄亚:《合同法导论》,赵旭东等译,法律出版社 2002 年版。

28. [德]罗尔夫·克尼佩尔:《法律与历史》,朱岩译,法律出版社 2003 年版。

29. [美]罗伯特·A. 希尔曼:《合同法的丰富性:当代合同法理论的分析与批判》,郑云瑞译,北京大学出版社 2005 年版。

30. [德]卡尔·拉伦茨:《法学方法论》,陈爱娥译,商务印书馆 2003 年版。

31. [日]星野英一:《私法中的人》,王闯译,中国法制出版社 2004 年版。

32. [意]毛罗·布萨尼、[美]弗农·瓦伦丁·帕尔默主编:《欧洲法中的纯粹经济损失》,张小义、钟洪明译,法律出版社 2005 年版。

33.《德国民法典》(第 4 版),陈卫佐译注,法律出版社 2015 年版。

34.《法国民法典》,罗结珍译,北京大学出版社 2010 年版。

(二)论文类

35. 韩世远:《医疗服务合同的不完全履行及其救济》,载《法学研究》2005 年第 6 期。

36. 王成:《医疗侵权行为法律规制的实证分析——兼评〈侵权责任法〉第七章》,载《中国法学》2010 年第 5 期。

37. 王利明:《侵权责任法与合同法的界分——以侵权责任法的扩张为视野》,载《中国法学》2011 年第 3 期。

38. 窦海阳:《法院对医务人员过失判断依据之辨析——以〈侵权责任法〉施行以来相关判决为主要考察对象》,载《现代法学》2015 年第 2 期。

39. 吴行政:《合同法上可得利益赔偿规则的反思与重构——从〈中华人民共和国合同法〉第 113 条适用的实证考察出发》,载《法商研究》2012 年第 2 期。

40. 郭升选、李菊萍:《论医疗注意义务与医疗过失的认定》,载《法律科学(西北政法大学学报)》2008 年第 3 期。

41. 梁慧星:《论〈侵权责任法〉中的医疗损害责任》,载《法商研究》2010 年第 6 期。

42. 周江洪:《服务合同在我国民法典中的定位及其制度构建》,载《法学》2008 年第 1 期。

43. 谢鸿飞:《违约责任与侵权责任竞合理论的再构成》,载《环球法律评论》2014 年第 6 期。

44. 强美英:《论医疗过失的认定》,载《法学杂志》2010 年第 8 期。

45. 周江洪:《服务合同的类型化及服务瑕疵研究》,载《中外法学》2008 年第 5 期。

46. 曾勇、王黎:《医师专家责任的新视点——兼从医学的角度出发》,载《法律与医学杂志》2006 年第 1 期。

47. 朱广新:《违约责任的归责原则探究》,载《政法论坛》2008 年第 4 期。

48. 林萍章:《知情同意法则之“见山不是山”——法院近来裁判评释》,载《月旦法学杂志》2008 年第 11 期。

49. 崔建远:《编纂民法典必须摆正几对关系》,载《清华法学》2014 年第 6 期。

50. 卢映洁等:《论医疗行为之常规诊疗义务》,载《台大法学论丛》2006 年第 4 期。

51. 叶名怡:《医疗合同责任理论的衰落——以法国法的演变为分析对象》,载《甘肃政法学院学报》2012 年第 6 期。

52. 曾见:《论“当时的医疗水平”的解释——〈侵权责任法〉第 57 条与〈德国民法典〉第 630a 条的比较》,载《中国卫生事业管理》2015 年第 3 期。

53. 杨秀仪:《论病人自主权——我国法上“告知后同意”之请求权基础探讨》,载《台大法学论丛》2007 年第 2 期。

54. 侯英泠:《德国医疗契约债编各论有名契约化》,载《月旦法学杂志》2015 年第 5 期。

55. 艾尔肯:《论医疗合同关系》,载《河北法学》2006 年第 12 期。

56. 陈玉林、冯宗美:《医疗损害鉴定制度改革构想——以〈侵权责任法〉为视角》,载《中国司法鉴定》2013 年第 2 期。

57. [奥]海尔穆特·库奇奥:《损害赔偿法的重新构建:欧洲经验与欧洲趋势》,载《法学家》2009 年第 3 期。

(三)其他类

58. “罗某秀诉江西省石城县人民医院医疗服务合同纠纷案”,江西省石城县人民法院(2006)石民一初字第 249 号。

59. “重庆医科大学附属儿童医院诉庞某川等医疗服务合同纠纷案”,重庆市渝中区人民法院(2009)中区民初字第 2620 号。

60. “林某君与重庆悦缤纷美容有限公司医疗损害责任纠纷案”,重庆市第一中级人民法院(2016)渝 01 民终 2527 号。

61. “陈某欣、许某、泗洪县分金亭医院医疗损害赔偿纠纷案”,江苏省宿迁市中级人民法院(2014)宿中民终字第 1055 号。

62. “云南省平安中西医结合医院与陈某凤医疗损害赔偿纠纷上诉案”,云南省昆明市中级人民法院(2007)昆民三终字第854号。

63.“杨某、李某城与彭州市妇幼保健院医疗侵权赔偿纠纷案”,四川省彭州市人民法院(2006)彭州民初字第505号。

64.“杨某、李某城与彭州市妇幼保健院医疗侵权赔偿纠纷案”,四川省成都市中级人民法院(2008)成民终字第296号。

二、外文类参考文献

65. Katharine Van Tassel, *Hospital Peer Review Standards and Due Process: Moving from Tort Doctrine Toward Contract Principles Based on Clinical Practice Guidelines*, Seton Hall Law Review 36, p. 1189(2006).

66. Omri Ben-Shahar and Carl E. Schneider, *The Failure of Mandated Disclosure*, University of Pennsylvania Law Review 159, p. 737 – 740(2011).

67. Robert B. Leflar, *Informed Consent and Patients' right in Japan*, Houston Law review 33, p. 109(1996).

68. Marc A. Rodwind, *Strains in the Fiduciary Metaphor Divided Physician Loyalties and Obligations in a Changing Health Care System*, American Journal of Law & Medicine 21, p. 241 – 251(1993).

69. Jaime Staples King and Benjamin Moulton, *Rethinking Informed Consent: The Case for Shared Medical Decision-Making*, American Journal of Law & Medicine 32, p. 463(2006).

70. Michael F. Cannon, *Reforming Medical Malpractice Liability Through Contract*, Cato Institute Working Paper 12, p. 8(2010).

71. Thomas L. Hafemeister, Richard M. Gulbrandsen, *The Fiduciary Obligation of Physicians to "Just Say No" if an "Informed" Patient Demands Services that Are Not Medically Indicated*, Seton Hall Law Review 39, p. 379(2009).

72. Wendy K. Mariner, *Standards of Care and Standard Form Contracts: Distinguishing Patient Rights and Consumer Rights in Managed Care*, the Journal of Contemporary Health Law and Policy 15, p. 1 – 50(1998).

73. Mark A. Hall, Carl E. Schneider, *Patients as Consumers: Courts, Contracts, and the New Medical Marketplace*, Michigan Law Review 106, p. 671 – 672(2007).

后　记

本书的选题最初源于对医疗损害实务案件研究的感悟。在帮助友人处理医疗损害赔偿纠纷中，我深感医学专业知识门槛的高企、医疗纠纷解决的艰难漫长与旷日持久。在医患纠纷中，医方类似“戴着镣铐跳舞”，头戴“白衣天使”、治病救人的光环，在道德高地中如履薄冰；患者则缺乏医学专业知识，在医患信息不对称中缺少对医疗本身风险性与局限性的认识。传统的医疗纠纷解决，多数源于侵权法的认识和诉讼路径，依赖鉴定，旷日持久。而合同路径则虽已存在，但学界对医疗合同本身的理论研究不够，从而直接影响其在实践中的运用。甚或在多数人内心深处，其实是难以认同医疗行为可以是一个“合同”。而我却认为，如果将医疗行为及医疗纠纷的解决转向合同框架与路径之中进行，或许会有全新的局面。这个思路不敢说能一劳永逸“解决”医患纠纷，但它至少有利于“缓解”医患矛盾，更有利于医疗纠纷的解决。

本书贯穿全文始终的主要线索是探寻促进、建构医患和谐与利益衡平机制的私法路径，从源头上改变当前侵权法路径下医疗纠纷中患方本能地将医方的医疗行为理解为侵权行为的心理暗示导向，既实现医患双方权益义务的精细化建构，又保障医疗行为的探索性。路线为：路径比较→医疗合同本体论→认识论（告知后同意）→

责任论→公共政策→结论。在第一章对比了医疗损害规制的合同路径与侵权路径,证成了通过医疗合同路径规制医疗损害问题的优越地位,为之后探讨医疗合同各要素奠定了必要性基础。接下来,依据医疗合同各要素的体系化采取循序渐进的研究思路。在第二章研究了医疗合同的性质,即医疗合同的界定、医疗合同的性质。第三章和第四章重点研究了医疗合同的医师说明义务、患者知情同意权,体现出通过保障患者知情同意的利益来实现患者自主权的重要意义。第五章和第六章从责任角度分别研究了医疗合同的归责原则,以及医疗合同违约责任并非只可以赔偿履行利益,而是也可以赔偿期待利益。指出将作为责任基础的信赖原理等同于作为责任计算方式的信赖利益的错误认识。通过第七章和第八章研究了医疗合同中的特殊问题:一是错误出生及错误生命问题;二是医疗消费者合同。在第九章从公共政策角度探讨了医疗服务的合同式治理。全文的逻辑是,从私法中的医疗合同到公共政策中的合同式治理。本书以宏观层面的医疗损害规制合同路径与侵权路径之对比作引,再从微观层面的体系化角度对性质、义务、责任、特殊问题、公共政策几个方面逐次展开,最后得出结论。本书的主要部分写作完成时间是2018年1月。此时我国还尚未有《民法典》。因此,本书中主要引用的法律是原《侵权责任法》《合同法》等。而当本书拟出版时,恰逢我国《民法典》通过这一重大盛事。2021年1月1日我国《民法典》施行后,原《侵权责任法》《合同法》《民法总则》等业已废止,但由于本书主要完成于《民法典》施行前,主体框架也是围绕原《侵权责任法》《合同法》等展开,故而如果彻底替换成《民法典》,可能涉及重大调整。考虑到《民法典》对原《侵权责任法》《合同法》等的修改为30%左右,特别是对于原《侵权责任法》"医疗损害责任"部分的修改也有限,而且《民法典》也没有规定"医疗合同"部分。故而,书中基本保留了原来的结构和法律条文,而仅是在引用的原《侵权责任法》等法律条文之后增加了对应的《民法典》的条文。这样也有助于读者弄清医疗合同研究中涉及的法律条文的来龙去脉。

本书的写作十分艰辛,其间曾经因选择医疗合同这个写作题目而长期痛苦自责,因为写作所需知识远超越传统民法,必须深入钻研医事法学,而我时常感觉压力太大、负担太重、心力交瘁。但最终历经数年,坚持完成。其间得到导师张力老师的大力肯定与指导,张力老师治学严谨、坚韧不拔、乐观积极,是我学习的榜样和前进的动力;在写作中也得到了西南政法大学民商法学院的很多师长热情关心帮助，为我答疑解惑，在此要向各位老师衷心致谢。还要感谢一起学习的博士研究生同学们，如陈鹏、张伟、陈瑜等，他们提出了诸多宝贵意见，使我受益颇多。最后要感谢的是我的家人，女儿吴沛徽出生以来，我照顾她的时间太少，心中常感愧疚。亲人们默默地支持我的学习、工作，付出太多，浓浓亲情是激励我在困难挫折中坚持下去的强大支柱。

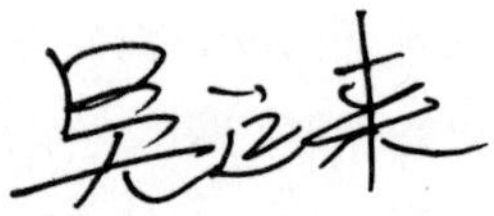

2020年10月23日于渝北水木青华寓所